dtv

Helge Hesse

BILDER ERZÄHLEN WELT- GESCHICHTE

Durchgehend
farbig illustriert

Deutscher Taschenbuch Verlag

Ausführliche Informationen über
unsere Autoren und Bücher
finden Sie auf unserer Website
www.dtv.de

Originalausgabe 2012
2. Auflage 2012
© Deutscher Taschenbuch Verlag GmbH & Co. KG,
München
Umschlagkonzept: Balk & Brumshagen
Umschlaggestaltung: Lisa Höfner
Layout & Satz: Stefan Krickl, Bozen
Druck und Bindung: Firmengruppe APPL, aprinta druck, Wemding
Gedruckt auf säurefreiem, chlorfrei gebleichtem Papier
Printed in Germany • ISBN 978-3-423-28011-2

INHALT

VORWORT

Als das Rad erfunden wurde, war kein Fotoapparat zur Hand, und als man das Rad ausprobierte, filmte keiner. Auch die Momente, als Frühmenschen zum ersten Mal ein Mammut erlegten, hat niemand mit einer Kamera festgehalten, so wenig wie den Bau der Pyramiden, die Schlacht bei Marathon, den Einzug der Jeanne d'Arc in Orléans, Martin Luthers Aufenthalt in Worms oder Napoleons Rückzug aus Russland.

Erst vor etwas mehr als anderthalb Jahrhunderten hat die Erfindung der Fotografie uns in die Lage versetzt, das, was im Moment eines Geschehens sichtbar ist, mittels eines Apparats und eines Objektivs abzubilden. Doch auch damit konnte man nicht die Vergangenheit bildlich zurückholen. Die Visualisierung des größten Teils der Menschheitsgeschichte ist uns nur durch rekonstruierende Bilder möglich, wofür die Computeranimation seit einigen Jahren vollkommen neue und zuvor nicht für möglich gehaltene Wege eröffnet.

Über Jahrtausende aber waren es gemalte oder gezeichnete Bilder, die Sichtweisen, Standpunkte und Absichten von Künstlern, die unser Bild von Geschichte prägten. Auch heute sorgen große Maler und Zeichner dafür, dass für die Wahrnehmung historischer Momente gemalte Bilder ihren Zauber und ihre Macht entfalten. In diesem Buch lässt sich nachverfolgen, wie Geschichte von Künstlern festgehalten wird, ob als Versuch einer realistischen Rekonstruktion, als politische Stellungnahme, Satire oder Karikatur.

Es gibt viele Bücher über die Geschichte der Malerei und auch viele Bücher über Geschichte, die illustriert sind. Dieses Buch ist eines über erzählte Geschichte *in* der Malerei. Es unternimmt mit Gemälden, Drucken und Zeichnungen, die auf sehr verschiedene Weise historische Ereignisse abbilden, eine der unzähligen Reisen, die durch die Historie möglich sind. Doch es ist eine besondere Reise. Jedes Bild hält einen historischen Moment fest, oft einen Wendepunkt, Umbruch oder Meilenstein, und erzählt zugleich Wissenswertes über seinen Schöpfer. So erfährt man nicht nur von der Weltgeschichte selbst, sondern auch von den vielen Arten, Geschichte in Bildern festzuhalten, und von den Geschichten hinter den Bildern.

Ich habe Motive und Bilder ausgewählt, die für meine Begriffe so fesselnd sind, dass man schon bei der bloßen Betrachtung unbedingt mehr über das Sujet wissen möchte. Sie erzählen plastisch und stehen für einen spannenden geschichtlichen Hintergrund. Sie machen die Atmosphäre und Dramatik deutlich. Die Bilder folgen einer chronologischen Linie durch die Weltgeschichte, aber die Schwerpunkte, die ich dabei setzte, wurden auch von der Faszination der Bilder bestimmt. Nicht wenige stammen aus dem 19. Jahrhundert, der großen Epoche der Historienmalerei. Zu dieser Zeit blickten die Menschen besonders interessiert auf die vorangegangenen Jahrtausende. Die moderne Geschichtswissenschaft entstand. Man fragte sich, ob der Fortschritt zu einem Ziel führte. Aber nicht nur traditionelle gegenständliche Bilder der Historienmalerei können uns Zugang zur Vergangenheit eröffnen, sondern auch Gemälde in expressionistischen und abstrakten Malstilen der Moderne, von Buchillustrationen, Karikaturen, Drucken ganz zu schweigen.

Jedes Bild in diesem Buch ist auf seine Art große Kunst, dies aber nicht immer im Sinne eines Kanons. Einen solchen will ich hier nicht aufstellen und habe sogar bewusst auf manches berühmte Bild verzichtet. Mit meiner hemmungslos subjektiven Auswahl will ich vielmehr die Vielfalt abbilden, mit der wir uns Geschichte in Bildern vor Augen führen können. Ich will auch zeigen, dass man sich mit Schlenkern und Nebenwegen immer wieder neue gedankliche Routen durch die Historie bahnen kann, für die uns Bilder die Möglichkeiten eröffnen. Durch die Kraft dieser Bilder kann erfahrbar werden, was dazu beigetragen hat, dass die Welt heute ist, wie sie ist.

Was ist Wahrheit, was ist Lüge? Hinter den Bildern steht natürlich der Wunsch der Künstler, uns zu zeigen, was *ihre* Wahrheit ist. Das muss nicht immer die historische Wahrheit sein. Manchmal verdrängt das Dramatische, das Propagandistische, das Patriotische und das Epische die historischen Tatsachen. Eine gute Gelegenheit, um quasi im Vorbeigehen immer wieder die Sinne für Wahrheit, Unwahrheit und Absichten zu schärfen. Bei einem gemalten Bild, das ein Ereignis der Vergangenheit zeigt, stellt sich sofort die Frage, ob das Ereignis sich tatsächlich so abgespielt hat oder zumindest abgespielt haben könnte. Die Frage ist jedoch für jedes Bild zu stellen. Auch in der Fotografie verändert schon die Entscheidung, ob der Auslöser einen Moment früher oder später betätigt wird, die Aussage. Bei der Wahl des Bildausschnitts kann ebenso manipuliert werden. Nicht von ungefähr stellte der deutsche Fotokünstler Thomas Ruff fest: »Mit Bildern kann man einfacher manipulieren als mit Sprache.« Wie subjektiv Bilder, besonders gemalte Bilder sind, hat schon Pablo Picasso betont. »Gäbe es nur eine Wahrheit«, sagte er, »könnte man nicht hundert Bilder zum gleichen Thema malen.«

Ein Bild ist das Ergebnis vieler Entscheidungen. Wie war etwas, von dem man erzählt? Welchen Blickwinkel wählt man? Was bildet man ab, was lässt man weg? Letzten Endes ist ein gemaltes Bild immer tendenziell historisierend, auch wenn der Künstler sich noch so viel Mühe gegeben hat, möglichst genau zu sein. Am Ende bleibt doch manches Fantasie oder Vermutung und blicken wir nur über das Wissen von zweiter Hand auf eine andere Epoche und auf einen vergangenen Moment.

Obwohl es heißt »Ein Bild sagt mehr als tausend Worte«, ist auch ein Bild nie zu Ende betrachtet, nie zu Ende besprochen. Aber ich hoffe, man kann nach der letzten Seite des Buches sagen: »Ich bin (ein wenig mehr) im Bilde.« Und die vergnügliche Lektüre hat dazu geführt, die Gedanken zu Bildern und Geschichte schweifen zu lassen. Gleich am Anfang unseres »Rundgangs« wartet ein Ausschnitt aus einer ganz außergewöhnlichen Galerie von Bildern. Wir tauchen ein in eine Szene aus einer in vielerlei Hinsicht dunklen Zeit. Licht zuckt im Dunkeln, Schläge hallen wider. Funken sprühen. Ein junger Mensch will etwas sehen …

MALEREIEN DER CHAUVET-HÖHLE

Holzkohle und Pigmente auf Fels
Ca. 33.000 bis 28.000 v. Chr.
Bei Vallon-Pont-d'Arc,
Département Ardèche, Frankreich

Ein Junge geht mit einer Fackel durch eine dunkle Höhle. Der Schein des Lichts reicht nicht weit. Doch der Junge weiß sich zu helfen. Er schlägt den flammenden Fackelstumpf auf seinem Weg immer wieder an die Wände, der Funkenschlag erhöht für einen Augenblick die fragile Helligkeit. Zugetragen hat sich diese Wanderung durch das unterirdische Dunkel vor etwa 26.000 Jahren.

Fünf Jahrtausende später stürzte eine Felswand herab und begrub den Eingang der Höhle. Erst im Jahr 1994 entdeckten in Südfrankreich drei Hobbyforscher den Ort des Geschehens in der gewundenen Schlucht, die der Fluss Ardèche ins Gestein gefressen hat. In einem Spalt im Fels hatten sie einen Zugang gefunden. Nach Jean-Marie Chauvet, einem der Entdecker, wurde der Ort Chauvet-Höhle genannt.

Die Kohlereste der Fackel, die vor 26.000 Jahren gebrannt hat, sind heute noch an den Wänden zu finden, ebenso die Fußspuren des Jungen im Lehm des Bodens, die ältesten heute bekannten eines modernen Menschen.

Allein schon der Gedanke ist elektrisierend, dass ein Junge, fast symbolisch für den Aufbruch der jungen Menschheit, Funken schlagend seine Sicht auf die am Weg liegenden Rätsel erhellt hat. Atemberaubend aber ist auch, was der junge Fackelträger erblickte und sicher ähnlich bestaunte wie wir heute: die bis vor kurzem ältesten bekannten Bilder von Menschenhand. Erst im Mai 2012 teilten Wissenschaftler mit, dass die Gravuren und Zeichnungen im 2007 entdeckten Abri Castanet, ebenfalls in Südfrankreich, etwa 2000 Jahre älter sind als die Bilder der Chauvet-Höhle.

Die über 400 Wandbilder, die sich in der weitläufigen Chauvet-Höhle verteilen, sind mit Holzkohle und mit rotem und hellem Ocker gemalt, mit sicherer Hand und elegantem Strich. Sie zeigen vor allem Tiere: Wollnashörner, Bisons, Höhlenlöwen, Mammuts, Wildpferde, Hyänen, Hirsche, Uhus und Bären. Nebeneinandergesetzte wiederholte Umrisse lassen die Darstellung von Bewegung vermuten. Oft greifen die Abbildungen ineinander. Nicht selten nutzen sie die Wölbungen im Fels und rufen so einen 3-D-Effekt hervor. Auch die Umrisse von Menschenhänden, die als Schablonen dienten, um in den Mund genommene Farbpigmente auf die Felswand zu sprühen, sind zu sehen.

Auf über 8000 Quadratmetern bedecken die Zeichnungen die verschlungenen Gänge der Chauvet-Höhle bis zu einer mühelos begehbaren Tiefe von 500 Metern. Die ältesten dieser Gemälde sind nach Radiokohlenstoffdatierungen womöglich bis zu etwa 35.000 Jahre alt. Die jüngsten Bilder wurden vor etwa 30.000 Jahren geschaffen.

Schon der Junge mit seiner Fackel sah damals Bilder, die bereits Tausende von Jahren alt waren. Denn seine Zeitgenossen malten nicht mehr auf diesen Wänden.

Die Menschen, die in der Chauvet-Höhle wirkten, kannten noch keine Schrift. Sie lernten aus Erzählungen, und die Geschichten waren voller Magie und Mythen. Denn die Natur – der Sturm, das Gewitter, die Sonne, Feuer und Regen, die Tiere –, alle Dinge, alle Wesen schienen beseelt von Geistern.

Die Zeit war für die Menschen noch kein endloses Band von Entwicklungen. Sie war nur die stetig sich wiederholende Abfolge von Frühling, Sommer, Herbst und Winter, war Werden und Vergehen. Vordringlich war die tägliche Sorge um den Erhalt der Sippe, war die Hoffnung, stets den Hunger und den Durst aller stillen zu können. Ihre eigene Welt empfanden Väter und Mütter, Söhne und Töchter als unverändert seit Generationen, und sie zweifelten kaum daran, dass für ihre Nachkommen irgendetwas anders sein würde.

Auf den ersten Blick sind die Tierbilder der Chauvet-Höhle keine Darstellungen von Weltgeschichte. Aber bei näherer Betrachtung sind sie es doch. Sie zeigen, was für die Maler das Gestern und das Heute zugleich war, und sie zeigen ein Verständnis von einem Davor und Danach.

Indem die Maler der Chauvet-Höhle Bilder malten, die dazu bestimmt waren zu überdauern, zeigten sie erstes Verständnis für Geschehen, für das Festhalten von Vergehendem. Womöglich wurden die Bilder für Initiationsriten und Kulthandlungen gemalt. Die Tatsache, dass vor allem Tiere gemalt wurden, die Menschen gefährlich werden konnten, führte zu der Vermutung, dass man sie abbildete, um ihnen ihre Gefährlichkeit zu nehmen. Dieser Reflex ist auch uns modernen Menschen vertraut. Wenn wir uns ein Bild von dem machen, wovor wir Angst haben, gelingt es uns oft, etwas von der Bedrohung zu bannen. Auch Hinweise auf Sexualität, Fortpflanzung, Geburt sind in der Chauvet-Höhle zu finden.

Entstanden ist die Kunst womöglich zum einen aus dem Schamanentum, aus Magie und Beschwörung und somit aus der Auseinandersetzung des Menschen mit den Zusammenhängen des Lebens, die zu jener Zeit weit spiritueller war als heute. Zum anderen aber sollten wir dem Gedanken Raum geben, dass Kunst aus dem Reflex des Menschen entstand, verstehen zu wollen. Auch war sicher die Tatsache, dass sich die Menschen ihrer Endlichkeit bewusst wurden, von wesentlicher Bedeutung dafür, Empfindung und Erfahrung festhalten zu wollen. Auch der Wille zu gestalten und der Wunsch, Spuren zu hinterlassen, spielten vielleicht schon viel früher eine Rolle, als wir zuweilen denken.

Da wir vom Homo erectus oder den Neandertalern bislang keine Zeugnisse von künstlerischem Schaffen kennen, glaubt man, dass die Kunst vor etwa 46.000 Jahren mit dem ersten modernen Menschen, dem Homo sapiens, aus Afrika nach Europa kam. In Afrika hatten sie schon lange Gegenstände über ihren bloßen Nutzen hinaus gestaltet. Vor fast 100.000 Jahren durchbohrten sie Schneckenhäuser und fädelten diese vermutlich auf Halsketten auf. Das belegen Funde in Ägypten und Israel und in der südafrikanischen Blombos-Höhle, in der über 75.000 Jahre alte Steinritzungen zu sehen sind.

Heute können wir den Entwicklungsstrang von Kunst und Kultur über die vergleichsweise nur kurze Zeit von 5000 Jahren von der alten Hochkultur Ägyptens bis heute nachzeichnen und nachvollziehen, wie seitdem eine Generation die nächste beeinflusste. Die um Zehntausende Jahre älteren Bilder der Chauvet-Höhle zeigen, wie früh die Menschen mit Bildern Wissen für die Nachwelt festhielten. Sie lassen erahnen, wie viel heute selbstverständliches Wissen über Generationen und Entfernungen schon weit vor dem Beginn von wahrgenommener Geschichte weitergegeben wurde.

SENNEDJEM UND SEINE FRAU PFLÜGEN UND SÄEN

Ausschnitt aus der Wandmalerei
der Grabkammer des Sennedjem
Ca. 1300 v. Chr., Theben

So fern und doch so nah. Bittet man heute jemanden, ein Bild von einem Löwen und einer Kuh zu malen, wird er die beiden Tiere vermutlich mit Blick von der Seite zeichnen. Gelingt die Zeichnung halbwegs, sieht das Ergebnis nicht viel anders aus als die Löwen der Chauvet-Höhle oder die Kühe, die den Pflug auf dem Bild in der Grabkammer des Sennedjem ziehen.

Fein geschwungen und sicher gezeichnet sind die Linien in beiden Darstellungen. Zwischen ihnen liegen aber nicht nur Tausende Kilometer, sondern auch fast 30.000 Jahre.

Was die Menschen der Chauvet-Höhle und die des alten Ägypten aber vor allem trennt, ist die Neolithische Revolution. Dies ist die lange, vor etwa 11.000 Jahren einsetzende Epoche, in der die Menschen begannen, Ackerbau zu betreiben und sesshaft zu werden. Im sogenannten Fruchtbaren Halbmond, der Gegend, die von Ägypten über Palästina und dem heutigen Syrien in einem weiten Bogen bis hinüber zum heutigen Irak führt, entwickelten sich die ersten Hochkulturen. Überall waren Flüsse von großer Bedeutung. Sie lieferten das Wasser für die Felder, und sie waren wichtig als Handelsstraßen.

Am Nil, dessen Wasser ein Mal im Jahr dunklen, fruchtbaren Schlamm über das Land an seinem Ufer spült, war der Ackerbau besonders ertragreich. Die Menschen dort begriffen sich bald als ein Volk, als Ägypter. Ihre Gemeinschaft wuchs, wurde komplexer, und es entstand über Generationen eine reiche und klug ausbalancierte Kultur. Mehr und mehr musste geplant und organisiert werden. Um Wichtiges festzuhalten und weiterzugeben, entwickelten die Ägypter eine Schrift, die Hieroglyphen. Priester, Beamte, Fürsten regelten das Leben und über allen stand ein König. Die Ägypter nannten ihn Per-o, »der Himmel« oder »das große Haus«, was im Hebräischen später zum Pharao wurde. Er war Mittler zu der Götter- und Totenwelt.

Es sind vor allem die Zeugnisse des ausgeprägten Totenkults, die wir von der Welt des alten Ägypten kennen: die Pyramiden, die Tempel, die aufwändigen Grabkammern, sorgfältig eingewickelte Mumien in prächtigen Sarkophagen. Ohne Zweifel scheuten die Ägypter in ihrem Totenkult kaum einen Aufwand, was aber unser

Bild von Leben und Geist Altägyptens vielleicht ein wenig verzerrt. Verdeckt wird allzu oft, dass die Ägypter gerade deshalb so viel für ihre Toten taten, weil sie das Leben liebten. Sie wussten zu feiern, zu essen und zu trinken. Die Begüterten richteten sich mit kunstvoll gefertigten Möbeln ein, ließen sich auf Harfen und Flöten Musik vorspielen, achteten auf gute Kleidung, schminkten sich und erfreuten sich an exotischen Haustieren. Auch die Liebe bewegte sie schon. Auf einem Papyrus mit Liebeslyrik aus einem Tempel von Ramses II. heißt es: »Die Liebe zu dir hat sich mit meinem Leibe vermischt, wie Salz in Wasser taucht.«

Dennoch ist von Dingen des Alltags der Ägypter viel zu wenig erhalten, und unser Wissen um Nöte und Leidenschaften am alten Nil enttäuschend gering. Wenn wir doch etwas ahnen, dann vor allem durch die in Gräbern als Bilder und als Gaben verschlossenen Erinnerungen daran.

Die Ägypter wollten, dass ihre Toten möglichst viele schöne und angenehme Dinge des Lebens ins Jenseits mitnehmen und die Erfüllung der Pflicht, einem Toten zu helfen, seinen Weg in ein gutes Jenseits zu gehen, entwickelten sie zu einer großen Kunst. Die Gestaltung eines Grabes war anspruchsvolle Detailarbeit. Sennedjem gehörte vermutlich zu denen, die die Kunst der Grabgestaltung besonders gut beherrschten. Er lebte um etwa 1300 v. Chr. zur Zeit des Pharao Sethos I. bis hinein in die Regentschaft von Ramses II., dem mit der Liebeslyrik in seinem Tempel und einer der bedeutendsten ägyptischen Pharaonen.

Sennedjem war ein wichtiger Beamter für die Errichtung von Königsgräbern und trug den Titel »Diener am Ort der Wahrheit«. In seinem Grab, das unweit der einstigen Stadt Theben am Nil in den Ruinen der Arbeitersiedlung Deir el-Medina nahe der dortigen Königsgräber liegt, sind er, seine Frau Iyneferti und andere Familienangehörige beigesetzt worden. Das Grab wurde 1886 von dem französischen Ägyptologen Gaston Maspero entdeckt und war noch versiegelt und daher unversehrt. Außer Sarkophagen fand man ein Bett, einen Stuhl, Spazierstöcke, bemalte Tongefäße, darin Brot und Früchte.

Der Blick in die Grabkammer lässt erkennen, welch weiten

Weg die Menschheit seit den Bildern in der Chauvet-Höhle zurückgelegt hat. Das gesamte Grab ist ein von Menschen ersonnener und gebauter Raum. Die Wände sind von Malereien so umfassend bedeckt, dass Malgrund und Gemaltes eine in sich geschlossene Einheit bilden.

Die Bilder in Sennedjems Grab zeigen die Anbetung und Beschwörung der ägyptischen Gottheiten. Das Zurücklassen von Namen in den Gräbern und mancher Sinnspruch zeigen den bereits ausgeprägten menschlichen Impuls, Vergangenes festzuhalten und das eigene Sein nicht dem Vergessen der Ewigkeit überlassen zu wollen. Schon zwei Jahrhunderte vor Sennedjem hatte die große Pharaonin Hatschepsut auf dem Sockel eines Obelisken festhalten lassen: »...damit mein Name bleiben und dauern möge in diesem Tempel auf immer und ewig.«

Ein Bewusstsein für Geschichte hatte sich aber noch nicht herausgebildet. Die Ägypter begriffen Zeit als eine Abfolge von Königen, aber noch nicht als Prozess von Veränderung und Fortschritt. Ihren Kalender hatten sie vor allem entwickelt, um die Wiederkehr der Nilschwemmen und der Jahreszeiten berechnen zu können. Weil sie das Leben vor allem als Wechsel von Werden und Vergehen begriffen, standen sie den Malern in der Chauvet-Höhle noch immer näher als den Geschichtsschreibern der Griechen, die sich wenige Jahrhunderte vor Ende des Pharaonenreiches daranmachten, Geschehenes chronologisch festzuhalten und somit den Gedanken des Wandels einzuführen.

Der Lauf der Jahreszeiten mit Aussaat und Ernte bildet auch in Sennedjems Grabmalereien einen Schwerpunkt. Im besten Falle gelangte ein Verstorbener in das lichte Totenreich Sechet-iaru, das Gefilde der Binsen, wo alles wächst und gedeiht. An der rechten Wand der Grabkammer ist dieses Land abgebildet. Der für dieses Buch daraus entnommene Bildausschnitt zeigt Sennedjem beim Pflügen, während seine Frau die Saat in die Furchen streut. Überall auf dem Wandbild pflügen, säen, ernten, essen und trinken sie in mehreren Szenen und leben im Kreise ihrer Familie weiter – und vielleicht haben sie in die Felder der Ewigkeit auch die Liebe mitgenommen.

EDWIN LONGSDEN LONG

DER BABYLONISCHE HEIRATSMARKT

The Babylonian Marriage Market

Öl auf Leinwand
1875
172,6 × 304,6 cm
Royal Holloway, University of London, Egham, Surrey

»Sie salben den ganzen Körper mit Myrrhen«, bemerkte der Grieche Herodot. Im 5. Jahrhundert v. Chr. reiste er in die Stadt Babylon und beschrieb sie später in seinen ›Historien‹, durch die er für Cicero zum Vater der Geschichtsschreibung wurde. Herodot berichtete von gewaltigen Stadtmauern, geradegezogenen Straßen und drei- und vierstöckigen Häusern. Er sprach auch vom Haar, das die Menschen in Babylon lang wachsen ließen und dann zusammenbanden, und er erzählte von den langen Leibröcken. Der britische Historienmaler Edwin Longsden Long (1829 bis 1891) griff im 19. Jahrhundert ein Detail aus Herodots Berichten auf und schuf das beeindruckende Bild vom *Babylonischen Heiratsmarkt.*

Einmal im Jahr, so berichtete Herodot, wurden die heiratsfähigen Mädchen jedes Dorfes von ihren Brüdern und Vätern an einen Platz gebracht, damit sich die Männer, die von überall her kamen, eine Braut aussuchen konnten. Das Verfahren der Brautschau war geschäftsmäßig nüchtern: Die Schönheit der Braut bestimmte den Preis.

Ein Auktionator rief die Frauen nacheinander auf. Er begann mit der schönsten. Der Mann, der am meisten bot, bekam sie. Dann bot man die zweitschönste an, daraufhin die drittschönste. So ging es weiter in absteigender Reihenfolge der Attraktivität. Je weiter die Auktion fortschritt, desto weniger Geld wurde für eine Frau geboten. Schließlich kamen die Frauen an die Reihe, die eigentlich keiner zur Braut nehmen wollte. Es waren hässliche, kranke und verkrüppelte.

Aber auch diese am wenigsten begehrenswerten bekamen laut Herodot einen Ehemann. Dazu nutzten die Babylonier einen simplen Kniff. Sie kehrten das Bietergefecht einfach um. Man bezahlte nun den Bräutigam. Mit Geld vom Erlös der schönen Frauen begann der Auktionator jede der wenig attraktiven Frauen an einen Mann zu versteigern, der sie für den niedrigsten Geldbetrag zur Frau nahm. Der Bräutigam war verpflichtet, dauerhaft mit seiner Braut zusammenzubleiben. Ein Bürge hatte dies sicherzustellen. Behielt der gekaufte Ehemann seine Frau nicht, musste er sein Geld zurückgeben.

Der Platz des Heiratsmarktes war vielleicht nicht immer ein solch malerischer Ort, wie der große, prächtige Saal, den uns Long zeigt. Doch auch wenn das Bild das romantische Kolorit der Historienmalerei des 19. Jahrhunderts atmet, ahnt man, wie ein Heiratsmarkt zu jener Zeit tatsächlich ausgesehen haben kann.

Für das Bild hatte Long im Britischen Museum mehrere Artefakte studiert. Wir erkennen die Kleidung, Bart- und Haartracht der Menschen, die auf Abbildungen von archäologischen Funden aus Mesopotamien zu finden sind. Die Verzierungen der Wand erinnern an kolorierte Kacheln, die beispielsweise auf dem Ischtar-Tor von Babylon angebracht wurden. Eine Rekonstruktion ist im Pergamonmuseum in Berlin zu bewundern.

Babylon war über Jahrhunderte die größte und mächtigste Metropole zwischen den Flüssen Euphrat und Tigris. Die Griechen nannten das Land auf dem Gebiet des heutigen Irak Mesopotamien: Zwischenstromland. Hier entstanden vermutlich im 5. Jahrtausend v. Chr. die ersten Städte mit mehreren Zehntausend Einwohnern.

Städte wie Eridu, Uruk, Lagasch, Kisch und Ur waren geschützt von langen Mauern und beherbergten in ihrem Zentrum Tempel für die jeweilige Stadtgottheit. Eine der bedeutendsten Volksgruppen der Gegend, die Sumerer, entwickelten aus Zeichen, die sie zunächst zur Verwaltung von Vorräten nutzten, eine erste Schrift, die Keilschrift. Mit dreikantigen Griffeln drückten sie Linien und Dreiecke in feuchte Tontafeln. Über die nächsten Jahrhunderte verbesserten sie diese Schrift und nutzten sie bald nicht nur für Verwaltungsvorgänge, sondern schufen mit der Geschichte um den unglücklichen König Gilgamesch das erste Epos und damit das älteste erhaltene erzählende Werk. Niedergeschrieben wurde es im Raum Babylon um 1800 v. Chr., einer Zeit, in der die Stadt unter König Hammurabi zur vermutlich ersten Großstadt der Welt wuchs. Als Herodot eintraf, lebten dort etwa 350.000 Menschen.

Die Kultur Mesopotamiens scheint uns im Vergleich zu der Ägyptens relativ fremd und weit entfernt. Einer der Gründe liegt darin, dass die Ägypter mit massivem Stein bauten und die

Stätten ihres Totenkults überdauert haben. Die Menschen im Zwischenstromland bauten hingegen vor allem mit Ziegeln, die im Laufe der Jahrhunderte zu Sand zerfielen. Babylons einstige Pracht und Größe ist zu erahnen, wenn man sich Ausmaße der Modelle und Zeichnungen ansieht, mit denen Forscher die Stadt rekonstruierten.

Trotz wechselnden Schicksals war Babylon über den langen Zeitraum von 15 Jahrhunderten mächtig und bedeutend. Wenige Generationen vor Herodot hatte der babylonische König Nebukadnezar II. das Ischtar-Tor und die Prozessionsstraße im Nordteil der 18 Kilometer langen Stadtmauer vollendet. Die Palastgärten des Königs, die bis heute nicht gefunden wurden, waren vermutlich eines der sieben Weltwunder: die berühmten Hängenden Gärten. Ein ebenfalls von Nebukadnezar errichteter 91 Meter hoher Tempelturm, mit dem Tempel des Stadtgottes Marduk auf dem oberen Plateau, wurde in der Bibel zum Turm von Babel und damit zum Symbol der Überhebung der Babylonier. Laut Bibel strafte Gott die Bewohner Babylons mit einem Sprachgewirr, das dazu führte, dass sie den Bau nicht fertig stellen konnten. Die Bibel berichtet sowieso Schockierendes über die Moral der Bewohner der Stadt, und so ist das sündige Babel bis heute in der Sprache lebendig geblieben.

Mit seinem Bild der Schönheiten, die darauf warten, auf dem Podest zur Versteigerung angeboten zu werden, traf Edward Longsden Long ins Mark des sittenstrengen Viktorianischen Zeitalters. Sexualität und Erotik hatte man aus dem Alltagsleben verdrängt, doch in der Kunst brachen sie sich immer wieder Bahn. So waren Darstellungen von nackten Göttern und Göttinnen ebenso beliebt wie Bilder von Nymphen, Sklavinnen und Mägden.

Der babylonische Heiratsmarkt wurde 1875 zum ersten Mal ausgestellt und war Skandal und Sensation zugleich. Die ›Times‹ kürte das Bild zum Gemälde des Jahres, auch wegen des Versuches, eine möglichst große historische Authentizität zu erreichen. Der damals für das Bild gezahlte Preis von 6.615 Britischen Pfund war der höchste Preis, den das Bild eines lebenden Künstlers bis dahin erzielt hatte.

LOVIS CORINTH

DAS TROJANISCHE PFERD

Öl auf Leinwand
1924
105 x 135 cm
Neue Nationalgalerie, Berlin

Nach zehn Jahren Krieg hatten alle genug. Die Griechen, die die mächtige Stadt so lange belagert hatten und immer wieder gegen sie angerannt waren, bauten ein großes Pferd aus Holz. Sie rollten es vor die Mauern von Troja, bestiegen ihre Schiffe und fuhren über das Meer davon.

Die Trojaner trauten ihren Augen nicht. Der Feind war ab- gezogen und hatte sogar ein Geschenk zurückgelassen. Sinon, ein griechischer Kämpfer, der vor Ort geblieben war, riet ihnen, das Pferd als Weihgeschenk anzunehmen und in die Stadt zu ziehen. Sollten sie es jedoch zerstören, drohe ihnen großes Unheil. Der trojanische Priester Laokoon aber, so berichtet es der römische Dichter Vergil, rief seinen Mitbürgern zu: »Traut nicht dem Pferde, Trojaner! Was immer es ist, ich fürchte die Danaer, selbst wenn sie Geschenke bringen.«

Laokoon schleuderte einen Speer gegen das Pferd. Doch der prallte ab. Nun erschienen zwei Schlangen. Sie töteten Laokoon und seine zwei Söhne. Für die Trojaner war das ein Zeichen der Götter: Das Pferd durfte nicht länger draußen vor den Mauern der Stadt stehen bleiben. Selbst die Seherin Kassandra konnte sie nicht umstimmen. Wie auch? Der Gott Apollon hatte sie laut Mythologie mit dem Fluch belegt, Ereignisse immer richtig vorherzusehen, aber nie Gehör zu finden.

Die Trojaner zogen also das Pferd in ihre Stadt und stellten es vor den Tempel der Athene. Als die Nacht hereinbrach, kletterten griechische Soldaten aus dem Bauch des Pferdes und öffneten die Tore. Das Heer der Griechen, das mittlerweile heimlich an die Küste vor Troja zurückgekehrt war, drang in die Straßen, Häuser und Tempel ein und richtete ein fürchterliches Blutbad an. Die Stadt war gefallen. Sie wurde zerstört.

Die Geschichte vom Krieg um Troja, der mächtigen und reichen Stadt am Mittelmeer, erzählt von Niedertracht, Verrat, Heldenmut, Verlangen, Dummheit, Gier, Verlogenheit und Treue, kurz: von allen Gefühlen, Gedanken und Taten, zu denen Menschen zu allen Zeiten fähig sind. Doch nicht nur das: Die Götter der griechischen Welt mischten bei allen Geschehnissen kräftig mit. So wurde das Erzählte zur Sage, die mit mythischen Schichten womöglich tatsächlich Geschehenes ummantelt.

In den beiden Epen ›Ilias‹ und ›Odyssee‹, die vermutlich um das 8. Jahrhundert v. Chr. niedergeschrieben wurden, wird zunächst vom Krieg um Troja berichtet und danach von der jahrelangen abenteuerlichen Irrfahrt des Helden Odysseus auf seiner Rückkehr in die Heimat. Ein Grieche namens Homer soll es gewesen sein, der die Geschichten in kunstvoll rhythmisierten Versen festgehalten hat. Wann und ob Homer lebte, ob er die Epen verfasst hat oder mehrere Autoren, darüber streiten die Gelehrten. Fest steht, mit der ›Ilias‹ und der ›Odyssee‹ begann die Literatur des Abendlandes.

Da es lange keinerlei Spuren von Troja gab, herrschte jahrhundertelang die Meinung vor, das Epos vom Krieg um die Stadt sei nur Sage. Über zweieinhalbtausend Jahre nach den geschilderten Ereignissen machte sich der deutsche Kaufmann Heinrich Schliemann auf die Suche nach den Ruinen des sagenhaften Ortes. 1873 gab er bekannt, er habe Troja gefunden.

Bei metertiefen Grabungen am Hügel Hisarlık im Nordwesten der Türkei war er auf Schichten gestoßen, die mehrere Abschnitte einer städtischen Besiedlung zeigten. Die Funde lassen heute vermuten, dass dort von etwa 3000 v. Chr. bis in das 1. Jahrhundert n. Chr. Menschen lebten und es immer wieder Zeiten gab, in denen dort Kämpfe stattgefunden haben. Die Stadt der sogenannten Schicht VIIa, die im 13. Jahrhundert v. Chr. vermutlich durch einen Krieg zerstört wurde, wird oft mit dem Troja aus der ›Ilias‹ gleichgesetzt.

Vielleicht hat es den Trojanischen Krieg tatsächlich gegeben. Vielleicht haben griechische Angreifer tatsächlich über einen langen Zeitraum die Mauern der Stadt belagert. Der Grund dafür war laut Ilias die Entführung von Helena, der schönen Gattin des Spartanerkönigs Menelaos durch den trojanischen Prinzen Paris. Die Göttin Aphrodite soll sie ihm einst versprochen haben.

Geschichte besteht zu einem wesentlichen Teil auch aus Geschichten, die zu Mythen werden, weil sie starke Bilder hervorrufen und weil Menschen aus ihnen Beispielhaftes und ewig

Gültiges herauslesen. Das Trojanische Pferd ist so ein starkes Bild. Es steht seit der Niederschrift der Geschichten um den Trojanischen Krieg für etwas, das einem schadet, nachdem man es guten Gewissens aufgenommen hat, warum auch die Programme, die sich auf Computern festsetzen und unerwünschte Funktionen ausführen, Trojaner heißen.

In der Malerei gibt es zahlreiche Versionen des Trojanischen Pferdes. Oft wird seine Holzkonstruktion, die laut Epos in nur drei Tagen angefertigt wurde, idealisiert als riesige, formvollendete Skulptur dargestellt. Das Gemälde von Lovis Corinth (1858 bis 1925) entstand 1924, ein Jahr vor dem Tod des Malers. Corinth, einer der bedeutendsten impressionistischen Maler in Deutschland, überschritt in seinem Spätwerk immer wieder die Grenze zum Expressionismus. So auch in seinem mit wildem Gestus gemalten Bild vom Trojanischen Pferd. Sein Trojanisches Pferd sieht rasch genietet und gezimmert aus. Es scheint, als habe man noch eine Art von Haut über das Holz gespannt. Die Szenerie schwebt dank verschobener Perspektiven und Corinths erdiger Palette in einer seltsamen Entrücktheit und atmet einen eigenwilligen und ebenso eindringlichen Schleier von Mythos und möglicher Wahrheit. So vereint das Bild viele der Ebenen, auf die uns die Beschäftigung mit der Geschichte vom Trojanischen Krieg führt.

Vielleicht werden wir nie herausfinden, ob die in ›Ilias‹ und ›Odyssee‹ geschilderten Ereignisse tatsächlich stattgefunden haben. Womöglich werden wir auch nie erfahren, ob Homer, wenn er denn der Autor der Berichte war, der erste nachgewiesene Dichter Europas genannt werden darf oder wir ihn auch einen der ersten Geschichtsschreiber nennen können.

Auch was die Existenz Trojas betrifft, sind wir nicht wirklich sicher. Denn ob die Stadt unter dem Hügel Hisarlık tatsächlich das wiedergefundene Troja ist, weiß man nicht. Selbst nach jahrzehntelangen Ausgrabungen ist ihr tatsächlicher einstiger Name nicht nachzuweisen.

FJODOR BRONNIKOW

DIE PYTHAGORÄER FEIERN DEN SONNENAUFGANG

Öl auf Leinwand
1869
161 x 100 cm
Staatliche Tretjakow Galerie, Moskau

Die Kühle der Nacht liegt noch in der Luft. Über dem Mittelmeer geht an wolkenlosem Himmel im rosa Licht die Sonne auf. Eine Gruppe von Pythagoräern begrüßt sie mit Gebeten und Musik.

Seit jeher rätseln und streiten Historiker darüber, was es mit der religiös-philosophischen Gemeinschaft um den Denker Pythagoras auf sich hatte. Von ihm selbst ist nur überliefert, was man sich im Nachhinein von ihm erzählte. Mythos, Legende und tatsächlich Geschehenes greifen ineinander.

Pythagoras stammte von der Insel Samos und soll die seinerzeit bekannte Welt bis an ihre Grenzen bereist haben. Er hatte Ägypten, Babylonien und sogar Britannien gesehen und das Wissen der Gelehrten dieser Orte studiert. Um 530 v. Chr. kam er nach Kroton, eine blühende griechische Stadt an der Südküste Italiens.

Die Griechen, einst ein Gemisch vieler Völker, die vor allem vom Balkan durch Stürme der Natur und durch Kämpfe um Land an die verkarsteten Küsten des östlichen Mittelmeers verschlagen worden waren, siedelten seit bereits zwei Jahrhunderten im Mittelmeerraum. Als Pythagoras in Kroton eintraf, hatten die Griechen an allen Küsten Städte gegründet. Sie trieben miteinander Handel und hatten eine gemeinsame Sprache und Kultur entwickelt. Zwar fanden die Griechen nicht zu einem einheitlichen Staat, doch sie schickten sich an, das Denken in vollkommen neue Bahnen zu lenken. Konsequenter, als es frühere Kulturen getan hatten, setzten die Griechen den Menschen in den Mittelpunkt. Selbst ihre Götter wurden menschengleich. Zwar waren die noch immer stärker und mächtiger als die ihnen ähnelnden Erdenbewohner, doch sie stritten, liebten, waren neidisch und eifersüchtig.

Pythagoras war gebildet, konnte hervorragend reden und soll einer der schönsten Männer jener Tage gewesen sein. In Milon, einem der einflussreichsten Männer in Kroton, fand Pythagoras einen Mäzen. Milon war Ringkämpfer und einer der berühmtesten und erfolgreichsten Athleten der Antike.

In Kroton gründete Pythagoras eine religiös-philosophische Schule. Mythos und Wahrheit, Glaube und Wissen bildeten in jenen Tagen noch eine Einheit. Doch die begann sich aufzulösen. Einer, der wesentlich dazu beitrug, war Pythagoras. Das mag seltsam klingen, da er selbst glaubte, dass alle Erscheinungen des Lebens in einem einheitlichen Ordnungsprinzip darzustellen seien. Für Pythagoras war alles Zahl, und noch immer wird nahezu jeder Schüler mit dem »Satz des Pythagoras« traktiert. Danach ist ein Quadrat über der längsten Seite eines rechtwinkligen Dreiecks in seinem Volumen ebenso groß wie die Summe des Volumens der Quadrate über die beiden anderen Dreiecksseiten.

Zahlen dienten Pythagoras nicht nur dazu, Vermutungen durch Wissen und Beweis zu ersetzen, sondern waren ein wichtiges Instrument, um die Welt zu erklären. So zeigte Pythagoras, dass mit Zahlen harmonische Prinzipien in der Musik darzustellen sind. Die Hauptintervalle in der Musik – Oktave, Quinte und Quarte – verdanken wir ihm, da er erkannte, dass frei schwingende Saiten durch Halbieren, Dritteln, Vierteln und Fünfteln immer harmonische Klänge zum Grundton erzeugen.

Die Pythagoräer bestanden vermutlich aus zwei Hauptströmungen, den Mathematikern, die eher wissenschaftlich arbeiteten, und den Akusmatikern, die sich mit religiösen und ethischen Fragen beschäftigten. Ob das schon zu Pythagoras' Lebzeiten der Fall war, darüber streiten die Gelehrten.

Pythagoras selbst gefiel sich in der Rolle des geheimnisvollen Meisters und scharte Hunderte von Schülern und Anhängern um sich, darunter auch Milons schöne Tochter Theano, die seine Lieblingsschülerin und schließlich seine Frau wurde. Die Ausgewogenheit und Harmonie von Zahlenverhältnissen waren für die Pythagoräer auch der Schlüssel zum idealen Zusammenleben der Menschen und so verschrieben sie sich einem Leben der Bescheidenheit und des Zusammenhalts. Besonders wichtig war ihnen die Freundschaft. Großzügig unterstützte man sich gegenseitig und trat selbstlos für den anderen ein. Wichtig waren auch die Beherrschung der Begierden und das Befolgen der Regeln der Gemeinschaft. Tiere solle man nicht verspeisen, da sie wie die Menschen Seelen hätten, die von diesen auch nicht verschieden seien. Streng verboten war der Verzehr von Bohnen. Man rätselt noch immer, warum.

Letztlich kann man die Pythagoräer als eine Keimzelle der zahlreichen Errungenschaften der griechischen Kultur sehen. Aus Mythos wurde in den nächsten Generationen Literatur, aus Streit und Kompromisssuche entstand das Konzept der Demokratie, aus Nachdenken Philosophie, aus Beobachten entwickelten sich Forschung und Wissenschaft.

Das Gemälde des russischen Malers Fjodor Andrejewitsch Bronnikow (1827 bis 1902) greift die Mitte des 19. Jahrhunderts in der historischen Wissenschaft verbreitete Ansicht auf, zu den Riten der Neopythagoräer hätte es gehört, den Sonnenaufgang zu besingen. Spätere Forschungen widerlegten das. Doch das Anbeten der Sonne beziehungsweise das Beten in der anbrechenden Sonne war in der griechischen Welt nicht unüblich. Auch von Sokrates wird berichtet, dass er dies tat.

Bronnikow war ein russischer Vertreter der realistischen Malerei des 19. Jahrhunderts. Einen Schwerpunkt seiner Kunst widmete er Motiven der Antike. Fjodor Dostojewski bewunderte das Bild Bronnikows und nannte es in seinem ›Tagebuch eines Schriftstellers‹ ein Beispiel dafür, wie es einem heutigen Künstler gelungen sei, ein eher fantastisches Thema realistisch darzustellen.

EDGAR DEGAS

JUNGE SPARTANERINNEN FORDERN KNABEN ZUM WETTKAMPF HERAUS

Jeunes Filles Spartiates provoquant des Garçons

Öl auf Leinwand
Unvollendet, begonnen ca. 1860
109,5 x 155 cm
National Gallery, London

Blutsuppe mit Schweinefleisch gefällig? Die Küche Spartas galt anderen Völkern des Altertums als ungenießbar. Aber das war nur das geringste Übel.

Staatliche Aufseher entschieden kurz nach der Geburt eines Kindes, ob es leben darf oder nicht. Schien es zu kränklich oder zu schwach, wurde das Neugeborene ausgesetzt oder in die Tiefe geworfen. Der helle Berg im Hintergrund des Gemäldes von Edgar Degas (1834 bis 1917), einem der bedeutendsten Vertreter des französischen Impressionismus, verweist darauf. Er begann mit der Arbeit an diesem Bild um etwa 1860. Über die nächsten Jahrzehnte fertigte er zahlreiche Skizzen an und erdachte neue Varianten. Als er 1917, fast sechs Jahrzehnte nach Beginn seiner Arbeit an dem Gemälde, starb, stand es nach mehreren Überarbeitungen unvollendet in seinem Atelier, was man auch daran erkennt, dass die vier Mädchen zehn Beine haben.

Von Sparta kann man nicht sagen, dass es ein Ort des Wohlgefallens und der Sinnenfreuden war. Die Szenerie des Bildes von Degas ist es auch nicht. Der Himmel ist farblos und dunstig, die Landschaft karg und schroff. Die im Vordergrund eng beieinanderstehenden Mädchen haben mit angespannt herausfordernder Haltung ihrer heranwachsenden Körper eine Gruppe splitternackter Jungen fest in ihren Blick gefasst. »Traut ihr euch nicht?«, scheint jede von ihnen auf ihre Weise zu fragen. Die Jungen sind uneins, wie sie auf die Mädchen reagieren sollen. Verlegen und ratlos, wie sie sind, ist mancher wohl schon bereit, die Aufforderung zum Wettkampf anzunehmen.

Die Szene des aufreizenden Spiels ist auch ein Jonglieren mit den Erwartungen, die das Leben als Erwachsene an sie stellen wird. Sparta, die seinerzeit mächtigste Stadt Lakoniens, erwartete viel von seinen Männern und Frauen und um seine Strenge machte es wenig Aufhebens. Zwei Worte, die von dort aus jener Zeit in unsere Sprache gewandert sind, geben uns bis heute einen Eindruck dieser eigentümlichen Gesellschaft. »Spartanisch« beschreibt Einfachheit bis hin zur Anspruchslosigkeit und Strenge bis hin zur Härte. »Lakonisch« steht für eine besonders knappe Art, sich mitzuteilen.

Die Stadtstaaten Athen und Sparta waren die beiden bedeutendsten Staatswesen des antiken Griechenland. Die Ideale, der Alltag und die Kultur, die in ihnen gelebt wurden, hätten kaum gegensätzlicher sein können. Athen wurde zur Wiege der Philosophie, Kunst und des Theaters des Abendlandes. Aus der Achtung, die in Athen dem Einzelnen entgegengebracht wurde, wuchs die Idee der Demokratie. Dialog, Widerstreit, Dialektik machten die Stadt zu einem Schmelztiegel von Ideen, ließen sie aber auch immer unberechenbar, veränderlich und schwankend bleiben. Mal war Athen ein Hort der Freiheit, mal Schauplatz übler Tyrannei. Doch im Wesentlichen schufen sich die Athener ein Staatswesen, in dem über nahezu alle Fragen der Gemeinschaft abgestimmt wurde und jeder freie Bürger eine Stimme hatte. Athen war Wandel und Fortschritt und diese ständige Veränderung war trotz aller Unsicherheit der Humus des Erfolgs dieser Stadt.

Sparta hingegen war Sparta und blieb Sparta. Hier herrschte eine Oberschicht, die Homoioi (»Vollbürger«) über die große untere Schicht der Heloten (»Gefangene« oder »Eroberte«), die ihnen zu dienen hatte. Nur die Homoioi durften sich Spartiaten, also Einwohner Spartas, nennen und die sahen sich, um ihre Macht zu sichern, in einem ständigen Krieg gegen die Heloten. So waren die bevorzugten Tugenden Spartas diejenigen, die in einem Krieg von Nutzen waren. Man strebte nach Harmonie durch Ordnung, nach Einfachheit und Strenge bis zur Starrheit, nach Disziplin und Unterordnung in der Gemeinschaft bis zur Selbstverleugnung. Der permanente Krieg der Spartiaten auch mit sich selbst war das Fundament der Macht, die Sparta in der griechischen Welt für gewisse Zeit errang. Freiheit war in Sparta keine Tugend, und es gab sie auch für die Homoioi nicht.

Mit sieben Jahren kamen die Jungen Spartas in eine Militärakademie. Schwäche durften sie nicht zeigen. Jeder wurde dazu angehalten, den anderen zu kontrollieren. Die Jungen mussten barfuß gehen und hatten nur einen Umhang, der auch für den Winter ausreichen musste. Jedem Jungen wurde ein erwachsener Mentor zugeteilt. Die Beziehung hatte vermutlich auch sexuelle Seiten. Das sollte zum Zusammenhalt beitragen und die Machtverhältnisse festigen.

Die Spartanerinnen galten als die schönsten Frauen der griechischen Welt. Die schöne Helena aus der Trojasage war eine Spartanerin. Doch auch die Mädchen wurden von klein auf trainiert und ausgebildet. Körperlich, geistig und seelisch stark sollten sie sein. Die wichtigste Aufgabe der Frauen Spartas war es, gesunde Kinder zu gebären.

Ehen wurden arrangiert. Eine Hochzeit wurde nicht gefeiert. Auch die Ehe war vor allem Dienst am Staat. Ein Paar sollte Kinder hervorbringen. Junge Krieger durften ihre Frauen nur nachts besuchen. Einziger Zweck des Zusammenseins war es, ein Kind zu zeugen. Wurde eine Frau nicht schwanger, holten die Ehemänner oft andere Männer, damit es gelang.

Für die Spartaner war es ein Schock, als sie im Jahr 490 v. Chr. mit ihren Soldaten zu spät zur Schlacht bei Marathon eintrafen. Ihre Rivalen, die Athener, hatten die persischen Invasoren ohne sie besiegt. Als die Perser zehn Jahre später erneut die griechische Welt erobern wollten, wetzten die Spartaner auf ihre Weise die Scharte aus. In der mehrtägigen Schlacht bei den Thermopylen kämpften sie unter ihrem Feldherrn Leonidas an einem Engpass zwischen Gebirge und Meer gegen eine vielfache persische Übermacht bis zum letzten Mann. Am Ende sogar mit Händen und Zähnen. Als sie den Tod fanden, hatten sie Spartas Ehre und Stolz zurückgewonnen.

LAWRENCE ALMA-TADEMA

PHIDIAS ZEIGT SEINEN FREUNDEN
DEN FRIES IM PARTHENON

Phidias Showing the Frieze of the Parthenon to his Friends

Öl auf Leinwand
1868
72 x 110,5 cm
Birmingham Museums and Art Gallery, Birmingham

An einem Abend um 435 v. Chr. sind mehrere Männer und Frauen im Schein von Fackeln die Holzgerüste an der Baustelle hinaufgeklettert. Eine Vernissage der Antike beginnt. Der Ort des Ereignisses ist Athen, die zu bewundernde Kunst ist der Fries im Parthenon. Der Künstler, der ihn präsentiert, ist Phidias.

Phidias, der Bildhauer, war für seine Werke in der gesamten griechischen Welt berühmt. Kein Grieche, der von den alle vier Jahre zu Ehren der Götter abgehaltenen Wettkämpfen in Olympia in seine Heimatstadt zurückkehrte, vergaß den Anblick der von Phidias in einem Tempel in der Mitte der Kampfstätten errichteten Kolossalstatue des Zeus. Sie gehörte zu den sieben Weltwundern der Antike.

In den Tagen der Arbeiten am Parthenon spielte Phidias eine wichtige Rolle bei der Umsetzung der gigantischen Bauvorhaben auf der Akropolis, dem Burgberg Athens. Laut Plutarch übertrug man ihm, auch weil er mit Perikles, dem wichtigsten Mann der Stadt, befreundet war, die Gesamtleitung.

Perikles war seit einigen Jahren der politische Führer Athens. Die nur 34 Jahre während Perikleische Zeit wurde zu der goldenen Zeit der Stadt und ist der Höhepunkt der griechischen Antike. In jenen Tagen wirkten in Athen herausragende, bis heute berühmte Vertreter verschiedener Professionen zur gleichen Zeit an einem Ort, wie es so geballt in der Weltgeschichte nur selten vorgekommen ist: Perikles selbst baute als politischer Denker und Tatmensch die Institutionen der athenischen Demokratie aus. Der Dichter Aischylos begründete das klassische Drama. Sokrates schaffte die Grundlagen der modernen Philosophie, Herodot wurde zum Vater der Geschichtsschreibung, und Phidias stand im Zentrum der herausragenden Leistungen einer Kunst, in der die Liebe zu Form, Proportion und Ebenmaß mit dem Menschen im Mittelpunkt gefeiert wurde. Der wesentliche Kern der Kultur des späteren Abendlandes entstand in jenen Tagen hier in Athen.

Als Perikles in das Kollegium der Strategen gewählt worden war, hatte er sofort den erneuten Aufbau des in den Kriegen gegen die Perser zerstörten Athen angeregt, vor allem den der Akropolis. Die Bautätigkeiten auf dem Burgberg umfassten die

Arbeiten am monumentalen Torbau der Propyläen, an mehreren Standbildern und Tempeln, vor allem aber an dem gewaltigen Parthenon (deutsch: Jungfrauengemach).

Der Tempel war der Dank an die Stadtgöttin Athene für die Rettung der Stadt im letzten Perserkrieg. Noch heute dominiert dessen bleiches Gerippe die Akropolis und ist selbst als Ruine noch eines der bekanntesten Gebäude der Welt.

Der Parthenon ist das Werk der Architekten Iktinos und Kallikrates. Seine Proportionen gelten als vollkommen. Diese Anmutung gelingt aufgrund optischer Täuschung. Denn das Bauwerk besitzt im Grunde keine einzige gerade Linie. Sein Fundament ist konvex. Es steigt zur Mitte an allen Seiten um wenige Zentimeter an. Die Säulen sind leicht nach innen geneigt, so dass sie fünf Kilometer oberhalb des Parthenon zusammentreffen würden. Auch die Quader haben keine geraden Linien und keinen rechten Winkel. Für jeden Block gibt es nur eine Stelle, zu der er passt.

Während der Parthenon die architektonische Krönung der Akropolis darstellte, bildete die in dessen Innern errichtete, von Phidias geschaffene zwölf Meter hohe Statue der Athene den Höhepunkt. Ihre Arme, ihre Beine und ihr Kopf waren aus Elfenbein, ihr Gewand mit 1000 Kilo Gold überzogen. Welch Anblick muss sie bei Fackelschein gewesen sein!

Einige Athener rechneten aus, dass die Statue den Gegenwert von 250 Kriegsschiffen darstellte. Perikles sah das gelassen. Athen war nach dem endgültigen Sieg über die Perser die entscheidende Macht der griechischen Welt. Das Geld für die ehrgeizigen Bauvorhaben nahm er kurzerhand aus der Kriegskasse des Attischen Seebunds, in die die verbündeten Stadtstaaten einzahlen mussten. Das, was davon übrig geblieben war, verwahrten die Athener im Parthenon. Sollte man mal etwas mehr brauchen, so Perikles, könne man das Gold der Athene ja einschmelzen.

Das Gemälde des niederländischen Malers Lawrence Alma-Tadema (1836 bis 1912) zeigt Phidias und seine Gäste unter dem Dach des Parthenon. Alma-Tadema war einer der großen Historienmaler des 19. Jahrhunderts. Er malte mit außergewöhnlichem Können detailliert bezaubernde Bilder der Antike. Doch für den Hauptstrom der Kunstgeschichte, der seinen Blick bei der Beurteilung von Malern des ausgehenden 19. Jahrhunderts auf ihren Beitrag bei der Entwicklung und Neuerung der Malerei fixiert, ist er aus der Zeit gefallen und eher eine Randbemerkung. Am Ende seines Lebens sah Alma-Tadema den Aufstieg des Postimpressionismus und der Fauves. Neue Wege der Malerei, die er aus tiefem Herzen verabscheute.

Das Flachrelief des Frieses, das Phidias in Alma-Tademas Gemälde den bewundernden Blicken präsentiert, umgab in einer Höhe von über 11 Metern auf einer Gesamtlänge von über 160 Metern die Außenwand der Cella, des inneren Hauptraums des Parthenon.

Einige Historiker meinen, Phidias selbst habe den Figurenschmuck des Frieses entworfen und mehrere Künstler hätten ihn dann ausgeführt. Der Fries zeigt die große Prozession während der Panathenäen, dem wichtigsten jährlich stattfindenden Fest zu Ehren der Athene. Doch im Grunde feierten die Athener auf dem Fries sich selbst und ihre Auffassung von den Idealen der Gemeinschaft, des Lebens und der Schönheit.

Im Jahr nachdem der Parthenon fertig gestellt worden war, brach 431 v. Chr. der Krieg gegen Sparta aus. Der Peloponnesische Krieg bedeutete das Ende der großen Zeit Athens. Die Spartaner, die Athen zwischenzeitlich einnahmen, machten den Parthenon für einige Zeit zu einer Kaserne. Doch noch Jahrhunderte danach stand das Bauwerk nahezu unversehrt, und die Statue der Athene war noch bis ins 5. Jahrhundert nach Christi zu bewundern. Dann machten sich die Plünderer ans Werk. Am rücksichtslosesten gingen die Europäer aus dem Norden des Kontinents vor, die zu Beginn des 19. Jahrhunderts die Antike wiederentdeckten. Skulpturen und Friese wanderten nach England und Deutschland.

Den größten Verlust erlitt der Parthenon, als der britische Diplomat Lord Elgin im Jahr 1801 große Teile des Frieses nach Großbritannien brachte und an das British Museum verkaufte. Bis heute beeindrucken dort als sogenannte Elgin Marbles jene Reliefs, vor denen Phidias stolz in dem Bild Alma-Tademas steht. Ihre einstige Farbe haben sie verloren.

GIUSEPPE DIOTTI

DER TOD DES SOKRATES

La morte di Socrate

Öl auf Leinwand
1806
Museo Civico Ala Ponzone, Cremona

Die Philosophie ist keine Religion. Aber weil sie erhellt, kann auch sie ein Trost sein. Jedoch, sie trägt für manchen zu wenige Versprechen in sich. Sie verheißt weder ewiges Leben noch endgültiges Glück. Philosophie, die »Liebe zur Weisheit«, wie sie wörtlich zu übersetzen ist, ist Denken, Vermuten, Verwerfen. Philosophie ist Unsicherheit. Sie lässt keine endgültige Wahrheit zu. Genau deshalb hat sie die Menschheit so oft geärgert und gleichzeitig so weit gebracht. Sokrates steht mit seinem Denken für all dies. Er war der entscheidende Mann am Anfang und er ärgerte seine Zeitgenossen so stark, dass sie das Todesurteil gegen ihn verhängten.

Bis zuletzt soll es für ihn die Gelegenheit gegeben haben, sein Leben zu retten. Sein Schüler Kriton ließ ihn wissen, das Urteil werde bald vollstreckt, und drängte seinen inhaftierten Lehrer zur Flucht. Die Gelegenheit, so Kriton, sei günstig. Er habe mit den Wachen gesprochen. Das Bestechungsgeld, das sie für ihr Wegsehen forderten, sei nicht besonders hoch. Sokrates aber wollte sich mit dem Gedanken an Flucht nicht anfreunden. Er erklärte Kriton, dass die Gesetze und der Staat ihm ein gutes Leben beschert hätten. Er achte beides und wolle nicht gegen sie verstoßen, auch wenn er Entscheidungen wie das Todesurteil gegen ihn nicht teilen könne. Doch mit einer Flucht setze er sich ins Unrecht und würde im Grunde so handeln wie die, die ihn verurteilt hatten. Solch einen Verrat an seinen eigenen Idealen wollte Sokrates nicht begehen.

Gegen Ende des Jahres 400 v. Chr. war gegen Sokrates in seiner Heimatstadt Athen Anklage erhoben worden. Er achte die Götter nicht und er verderbe die Jugend. Nichts anderes als die Todesstrafe sei zu verhängen. Die Sache war ernst. In Athen stimmten in diesen Tagen die freien Bürger über nahezu alles ab. Auch über Schuld und Unschuld, Recht und Unrecht entschieden Abstimmungsmehrheiten. Auf diese radikale Form der Demokratie pochte man jetzt, da man gerade eine Terrorherrschaft abgestreift hatte. Unter den Bürgern der Stadt, deren Seelen noch immer verunsichert waren, lebten alte Götterkulte wieder auf. Man sehnte sich nach einfachen Antworten. Langes Nachdenken, Hinterfragen und Differenzieren war nicht gewünscht, galt sogar als Übel. Man wollte Gewissheiten und man nahm gerne jede, die sich anbot.

Sokrates war 70 Jahre alt und in seiner Heimatstadt seit Jahrzehnten bekannt wie ein bunter Hund. Zu jeder Tages- oder Nachtzeit konnte man ihm in den Straßen Athens begegnen und niemand war sicher vor seinen Fragen. Ließ man sich auf eine davon ein, hatte man sich schon, ob man wollte oder nicht, in ein philosophisches Gespräch verstrickt, und Sokrates machte es einem nicht leicht. Er bestand darauf, dass die Suche nach Recht und Wahrheit eine sehr verzwickte Angelegenheit sei. Dass beide nicht zwingend durch Abstimmung zu finden seien, verstehe sich dabei von selbst. Keine eben erst gefundene Wahrheit schien vor Sokrates sicher. Alles stellte er in Frage. Kein Wunder, dass er vielen ein Ärgernis war.

Nun, im Jahr 399 v. Chr., musste sich Sokrates vor einer Jury von 500 Bürgern verantworten, die über seine Schuld im Sinne der Anklage zu befinden hatten. So war er ausgerechnet von einem Verfahren der Entscheidungsfindung abhängig, dessen Wert er nur eingeschränkt anerkannte. Seine Haltung dazu machte Sokrates auf beeindruckende Art während der folgenden Ereignisse mehr als deutlich.

Es war üblich, dass sich der Angeklagte selbst verteidigte. Sokrates hielt eine Rede, in der er sich über die Relativität allen Wissens ausließ und zu dem Schluss kam, dass er einer der klügsten Köpfe sei, da er wisse, dass er nichts weiß. Die Anklage der Gottlosigkeit wies er zurück, da er stets auf eine innere göttliche Stimme höre, die ihm den richtigen Weg weise. Er appellierte an das Gefühl für Gerechtigkeit in der Jury und nicht um Gnade. Denn er sehe sich im Recht und wolle seine öffentliche Suche nach Wahrheit, das Philosophieren, um keinen Preis aufgeben.

Philosophisch ist die Rede bis heute von großer Bedeutung. Als Verteidigungsrede aber war sie eine Katastrophe. Die Versammlung stimmte ab und beschloss mit knapper Mehrheit, Sokrates sei schuldig. Nun war es Brauch, dass der Verurteilte eine weitere Rede hielt, dies vor allem, um das Strafmaß möglichst günstig ausfallen zu lassen. Sokrates schlug vor, man solle ihm für den Rest seines Lebens kostenlose Speisung zugestehen. Es war ein weiterer Affront. Die darauffolgende Abstimmung zeigte das. Die Mehrheit für das Todesurteil fiel nun überdeutlich aus. In einer letzten Rede sagte Sokrates zu denen gewandt, die ihn verurteilt hatten, dass sein Tod nicht die lästigen Fragen aus der Welt schaffen werde, die er gestellt habe. Sie würden bestehen bleiben.

Die Vollstreckung des Todesurteils wurde zunächst aufgeschoben, da niemand hingerichtet werden durfte, während die Gesandtschaft zur heiligen Insel Delos noch nicht zurückgekehrt war. Dann aber lief deren Schiff im Athener Hafen ein. Familie und Freunde verabschiedeten sich von dem weisen alten Mann, der sein Schicksal mit nahezu übermenschlichem Gleichmut trug. Wer weinte, dem sagte er, es gebe keinen Grund dazu. Als ein Gefängnisdiener mit dem Giftbecher kam, den er zu trinken hatte, nahm er ihn und leerte ihn so unvermittelt, als habe man ihm einen Schluck Wasser gereicht.

Der Tod des Sokrates ist einer der großen Opfergänge der Weltgeschichte. Weil er die Wahrheit, die für den Menschen zu finden so schwierig ist, nicht verraten und zeigen wollte, dass sie alles überdauert, opferte er sich selbst. Die letzten Augenblicke im Leben dieses außergewöhnlichen Menschen haben zahlreiche Maler inspiriert. Die verschiedenen in Bildern festgehaltenen Versionen zum Tod des Sokrates könnten ein eigenes Buch füllen. Nahezu alle sind pathetisch überhöht und historisch unkorrekt. Das Gemälde des italienischen Malers Giuseppe Diotti (1779 bis 1846) orientiert sich im Bildaufbau am neoklassizistischen Stil seiner Zeit, wie er bei dem jungen Jacques-Louis David zu sehen ist, trifft aber in seiner Nüchternheit das Ambiente und die Situation, wie sie sich in den letzten Momenten des Philosophen dargestellt hat, vermutlich am ehesten.

ALEXANDERMOSAIK

Mosaik
582 x 313 cm
Archäologisches Nationalmuseum, Neapel

Das Bild ist berühmt. Doch vermutlich ist es nur eine Kopie. Dass es das Original überdauert hat, liegt an seiner Machart. Es ist zusammengesetzt aus Tausenden Kieseln und verschlief die Zeit über viele Jahrhunderte unter der Asche, die 79 n. Chr. die Stadt Pompeji begraben hatte.

Vielleicht gab es von diesem Bild viele Kopien. Die Römer waren Meister im Vervielfältigen von Kunst. Vor allem die bildhauerischen Werke der von ihnen tief verehrten Griechen holten sie in Kopien in ihre Paläste und Villen. Auch mit dem Motiv des Alexandermosaiks, auf das man 1831 bei Ausgrabungen im Haus des Fauns in Pompeji stieß, verhielt es sich vermutlich so. Zwölf Jahre später brachte man es nach Neapel.

Die Szene des Bildes ist dramatisch. Alexander der Große sprengt auf seinem Pferd heran. Der Perserkönig Dareios III. wendet sich mit seinem Streitwagen zur Flucht. Es ist der Schlüsselmoment gleich zweier Schlachten, der von Issos im Jahr 333 v. Chr. und der von Gaugamela zwei Jahre später. Welcher der beiden Waffengänge hier dargestellt ist, darüber streiten die Experten.

Im Jahr 334 hatte der junge makedonische König Alexander die Dardanellen überquert und seinen Fuß auf das Gebiet des Perserreiches gesetzt. Es begann ein in der Geschichte beispielloser Feldzug. Gleich mehrere Male schlug Alexander die Heere des Perserkönigs, und nach der Flucht vom Schlachtfeld von Gaugamela war Dareios' Ansehen unter seinen Gefolgsleuten zerstört. Mehrere Verschwörer töteten ihn. Es heißt, Alexander, der seinen Gegner mit einem Trupp Getreuer verfolgt hatte, habe den Sterbenden in seinem Wagen am Wegesrand aufgefunden. Mit seinen letzten Worten, so will es die von Alexander selbst gerne verbreitete Legende, habe er dann Alexander das Erbe des persischen Reiches anvertraut.

Alexander war erst 20 Jahre alt, als er 336 v. Chr. seinem Vater Philipp II. auf den Thron von Makedonien gefolgt war. Der war der lachende Dritte im langen Kampf zwischen Athen und Sparta gewesen und hatte den Niedergang der beiden Stadtstaaten zum Aufstieg seines bis dahin kleinen und unbedeutenden Landes genutzt. In mehreren Feldzügen vereinte Philipp die griechische Staatenwelt unter seiner Führung. Dann wurde er ermordet.

Alexander hatte gleich zu Beginn seiner Regentschaft Großes vor. Er wollte nicht weniger als die Welt erobern. Mit dem Schwert sicherte er zunächst seine Macht gegen die Thraker und Illyrer, dann unterwarf er nach langem Kampf das übermächtig erscheinende Perserreich. Fast nebenbei eroberte er auch noch Ägypten. Das alles aber war ihm nicht genug. Es zog ihn weiter nach Osten. Er überschritt mit seinem Heer den Indus, besiegte den indischen König Poros und dessen Kriegselefanten und wollte weiter bis zum Ganges. Doch die Soldaten hatten genug. Sie meuterten und Alexander kehrte um. In Babylon starb er plötzlich nach kurzem, schwerem Fieber. Er war noch nicht einmal 33 Jahre alt geworden.

Von Alexanders Taten blieben nicht nur die Opfer und Zerstörungen des Krieges. Der rücksichtslose Eroberer hatte in seinem riesigen Reich binnen weniger Jahre die Epoche des Hellenismus begründet. Sie entstand aus Alexanders Versuch, in den eroberten Gebieten mit der griechischen Kultur an der Spitze eine vielfältige und tolerante Mischkultur zu entwickeln.

Alexander hatte versäumt, einen Nachfolger zu benennen. Auf dem Totenbett soll er gesagt haben, der Stärkste solle ihm nachfolgen. Viele seiner ehemaligen Feldherren glaubten oder hofften dieser Stärkste zu sein. Jeder dieser Diadochen (hergeleitet aus dem sinngemäß ähnlichen griechischen Begriff für Nachfolger) berief sich auf ihn. Sie nutzten Alexanders Abbild vor allem, um ihre Ansprüche in den entstehenden Teilstaaten nach dem Zerfall seines Reiches zu legitimieren.

So wurde der tote Eroberer rasch verklärt, zum Vorbild und Idealbild. Wie er tatsächlich zu Lebzeiten aussah, war bald kaum noch nachzuvollziehen. Doch die Darstellung Alexanders in der Schlachtszene auf dem sogenannten Alexandermosaik, ist den Büsten, die von ihm erhalten sind und nah zu seinen Lebzeiten datiert werden, nicht unähnlich.

Alexander gilt als derjenige Herrscher, der in der Antike das bartlose Gesicht zum neuen Ideal machte. Bis dahin trugen erwachsene Männer meist einen Vollbart. Alexander hatte vermutlich einen zu geringen Bartwuchs und rasierte sich den Pflaum ab. So wurde ein glattrasiertes Gesicht in der griechischen und römischen Welt Mode. Erst unter dem römischen Kaiser Hadrian gewann der Bart Ende des 1. Jahrhunderts n. Chr. wieder an Popularität.

Als ein Meister und Freund hemmungsloser Propaganda wusste Alexander sich den Ruf eines Auserwählten zu geben. Jede Symbolik war ihm willkommen. So behauptete er, nicht der Sohn Philipps, sondern der eines Gottes zu sein. Als er die Dardanellen überquert hatte, schleuderte er am Ufer einen Speer in den Sand. Er durchschlug den Gordischen Knoten, den laut Sage nur der lösen konnte, der Herrscher über Asien wird. In Ägypten ließ er sich zum Pharao erheben. Um alles für die Nachwelt festzuhalten, war sein Hofhistoriker Kallisthenes in seinem Gefolge.

Bei allen Darstellungen Alexanders darf der Gedanke nicht beiseitegeschoben werden, dass der Eroberer einigen Einfluss auf die Art genommen hat, wie er gezeigt wurde. Alexander wusste um die Macht der Bilder.

Nur drei Künstlern, so heißt es, habe er erlaubt, ihn abzubilden: dem Maler Apelles und den Bildhauern Lysippos und Pyrgoteles. Lysippos habe vor allem Alexanders leicht nach links geneigte Kopfhaltung festgehalten und den schwermütigen und sehnsuchtsvollen Blick, wie Plutarch berichtete. Bestimmte Merkmale erscheinen in Abbildungen Alexanders immer wieder: hohe Stirn, lange, gerade Nase, energischer Mund, kräftiges Haar, der niedrige Haaransatz mit dem Haarwirbel, der ins Gesicht zu fallen droht.

Das Mosaik in Pompeji ist vermutlich zwischen Mitte und Ende des zweiten Jahrhunderts v. Chr. entstanden. Man vermutet, als Vorlage diente ein heute nicht mehr erhaltenes Gemälde, womöglich von Philoxenos von Eritrea, eines Zeitgenossen Alexanders, der ein Bild der Alexanderschlacht angefertigt haben soll. Es liegt aber auch nahe, da mancher Forscher in dem Mosaik die Kopie eines Gemäldes aus der Zeit Alexanders vermutet, dass es ein vom Eroberer autorisiertes Bild war und somit womöglich ein Werk seines exklusiven Hofmalers Apelles. Der galt seinerzeit als der bedeutendste Maler aller Zeiten und man betonte dabei, dass man mit »aller Zeiten« auch die Zukunft meinte.

HENRI-PAUL MOTTE

HANNIBALS ELEFANTEN
IN DER SCHLACHT VON ZAMA

Um 1890
Illustration in:
»Das Wissen des 20. Jahrhunderts«,
Willi Wörmann,
Verlag für Wissen u. Bildung, Rheda 1931

Die Soldaten Alexanders des Großen waren vermutlich die ersten Europäer, die Kriegselefanten sahen. 15 dieser Tiere standen ihnen im Heer der Perser am Vorabend der Schlacht von Gaugamela gegenüber. Sie machten auf die Männer einen so tiefen und beängstigenden Eindruck, dass Alexander sich gezwungen sah, in der Nacht vor dem Kampf dem Gott der Angst zu opfern.

Hundert Jahre später waren es die Kriegselefanten des karthagischen Feldherrn Hannibal, die ihren Weg in die Annalen der Geschichte fanden. 37 führte er mit sich, als er mit einem gewaltigen Heer von der Iberischen Halbinsel über die Alpen gegen Rom zog. Doppelt so viele waren es, als er weitere Jahre später zu Hause in Nordafrika in seine letzte große Landschlacht zog.

Die drei Kriege, die Rom gegen Karthago führte, gingen als Punische Kriege in die Geschichte ein. Denn die Römer nannten die Karthager Punier, abgeleitet von Phönizier, die einst an der nordafrikanischen Küste die Stadt Karthago gegründet hatten.

In allen drei Auseinandersetzungen ging es um die Vorherrschaft im Mittelmeer. Hannibals Vater, der Staatsmann und Feldherr Hamilkar Barkas, hatte bereits den ersten Punischen Krieg gegen Rom verloren. Nach seiner Niederlage hatte Karthago zahlreiche Gebiete abtreten müssen. Die Schmach wurde nicht vergessen.

Im Jahr 218 v. Chr. begann Hannibal, der seinem Vater bereits als Junge geschworen hatte, Rom ewig Feind zu sein, den zweiten Punischen Krieg. Monatelang ließ er auf der Iberischen Halbinsel die Stadt Sagunt belagern und zog nach deren Fall über die Alpen nach Italien. Dort stellten sich ihm zahlreiche römische Legionen entgegen.

Hannibal besiegte sie alle. Doch von seinen Elefanten lebte bald nur noch einer. Sein Name war Suru. Auf dem Rücken von Suru befehligte Hannibal sein Heer bei der siegreichen Schlacht am Trasimenischen See. Danach verschwand das Tier im Dunkel der Geschichte, während Hannibal eine Schlacht nach der anderen gewann und das Römische Reich in Angst und Schrecken versetzte. Seine Taktik in der Schlacht bei Cannae im August 216 v. Chr., bei der er ein zahlenmäßig überlegenes römisches

Heer in weiter Ausholbewegung umfasste und vernichtete, wird bis heute an Militärakademien gelehrt.

Doch nach seinem Triumph bei Cannae zog Hannibal nicht gegen die Stadt Rom selbst. Warum, darüber streiten die Gelehrten. Vielleicht wusste er es besser als sein Reitergeneral Marhabal, der ihm gesagt haben soll: »Du verstehst zu siegen, Hannibal, aber den Sieg zu nutzen verstehst du nicht.« In offener Feldschlacht schien Hannibal mit seinem Heer zwar unbesiegbar. Für Belagerungen aber fehlte es an Gerät und Ausrüstung.

Aus dem Eroberungsfeldzug wurde ein 13 Jahre dauernder Abnutzungskrieg, in dem die Römer Hannibal immer wieder auswichen und Hannibal quer durch Italien zog. In Rom wurde im Jahr 205 der junge Publius Cornelius Scipio zum Konsul gewählt. Er hatte die Karthager bereits mit einer Expedition von der Iberischen Halbinsel vertrieben. Nun setzte er mit einem Heer nach Afrika über, schloss dort einen Pakt mit den Numidern, besiegte das karthagische Heer in der Schlacht auf den Großen Feldern und stellte harsche Bedingungen für einen Frieden. Das bedrohte Karthago rief seinen großen Sohn aus Italien zurück, und er kam. Als Hannibal im Stammland der Stadt Karthago eintraf, war es eine Rückkehr nach Jahrzehnten. Er war neun Jahre alt gewesen, als er seine Heimatstadt zuletzt gesehen hatte. Als Held empfangen, bekam er umfangreiche Vollmachten, um sich Scipio entgegenzustellen. Verhandlungen scheiterten.

So kam es im Jahr 202 v. Chr. im Tal von Zama zur Entscheidungsschlacht. Hannibal, der nach wie vor als einer der fähigsten Feldherren aller Zeiten gilt, konnte an diesem Tag nicht auf gut ausgebildete Truppen zurückgreifen, die in der Lage gewesen wären, seine Befehle umzusetzen. Außerdem erwies sich Scipio als ein ebenbürtiger Heerführer.

Erst wenige Wochen vor der Schlacht hatte Hannibal Dutzende Elefanten fangen lassen. Da die heute bekannten afrikanischen Elefanten sehr viel schwerer zu zähmen sind, nehmen manche Experten an, dass Hannibal auf eine heute ausgestorbene, duldsamere nordafrikanische Unterart zurückgreifen konnte. Als Kriegselefanten standen nun 40 von ihnen in vorderster Reihe seiner Truppen. Die schlecht trainierten Tiere wurden aber nicht zu der erhofften Waffe. Scipio hatte seine Legionäre angewiesen, den vorstürmenden Elefanten auszuweichen und lange Gassen für sie zu bilden. Dann sollten die Reihen geschlossen und die Tiere einzeln außer Gefecht gesetzt werden. So geschah es.

Die Illustration des französischen Historienmalers Henri-Paul Motte (1846 bis 1922), einem Schüler von Jean-Léon Gérôme, ist 1890 entstanden. Sie zeigt Hannibals Elefanten zu Beginn der Schlacht noch in geschlossener Reihe vorrücken. Die römischen Legionäre weichen zurück. Die Falle aber wird bald gestellt und zuschnappen.

Auch wenn Hannibal den Elefanten nur die Rolle zugewiesen haben sollte, Unruhe und Panik in die römischen Reihen zu bringen, war dies nicht gelungen. So spielten, anders als erhofft, seine Elefanten bei Zama nicht die entscheidende Rolle. Die fiel Scipios Kavallerie aus römischen und numidischen Kräften zu.

Nach der Niederlage floh Hannibal in seine Heimatstadt und empfahl die Kapitulation. Scipio erhielt den Beinamen Africanus. Hannibal blieb zunächst in Karthago, musste aber bald fliehen. Er versuchte noch einmal, ein Bündnis gegen Rom zu schmieden, doch nahm er sich, verfolgt von den Römern, schließlich das Leben.

Karthago sollte sich von der Niederlage im zweiten Punischen Krieg nie wieder erholen. Dennoch kam es noch zu einem dritten Punischen Krieg. In ihm wurde Karthago fünf Jahrzehnte später von den Römern endgültig zerstört und die gesamte Kultur Karthagos vernichtet.

CESARE MACCARI

CICERO KLAGT CATILINA AN

Cicerone denuncia Catilina

Fresko
1888
Palazzo Madama, Rom

Seit einiger Zeit wusste Cicero, dass mehrere Verschwörer unter Führung des adeligen Politikers Lucius Sergius Catilina Pläne für einen Staatsstreich schmiedeten. Da er die Machenschaften zunächst noch nicht beweisen konnte, beschränkte Cicero sich vorerst auf Überwachen, Lavieren und Abwarten. Aber im Oktober, als die Kunde kam, dass die vermuteten Verschwörer vor den Toren Roms Truppen zusammenzogen, ließ er den Staatsnotstand ausrufen.

Rom war in jenen Tagen bereits die bedeutendste Macht am Mittelmeer. Um 500 v. Chr. hatten dort die freien Bürger beschlossen, keinem König mehr zu gehorchen und die Politik in die eigenen Hände zu nehmen, sie zu ihrer »öffentlichen Sache«, zur res publica, zu machen. Der Senat war Machtzentrum der Stadt. Die Regierungsgewalt für ein Jahr wurde per Wahl zwei Konsuln anvertraut. Marcus Tullius Cicero amtierte in den Tagen der hier beschriebenen Ereignisse als einer der beiden römischen Konsule des Jahres 63 v. Chr.

Trotz einiger Stimmrechte, die das Volk in Rom hatte, waren die Entscheidungen in der Republik eine Sache der Oberschicht geblieben, die sich in zwei politische Lager spaltete. Beide Seiten waren keine Parteien im heutigen Sinne. Sie unterschieden sich nur in der Methode, wie sie ihre Politik durchsetzen wollten. Die Optimaten wollten dem Senat den Vorrang bei den politischen Entscheidungen einräumen, die Popularen beriefen sich auf die Stimme des Volks. Cicero gehörte den senatstreuen Optimaten an. Der dubiose Catilina stand den Popularen nahe.

Am Morgen des 7. November 63 v. Chr. erschienen zwei Verschwörer vor Ciceros Haus. Sie wollten ihn ermorden. Cicero aber hatte, gewarnt von der Geliebten eines Verschwörers, die Bewachung verstärken lassen. Die Attentäter kehrten unverrichteter Dinge um. Noch am gleichen Vormittag wagte Cicero die entscheidende Konfrontation. Im Senat hielt er eine wütende Rede aus dem Stegreif und klagte den überraschend erschienenen Senator Catilina vor allen Versammelten an.

Die Anwesenden hörten die erste von den schließlich vier berühmten Reden Ciceros gegen Catilina. Sie gelten noch heute als Meisterstücke rhetorischen Könnens. »Wie lange noch, Catilina, wirst du unsere Geduld missbrauchen?«, rief er dem Verschwörer zu. Catilina, der sich zunächst mit Zwischenrufen wehrte, verstummte allmählich.

Der italienische Maler und Bildhauer Cesare Maccari (1840 bis 1919) malte im Jahr 1888 das Fresko, das einen Moment der Rede Ciceros zeigt. Es ist im Palazzo Madama in Rom zu sehen, dem heutigen Sitz des italienischen Senats. Cicero, in diesen Tagen 43 Jahre alt und zwei Jahre jünger als Catilina, wirkt auf Maccaris Bild wie ein älterer Herr, während Catilina von dem Maler als ein junger Mann dargestellt wird.

Wie der Ort der Ereignisse aussah, wissen wir nicht, doch die Säle für Senatssitzungen, von denen es mehrere in Rom gab, waren ähnlich eingerichtet wie der auf Maccaris Bild. Der Tempel des Jupiter Stator, in dem sich die Senatoren an jenem Tag einfanden, lag am anderen Ende des Tals des Forum Romanum am Fuße des Palatin. Heute gibt es nur noch Ruinenreste von dem Gebäude.

Obwohl Cicero den Senatoren für seine Anklage noch immer keine Beweise vorlegte, erreichte er sein Ziel allein durch die Wucht seiner Rede. Catilina wartete das Ende der Senatssitzung nicht ab, verließ noch am selben Tag die Stadt, machte sich auf den Weg zu seinen Truppen in der Toskana und schien so alle Verdächtigungen gegen ihn zu bestätigen. Schon am nächsten Tag hielt Cicero seine zweite Rede gegen ihn.

Catilina hatte, wie unter den Söhnen des römischen Patrizieradels üblich, schon als junger Mann die politische Laufbahn eingeschlagen. Darin unterschied er sich nicht von seinem späteren Gegenspieler Cicero. Der stammte aus dem gesellschaftlich geringer geachteten Ritterstand und wurde schon früh als Anwalt und hochtalentierter Redner bekannt.

Schon knapp zwei Jahrzehnte vor diesen Ereignissen hatte der junge Catilina in der von dem Feldherrn Lucius Cornelius Sulla von 82 bis 79 v. Chr. errichteten Diktatur und Terrorherrschaft eine unrühmliche Rolle gespielt und sich durch Raffsucht und Grausamkeit hervorgetan. Cicero war in jener Zeit auf Studienreisen und hatte sich weiter in der Kunst der Rede geschult. Zurück in Rom setzte er seine Karriere als Anwalt und Politiker fort und amtierte unter anderem im Jahr 75 v. Chr. als umsichtiger und integerer Verwalter der Getreideversorgung in Sizilien. In der Innenpolitik Roms hinterließ er erste bedeutende Spuren, als er gegen den korrupten Politiker Gaius Verres vorging. Der hatte als Statthalter in Sizilien das ihm anvertraute Land noch hemmungsloser ausgeplündert, als es ohnehin üblich war. Cicero zwang ihn durch zwei berühmt gewordene Reden ins Exil.

Wie Verres missbrauchte auch Catilina sein Amt als Statthalter in Afrika im Jahr 67 v. Chr. weit mehr, als toleriert wurde. Er wurde wegen Amtsmissbrauchs angeklagt und bekam nicht die Erlaubnis, sich um das Amt des Konsuls zu bewerben. Erst im Jahr 63 durfte er sich endlich zur Wahl stellen, unter anderem gegen Cicero. Den Wahlkampf führte Catilina mit massiver Bestechung und dem Einsatz von Gewalt. Cicero prangerte das Vorgehen seines Konkurrenten öffentlich an und wurde gewählt. Der Patrizier Catilina fühlte sich durch diese Niederlage gegen einen Mann aus dem eher niederen Ritterstand gedemütigt. Er beschloss nun, die Macht durch Gewalt an sich zu reißen. Im römischen Hinterland sammelte er Veteranen Sullas, während er in Rom kriminelle Schlägertrupps anheuerte. Zahlreiche junge Adelige stießen zu ihm, weil ihnen sein Kampf gegen die Etablierten imponierte. Andere aus der Oberschicht, die sich von einem erfolgreichen Putsch Macht und Reichtum erhofften, schlossen sich an.

Nach der Rede Ciceros zog sich in den nächsten Tagen die Schlinge um die Verschwörer zu. Catilinas Anhänger in Rom wurden hingerichtet. Er selbst versuchte mit seinen Truppen nach Gallien zu fliehen. Zwei Heere des römischen Senats verfolgten ihn. Im Januar 62 stellte er sich bei Pistoria zur Schlacht. Er glaubte, nur einem der feindlichen Heere gegenüberzustehen, hoffte, dieses zu besiegen und dadurch das andere in die Flucht zu schlagen. Tatsächlich aber trafen beide Heere gleichzeitig auf dem Schlachtfeld ein. Nach schweren Kämpfen erkannte Catilina, dass sein Schicksal besiegelt war. Mit erhobenem Schwert stürzte er sich in die Reihen seiner Feinde und fand nach wenigen Augenblicken den Tod.

JEAN–LÉON GÉRÔME

DER TOD CAESARS

Mort de César

Öl auf Leinwand
1867
215,9 × 368,3 cm
Walters Art Museum, Baltimore

In der Nacht vor dem römischen Feiertag am 15. März 44 v. Chr., den Iden des März, wurde Julius Caesars Frau Calpurnia von Albträumen gequält. Sie sah ihren Mann erdolcht in ihren Armen liegen.

Auch Caesar fühlte sich, als er an diesem Morgen erwachte, nicht besonders wohl. Er war verkatert von einem Umtrunk am Abend zuvor. Auch er hatte seltsame Dinge geträumt: Hoch über Wolken schwebend hatte er Jupiter, dem höchsten römischen Gott, die Hand gereicht.

Caesar war sowieso in den letzten Wochen bedrückt und unausgeglichen gewesen. Jahrelange politische Intrigenspiele und lange Kriege um die Macht im Römischen Reich lagen hinter ihm. Nun war er zum Diktator auf Lebenszeit ernannt worden, die Republik war de facto erloschen. Die unablässigen Huldigungen begannen ihm lästig zu werden. Als ihm von Marcus Antonius vier Wochen zuvor öffentlich die Königswürde angetragen worden war, hatte er sie barsch zurückgewiesen. Nicht Titel, sondern Siege im Kampf um Macht reizten ihn. Caesar hoffte, dass ihm der Feldzug gegen die Parther, zu dem er bald aufbrechen wollte, neuen Antrieb gab.

Nun, an diesem Morgen, war er unschlüssig, ob er seine Teilnahme an der Senatssitzung absagen sollte. Calpurnia hatte ihm von ihren Befürchtungen berichtet. So verstört hatte er sie noch nie erlebt. Auf ihr Drängen suchte er den Auguren Spurinna auf. Auch der sah Unheil kommen. »Hüte dich vor den Iden des März!«, warnte er den Diktator.

Caesar selbst war zwar nicht abergläubisch, nun aber überlegte er doch, zu Hause zu bleiben. Da traf Decimus Brutus ein, ein langjähriger Vertrauter. Caesar erzählte ihm von den Warnungen. Decimus Brutus aber lachte, sagte, das sei Aberglauben einer Frau, und fragte ihn, was wohl die Senatoren von Caesar dächten, wenn er aus diesem Grund nicht erschiene. Damit war Caesar überredet. Sie brachen auf.

Tatsächlich wollte in diesen Tagen eine Gruppe von etwa 60 Senatoren um Gaius Cassius Longinus und Marcus Iunius Brutus die uneingeschränkte Macht in Caesars Hand nicht mehr hinnehmen. Vor allem die Demütigungen, die Caesar dem Senat, dem einstigen Machtzentrum des Reiches, zumutete, wie er dessen Einfluss nach und nach zerstörte, Senatoren und die Institutionen verhöhnte, zeigte, dass Caesar ein Tyrann geworden war, und ein Tyrann musste ermordet werden. Die Tat war für diesen Tag während der Senatssitzung geplant. Einer der Verschwörer war jener Decimus Brutus, der Caesar gerade noch geschickt davon abgehalten hatte abzusagen.

Nun nahm das Wechselspiel von Prophezeiungen, tatsächlichen Ereignissen und sicher vieler später hinzugedichteter Details dieses Tages weiter seinen Lauf. Vor dem Senatsgebäude begegnete Caesar dem Auguren. Die Iden des März seien da, rief Caesar ihm spöttisch zu. Der Augur antwortete, sie seien da, aber noch nicht vorbei.

Ort der Senatssitzung war an diesem Tag das Theater des Pompeius, ein gewaltiger Bau, errichtet im Auftrag seines ehemaligen Rivalen, der im Bürgerkrieg gegen Caesar den Tod gefunden hatte. Zu dem Areal gehörten neben dem gewaltigen Theaterbau für 10.000 Zuschauer weitläufige Säulengänge, die eine Fläche von der Größe zweier Fußballfelder mit Gärten, Bäumen und Brunnen umschlossen. Auf der anderen Seite der Anlage stand ein quadratischer Bau von etwa 20 Metern Seitenlänge, die Curia Pompeius. Ihre Lage prädestinierte sie für Senatssitzungen. Denn einige Senatoren durften das Pomerium, das eigentliche Stadtgebiet und heilige Zone Roms, nicht betreten. Das Marsfeld aber, auf dem das Pompeius-Theater stand, lag außerhalb.

Gaius Trebonius, ein einst enger Vertrauter Caesars, hatte an diesem Tag unter den Verschwörern die Aufgabe übernommen, Caesars treuen Gefolgsmann Marcus Antonius vor dem Gebäude in ein Gespräch zu verwickeln. So sollte ihm die Möglichkeit genommen werden, Caesar zu helfen. Noch vor Beginn der Sitzung reichte der griechische Lehrer Artemidorus Caesar eine Notiz, um ihn vor der Gefahr zu warnen. Doch der wollte sie erst später lesen. Kaum hatte er im Saal auf seinem Sitz Platz genommen, trat der Senator Lucius Tillius Cimber auf ihn zu, auch er einst ein enger Vertrauter und nun einer der Verschwörer. Er übergab Caesar eine Petition, mit der er um die Begnadigung seines inhaftierten Bruders bitten wollte. Andere Verschwörer traten dazu, gaben vor, die Petition zu unterstützen, und schlossen einen immer enger werdenden Kreis um Caesar. Dann riss ihm Timber den Umhang herunter, was für die anderen das Zeichen war, zuzustechen. 23 Dolchstiche trafen Caesar. Einige Attentäter verletzten sich gegenseitig. Caesar sank vor der Statue des Pompeius zusammen und starb.

Cicero, dessen Namen einige Verschwörer nach der Tat riefen, war an der Verschwörung nicht beteiligt, man hatte ihn auch nicht gefragt. Als Bewahrer der Republik aber war er ein Gegner Caesars. Er war Zeuge der Tat und schrieb später an einen Freund, dies sei für einen Tyrannen das gerechte Ende gewesen.

Der französische Maler Jean-Léon Gérôme (1824 bis 1904) war einer der bedeutendsten Vertreter des akademischen Klassizismus. Zu seinen Schülern gehörten später berühmte Maler wie Thomas Eakins, Mary Cassatt und Odilon Redon. Sein Gemälde von 1867 zeigt den Moment, nachdem die Mörder die Leiche des toten Caesar verlassen haben. Sie blieb dort noch mehrere Stunden liegen. Die meisten der Senatoren, die nicht an der Verschwörung beteiligt gewesen waren, flohen nach dem Attentat aus dem Saal. Brutus, der sie zurückhalten wollte, um die Tat zu erklären, fand kein Gehör.

Die Verschwörer zogen zum Kapitol. Auf dem Weg dorthin riefen sie den Menschen zu, dass die Freiheit in die Stadt zurückgekehrt sei. Doch die Straßen waren leer. Mit den geflohenen Senatoren war die Nachricht vom Tod Caesars den Verschwörern vorausgeeilt und die Bürger hatten sich in ihren Häusern verbarrikadiert.

Die Hoffnung auf ein Wiederauferstehen der Republik erfüllte sich nicht. Bald galten die Verschwörer auch dank der geschickten Propaganda von Marcus Antonius als Mörder und nicht als Befreier. Die beiden Anführer der Verschwörung, Gaius Cassius Longinus und Marcus Iunius Brutus, mussten fliehen. Sie unterlagen mit ihren Truppen im darauf ausbrechenden Bürgerkrieg den von Marcus Antonius und von Caesars Adoptivsohn Octavian angeführten Legionen.

JOHN WILLIAM WATERHOUSE
KLEOPATRA

Cleopatra

Öl auf Leinwand
1888
56,9 x 65,3 cm
Privatsammlung

Was geht in Kleopatra vor? Ihr dramatisches Leben hält viele Momente bereit, die diesen Blick von ihr hervorgebracht haben können. So kreisen ihre Gedanken in diesem Moment womöglich um ihren älteren Bruder. Der machte ihr den Thron Ägyptens streitig, aber ertrank nach verlorener Schlacht gegen Julius Caesar im Nil. Daraufhin setzte Caesar sie und ihren jüngeren Bruder als neue Regenten ein. Als Pharaonin und Pharao. Das war 47 v. Chr. und sie war 22 Jahre alt.

Kleopatra war aufgrund ihrer Herkunft von Anfang an zum Kampf um Macht verdammt. Sie stammte in direkter Linie von Ptolemaios I., einem der Heerführer Alexanders des Großen, ab. Der hatte knapp drei Jahrhunderte zuvor als einer der Diadochen in Ägypten die Königsdynastie der Ptolemäer gegründet.

Das Leben in der Familie der Ptolemäer war gefährlich. Zu viele wollten auf den Thron. Schon Kleopatras älteste Schwester Berenike hatte nach der Macht gegriffen und den Vater Ptolemaios XII. vertrieben. Als der mit römischer Hilfe zurückkehren konnte, wurde Berenike hingerichtet und Kleopatra, die später den Beinamen »Philopator«, »die Vaterliebende«, trug, zur Thronfolgerin bestimmt.

Spätestens von diesem Moment an war die Königswürde Ägyptens für Kleopatra eine Frage von Leben und Tod. Denn konnte sie die nicht erringen, war sie eine Gefahr für den Herrscher auf dem Thron und ihr drohten Erniedrigung und Auslöschung. Auf diesem schmalen Grat zwischen Macht und Tod balancierte sie während ihres gesamten Lebens. Dass sie dafür alles in den Kampf führte, was ihr als Frau zur Verfügung stand, beflügelt die Fantasie der Menschen bis heute und die dramatischen Wendepunkte ihrer Biographie tun ihr Übriges dazu.

An all das wird auch der britische Maler John William Waterhouse (1849 bis 1917) gedacht haben, als er sein vieldeutiges Bild von Kleopatra malte, einer Frau, deren Gesicht mit nach innen gerichtet scheinendem Blick im Halbschatten liegt, deren Körper zwischen Zusammengesunkensein und entschlossener Anspannung zu schwanken scheint.

Als Caesar Ägypten seinem Herrschaftsbereich einverleibt hatte, ließ sich Kleopatra, so heißt es, in einen Teppich eingewickelt zu dem Eroberer bringen. Vermutlich ist das nur eine Legende, die gern erzählt wird, weil das Bild der Schönen, wie sie sich auf dem Stoff räkelt, zu reizvoll ist.

Wie auch immer sie es angestellt hat, Kleopatra gelang es, Caesar zu erobern. Sie wurde seine Geliebte, brachte einen Sohn zur Welt und folgte dem Feldherrn und neuen Diktator des Römischen Reichs in die Kapitale am Tiber. Nach Caesars Ermordung im Jahr 44 v. Chr. kehrte sie in ihr Land zurück. Sie war kaum eingetroffen, da starb ihr Bruder, der Mitregent. Es heißt, Kleopatra hat ihn vergiften lassen.

Zwei Jahre später erschien der römische Feldherr Marcus Antonius, der nach Ende des nach Caesars Tod ausgebrochenen Bürgerkriegs mit Octavian das Römische Weltreich beherrschte. Kleopatra hatte gehört, Marcus Antonius lasse sich als neuer Dionysos, als Gott der Fruchtbarkeit und der Lust, feiern. Verkleidet als Aphrodite, Göttin der Schönheit und der Liebe, fuhr sie auf einem Schiff zu ihm und bat ihn an Bord. Auch Marcus Antonius wurde ihr Geliebter. Aber er heiratete Octavia, um sein zerrüttetes Bündnis mit deren Bruder zu retten. Schließlich zog es ihn wieder zu der ägyptischen Herrscherin. Sie bekamen drei Kinder. Doch das Familienglück war kurz. Octavian zog in den Krieg gegen die jungen Eltern und besiegte sie vernichtend in der Seeschlacht von Actium.

Kleopatra und Marcus Antonius flohen. Während er letztlich vergeblich versuchte, den Vormarsch von Octavian und seinen Truppen aufzuhalten, suchte sie Zuflucht in Alexandria. So ist die Kleopatra auf dem Bild von John William Waterhouse vielleicht auch die Kleopatra des Moments, in dem sie weiß, dass alles verloren ist.

Ihr Geliebter erhielt kurz darauf die Nachricht, sie habe sich das Leben genommen. Verzweifelt stürzte er sich in sein Schwert. Tödlich verletzt hörte er plötzlich, Kleopatra lebe noch. Er ließ sich zu ihr tragen. Kleopatra hatte sich in ihr Mausoleum zurückgezogen und den Eingang versperren lassen. An Seilen zog man Marcus

Antonius zu seiner Geliebten hinauf, die ihn an einem Fenster in Empfang nahm. Dort starb er in ihren Armen.

Als kurz darauf die Soldaten Octavians eintrafen, drohte Kleopatra, sich im Mausoleum mitsamt ihren Schätzen verbrennen zu lassen. Doch es gelang den Soldaten, in das Mausoleum einzudringen und sie gefangen zu nehmen. Kleopatra fürchtete, bei einem Triumphzug Octavians in Rom vorgeführt zu werden. Sie verhandelte über ihre Freiheit. Wenige Tage später war sie tot. Ob sie sich durch Schlangengift das Leben genommen hat, ob Octavian ihre Ermordung befahl, weil er die gebrochene Frau, die womöglich Mitleid erweckt hätte, nicht vorführen wollte, wird vermutlich nie geklärt werden. Kleopatra wurde 39 Jahre alt. Mit ihrem Tod endete die dreitausendjährige Epoche der Pharaonen. Ägypten wurde zu einer römischen Provinz.

Die antike Geschichtsschreibung lässt kein gutes Haar an der letzten Pharaonin. Das »fatale Monstrum« nannte sie der Dichter Horaz. Sein Förderer war Augustus, wie sich Octavian als erster Kaiser des Reichs ab 27 v. Chr. nannte. Die römischen Historiker schlossen sich dieser Meinung an.

Wie Kleopatra tatsächlich aussah, wissen wir nicht. Auch können wir nicht klären, was ihren Zauber ausmachte. Zauber kann man nie beschreiben, man kann nur davon berichten, was er bewirkt. Plutarch fand, dass Kleopatras Schönheit »nicht durch den bloßen Anblick zu berücken« vermochte. Doch »in der Unterhaltung übte sie dagegen eine unwiderstehliche Anziehung aus. Der Zauber ihrer Rede, die geistige Anmut ihres ganzen Wesens verliehen ihren Reizen einen Stachel, der sich tief in die Seele eindrückte«. Fest steht, sie sprach mehrere Sprachen, war gebildet und hochintelligent. Ihre Herkunft ließ sie zur Projektionsfläche von männlicher Lust, Angst und Eroberungswillen werden.

Zur makellosen Schönheit aber machte sie über die Jahrhunderte die Legende. Die Kleopatra von John William Waterhouse gibt einen Eindruck davon, wie Kleopatra tatsächlich in Fleisch und Blut ausgesehen haben könnte. Man hat den Eindruck eines Schnappschusses aus längst vergangener Zeit.

ANTONIO CISERI

ECCE HOMO!

Öl auf Leinwand
1871
Galleria Nazionale di Arte Moderna di Palazzo Pitti,
Florenz

Er sagte: »Du sollst deinen Nächsten lieben wie dich selbst« und das Reich Gottes sei nahe.

Jesus von Nazareth war einer von vielen Wanderpredigern, die in jenen Tagen im römisch besetzten Palästina ihre Botschaften verbreiteten. Doch wovon er sprach, war neu für die Menschen. Er erzählte von dem einen liebenden Gott, für den jeder Mensch gleich sei. Das gab Hoffnung und spendete Trost.

Vom historischen Jesus wissen wir nur sehr wenig. Der antike jüdische Historiker Flavius Josephus erwähnte ihn im Jahr 93 n. Chr. in seinen ›Jüdischen Altertümern‹. Er sprach von einem Menschen voll Weisheit, der außergewöhnliche Dinge getan habe. Pilatus, erzählte Josephus weiter, habe Jesus kreuzigen lassen. Die Anhänger von Jesus' Lehren aber wären treu geblieben und würden sich nun Volk der Christen nennen. Der römische Historiker Tacitus erwähnte Jesus wenige Jahrzehnte nach Josephus in seinen ›Annalen‹ als den Mann, von dem die Christen ihren Namen herleiten.

Die reichen und bewegenden Geschichten, die wir über das Leben von Jesus von Nazareth kennen, haben ihre Quelle ausnahmslos in den Schriften der Bibel, vor allem in den vier Evangelien. Diese entstanden nach heutigen Schätzungen in einer Zeit von kurz nach seinem Tod bis etwa ein halbes Jahrhundert danach. Bei den Verfassern Markus, Johannes, Matthäus und Lukas geht die christliche Lehre meist davon aus, dass Johannes und Matthäus zu den zwölf Jüngern gehörten, die sich Jesus angeschlossen hatten. Sie hätten es sich nach seinem Tod zur Aufgabe gemacht, seine Lehren zu verbreiten. Die historische Forschung bezweifelt jedoch, dass einer der Evangelisten ein Jünger von Jesus gewesen war.

Die vier Evangelien erzählen alle, wenn auch variierend, die gleiche Geschichte. Sie beschreiben Leben, Wirken und das tragische Ende von Jesus von Nazareth und sie berichten von seiner Auferstehung drei Tage nach seinem Tod.

Jesus von Nazareth war in der Zeit um 30 n. Chr. wie aus dem Nichts in Palästina aufgetaucht, zog durch das Land und predigte. Auch als Wunderheiler soll er tätig geworden sein.

Kurz vor dem Passahfest, einem hohen jüdischen Feiertag, bei dem die Juden damals zum Tempel nach Jerusalem pilgerten, ritt er auf einem Esel, begleitet von seinen Jüngern in die Stadt ein. So erzählen es die Evangelien. Die Oberhäupter des jüdischen Volkes hatten von dem Mann schon gehört. Sie waren abhängig von Wohl und Wehe des römischen Statthalters Pontius Pilatus, und in ihrer ohnehin schon durch jüdische Widerständler in Frage gestellten Macht fühlten sie sich zunehmend auch von den zahlreichen Predigern bedroht. Ihr Argwohn insbesondere gegen Jesus von Nazareth stieg, als sie von dem Aufsehen hörten, das seine Ankunft erregte. Als er auch noch im Tempel Tische von Händlern umstieß und dort predigte, beschlossen sie zu handeln.

An einem Abend kurz vor dem Passahfest nahmen Häscher vermutlich auf Betreiben der Hohepriester Jesus fest und übergaben ihn Pontius Pilatus. Als König der Juden habe Jesus sich bezeichnet, ließ man Pilatus wissen, und als Sohn Gottes habe sich der Mann aus Nazareth ausgegeben. Laut Johannesevangelium verhörte Pilatus seinen Gefangenen, fragte ihn, ob er sich tatsächlich als König der Juden sehe. Der antwortete: »Mein Reich ist nicht von dieser Welt.«

Pilatus sah kaum etwas Verurteilenswertes an Jesus, doch, so vermuten Historiker, konnte er sich zu diesem Zeitpunkt nicht leisten, in Rom durch laxe Amtsführung oder gar durch Probleme mit der jüdischen Priesterschaft aufzufallen. Sein Förderer war in der Hauptstadt des Reiches gerade wegen Verschwörung hingerichtet worden.

Es war üblich, dass ein Verurteilter zum Fest der Juden begnadigt wurde. Pilatus befragte also das versammelte Volk. Die Menge antwortete ihm, er solle den Verbrecher Barabas begnadigen, nicht Jesus. Mehrmals soll Pilatus während der entscheidenden Ereignisse um Jesus' Verurteilung betont haben, dass er keine Schuld bei Jesus erkenne. Mehrmals hätten die Juden geantwortet, Jesus solle getötet werden, weil er sich Gottes Sohn und König der Juden genannt habe. So gab Pilatus schließlich dem Wunsch der Menge nach.

Jesus wurde nun den römischen Hinrichtungsritualen übergeben. Soldaten geißelten ihn und setzten ihm eine Krone aus Dornenzweigen auf den Kopf. Dann warfen sie ihm ein purpurnes Gewand um. Daraufhin ließ Pilatus laut Johannesevangelium den gemarterten Jesus erneut der wartenden Menschenmenge vorführen. Er zeigte auf Jesus und rief der Menge zu: »Ecce homo! (Seht, welch ein Mensch!)«

Dieser Moment ist ein häufig aufgegriffenes Motiv in der Kunst. Der Italiener Antonio Ciseri (1821 bis 1891) lebte vor allem von Aufträgen der Kirche. Sein Bild zu dem Thema malte er im Auftrag der italienischen Regierung. Der Betrachter sieht auf die Szene aus einer Perspektive, die man als Blick von der Bühne ins Publikum bezeichnen kann. So könnte es ausgesehen haben, als Pilatus den gefolterten Jesus noch einmal der Menge zeigte.

Allerdings sollte die gewaltige Säule im Sonnenlicht in der Bildmitte eine römische Siegessäule zeigen. Was aufgrund der Textur recht wahrscheinlich scheint, hat Ciseri in diesem Punkt eine historisch zumindest fragwürdige Darstellung geliefert. Die ersten römischen Siegessäulen sind erst seit der Zeit des Kaisers Trajan bekannt, etwa 80 Jahre nach den tragischen Ereignissen um Jesus.

CARL THEODOR VON PILOTY
UNTER DER ARENA

Öl auf Leinwand
1882
250 x 295 cm
Ballarat Fine Art Gallery, Ballarat, Australien

Die Christen glauben, dass Jesus von Nazareth kurz nach seinem Kreuzigungstod wiederauferstand. Er sei seinen Jüngern erschienen und habe ihnen aufgetragen, als Zeugen seines Wirkens und seiner Auferstehung in die Welt hinauszuziehen und seine Lehren zu verbreiten. Dann entschwand er. Als Jesus Christus (»Jesus, der Gesalbte«) war er für sie fortan Teil einer dreifachen Wesenseinheit aus Gott, Jesus und Heiligem Geist.

Die ersten Urchristen stammten vor allem aus dem Judentum. Sie übernahmen die jüdischen Schriften und begannen, daran anknüpfend, die Lehren von Jesus von Nazareth zu verbreiten. Die Urchristen kamen weder den jüdischen Hohepriestern gelegen noch den römischen Besatzern in Palästina. Zunächst aber wurden sie geduldet.

Die Geduldeten aber taten nun etwas, das bald schon für Ärger sorgte. Sie begannen zu missionieren, taten damit etwas, was den Juden fremd ist. Viele jüdische Priester und Würdenträger drängten bald darauf, etwas gegen diese Unruhestifter zu unternehmen. Doch meldeten sich auch Stimmen wie die des Patriarchen Rabbi Gamaliel, der sagte, man solle sich nicht grämen: Sei die Idee der Christen eine Idee von Menschen, gehe sie unter. Sei ihre Idee aber von Gott, könne man sie sowieso nicht aufhalten. Solch einer weisen Gelassenheit begegnete das sich in den nächsten Jahrhunderten vor allem im Römischen Reich ausbreitende Christentum nur noch selten.

Zu einer der treibenden Kräfte des frühen Christentums wurde schon wenige Jahre nach Jesus' Tod ein gewisser Paulus von Tarsus. Als Jude hatte er die Christen zunächst bekämpft, bekannte sich aber nach einer Vision zu dem neuen Glauben und stellte sein Leben fortan in dessen Dienst. Paulus schuf nicht nur die theologische Basis für die junge Religion, sondern reiste unermüdlich im Mittelmeerraum umher, um das Christentum zu verbreiten. Wo er auftauchte, stiftete er mit seinem missionarischen Eifer und mit seiner Kritik an dem römischen Götterglauben Unruhe. Immer wieder wurden er und seine Anhänger verhaftet und misshandelt, einige wurden hingerichtet. Doch das Christentum war nicht aufzuhalten.

Auch in der Hauptstadt des Reiches entstand vermutlich schon vor der Regentschaft des Kaisers Nero eine erste christliche Gemeinde. Als im Jahr 64 n. Chr. ein verheerender Brand große Teile der Stadt vernichtete und Gerüchte aufkamen, Nero selbst habe das Feuer legen lassen, beschuldigte er die den Römern noch immer obskur erscheinende kleine Sekte der Brandstiftung. Man ergriff zahlreiche Christen und tötete sie bei grausamen Volksbelustigungen. Nero stellte dafür sogar Anlagen in seinen eigenen Gärten am vatikanischen Hügel zur Verfügung. Der Geschichtsschreiber Tacitus vermerkte: »Man steckte sie in Tierfelle und ließ sie von Hunden zerfleischen.« Bei diesen Metzeleien sollen Paulus ebenso wie der ehemalige Jesusjünger Petrus in Rom ums Leben gekommen sein. Historische Beweise aber fehlen.

In den nächsten Jahrhunderten war die wachsende Gemeinschaft der Christen immer wieder das Ziel von Verfolgungen im Römischen Reich. Meistens waren Ausbrüche der Gewalt spontan. Sie folgten also keinem Konzept, das versuchte, das Christentum systematisch zu beseitigen. Doch der frühe christliche Schriftsteller Tertullian bemerkte: »Wenn es eine Hungersnot, wenn es eine Seuche gibt, sogleich wird das Geschrei gehört: Die Christen vor die Löwen!«

Vor allem die Massenmorde, dargeboten zum Amüsement des römischen Volkes, brannten sich in das Gedächtnis des Christentums ein. Christen gingen wie der Stifter ihrer Religion Opfergänge, wehrten sich nicht, starben für ihren Glauben. Sie wurden zu Märtyrern.

Viele fanden im Circus Maximus den Tod. Sie wurden verbrannt, gekreuzigt, wilden Tieren vorgeworfen. Gebaut worden war der Circus Maximus für Wagenrennen, die dort seit Generationen stattfanden. Die spektakulären Rennen gingen über mehrere Runden in einem lang gezogenen und als Kreis (circus) angelegten Parcours. Zu Zeiten Neros fassten die Tribünen des Circus Maximus weit über 150.000 Zuschauer. Zu der Anlage gehörten zahlreiche Gänge und Katakomben. Tempel für einzelne römische Götter beherbergte sie auch.

Der deutsche Historienmaler Carl von Piloty (1826 bis 1886) bemühte sich in seinen Gemälden immer um eine möglichst korrekte und realistische Darstellung. Sein Gemälde *Unter der Arena*, so beschreibt es später Bertha Piloty, die Ehefrau des Malers, zeigt einen jungen römischen Priester, der in den Gängen des Circus kurz verharrt, um eine tote junge Christin zu betrachten, die in die Katakomben herabgelassen wurde. Während die Gruppe, der anderen Priester bereits weiterstrebt, ist er versunken in einem Moment des Nachdenkens, vielleicht des Zweifels. Bertha Piloty ging weiter in ihrer Vermutung, sie fragte sich, ob er in diesem Moment vielleicht sogar ein Christ wird.

Wie die anderen Priester seiner Gruppe hält auch der kurz innehaltende Priester einen Hirtenstab, schon im alten Ägypten ein Symbol sowohl göttlicher als auch weltlicher Macht. Pharaonen ließen sich mit einem Krummstab abbilden, der seinen Ursprung in dem Hirtenstab hatte. Später wurde der Hirtenstab auch zu einer der Insignien der Würde der christlichen Bischöfe. Sie waren es bald, die überall im Römischen Reich als Kirchenführer vor Ort Einfluss auf die Politik nahmen. Der Hirtenstab in der Hand des nachdenklich erscheinenden Römers in Pilotys Bild erzählt daher von der Vergänglichkeit der Reiche, die Menschen erschaffen, und wie sich Symbole der Macht erhalten.

Es war schließlich der römische Kaiser Konstantin der Große, der das Christentum Anfang des 4. Jahrhunderts n. Chr. faktisch zur Staatsreligion erhob. Im Gegenzug halfen die Christen Konstantin bei der Sicherung seiner Macht. Die Anhänger von Jesus von Nazareth, desjenigen, der einst sagte »Mein Reich ist nicht von dieser Welt«, der nur von Liebe, Gleichheit, Vergebung und Seelenheil gesprochen hatte, waren längst Teil des Kampfes um Macht in der Welt geworden. Die Idee war geblieben, doch das Christentum hatte sich verändert und in Teilen weit von den Botschaften seines Begründers entfernt. Es war nicht nur mehr Religion, sondern auch Kirche, Institution und handelnde Macht. In der Spannung aus dem so entstandenen Zwiespalt von ursprünglichem Glauben und Kirche lebt das Christentum seitdem.

HANS HOFMANN
POMPEJI

Pompeii

Öl auf Leinwand
1959
214 x 132,7 cm
Tate Modern, London

Am 24. August des Jahres 79 n. Chr. brach der Vesuv aus und spuckte Asche, Glut und Bimsstein kilometerweit auf das Land und in das Meer der heutigen Bucht von Neapel. Die Stadt Pompeji ging unter. Mit ihr auch die Städte Herculaneum und Stabiae. Pompeji war zu jener Zeit schon Jahrhunderte alt. Im 6. Jahrhundert hatte hier bereits der alte italische Stamm der Osker gesiedelt, danach die Etrusker und die Samniten. Als die Stadt Rom ihren Einfluss allmählich über ganz Italien ausdehnte, stand Pompeji auf Seiten der Gegner Roms, insbesondere in den Samnitenkriegen.

Im Jahr 80 v. Chr. geriet Pompeji während der Diktatur Sullas in den Herrschaftsbereich Roms. Etwa 2000 römische Veteranen wurden angesiedelt. Zur Zeit ihres Untergangs, knapp 100 Jahre später, hatte Pompeji etwa 15.000 Einwohner und war eine mittlere Stadt des Römischen Reiches. Alle Einrichtungen, die zum Alltag eines römischen Stadtbürgers gehörten, fanden sich dort: Theater, Forum, Thermen, zahlreiche Tempel, Mietshäuser, Sportanlagen, Markthalle, Villen begüterter Bürger, Gemeinschaftslatrinen, Garküchen, viele Gasthäuser und viele Bordelle. Pompeji war bekannt für seinen Wein und für die Herstellung von Garum, dem Standardgewürz der römischen Küche, einer salzigen Tunke aus fermentierten Fischinnereien.

Nach dem Tag der Katastrophe lag die Stadt unter einer meterdicken Schicht aus Asche und Geröll. So blieb es für Jahrhunderte. Erst Mitte des 18. Jahrhunderts begann man gezielt zu graben. Denn vergessen hatte man Pompeji nicht. Man suchte vor allem Wertgegenstände wie Münzen, Skulpturen, kurzum Schaustücke, mit denen man Aufsehen erregen konnte. Von einem systematischen wissenschaftlichen Vorgehen konnte jedoch noch keine Rede sein. Derlei kannte man noch nicht.

In der zweiten Hälfte des 18. Jahrhunderts geriet Pompeji zunehmend in den Blickpunkt kulturellen Interesses. Goethe besuchte es, ebenso Mozart. Der Deutsche Johann Joachim Winkelmann, der zu den Gründern der Archäologie als Wissenschaft gehört, setzte sich für den Erhalt des Areals ein. Sein öffentlicher Protest stoppte die vom neapolitanischen Königshaus angeordnete

Zerstörung von Wandmalereien. Man hatte sie nicht in fremde Hände geraten lassen wollen. Auch nach den Generationen von Archäologen, die Pompeji danach freilegten, bleibt noch immer viel zu entdecken. Derweil aber beginnt der Verfall die Ausgrabungsstätte zu bedrohen.

Die Funde in Pompeji erzählen vom Leben im Römischen Reich und berichten von den Tragödien der letzten Stunden: Viele flohen mit Pferdefuhrwerken. Doch viele Gefährte blieben zurück. Die Pferde hatten sich losgerissen. Säulen erschlugen fliehende Priester, die Tempelschätze in Sicherheit bringen wollten. Wer in Häusern Zuflucht suchte, wurde unter Trümmern begraben oder in Ruinen gefangen und erstickte. Schaurig berühmt wurden die Gipsreproduktionen der Körper von Menschen und Tieren, die später angefertigt wurden, indem man die Hohlräume auffüllte, die die Leichen nach ihrer Verwesung zurückließen. Vom Glanz der römischen Kultur erzählen vor allem die freigelegten Villen, wie die Mysterienvilla und das Haus der Vettier mit ihren Wandmalereien und das Haus des Fauns, wo man das Alexandermosaik fand.

Plinius der Jüngere berichtete als Augenzeuge vom Ende Pompejis und der Nachbarorte Herculaneum und Stabiae. Sein Vater, Plinius der Ältere, Gelehrter wie er, war als Präfekt der ansässigen Flotte vor Ort. Er versuchte mit seinen Schiffen zu helfen und starb vermutlich an den giftigen Dämpfen.

Wie so oft in der Geschichte haben es auch im Falle Pompejis die wahren historischen Begebenheiten nicht leicht gehabt, sich gegen den menschlichen Hang zum Mythos, zum Zugespitzten durchzusetzen. So kam der Ausbruch des Vesuvs für die Bürger der Stadt keineswegs so überraschend, wie oft dargestellt. Der Vulkan regte sich schon Tage zuvor, weshalb einige Einwohner die Stadt bereits verlassen hatten.

Der Boden, auf dem Pompeji stand, war fruchtbar, aber er war unsicher. 17 Jahre zuvor hatte ein Erdbeben die Stadt heimgesucht. Viele Gebäude waren noch immer nicht wiederaufgebaut worden. Einige Bewohner wohnten in Behelfsunterkünften. So ist der Mythos nicht zu halten, dass den Archäologen mit Pompeji eine perfekt konservierte repräsentative römische Stadt quasi zu Füßen liegt. Zu individuell war Pompeji zuvor, und das nicht nur durch die Zerstörungen, zu oft hat es räuberische und unsachgemäße Grabungen gegeben. Und dennoch ist Pompeji der umfassendste Blick in den antiken Alltag, den wir haben, und zu Recht verbinden wir mit Pompeji die Assoziation vom guten Leben, das von einem Moment auf den anderen zerstört wurde.

Mit seinem Bild *Pompeji* hatte der deutsch-amerikanische Maler Hans Hofmann (1880 bis 1966) sicher kaum im Sinn, ein Historiengemälde anzufertigen. Als Künstler des Abstrakten Expressionismus stand für ihn die Aussagekraft von Farben und Farbfeldern im Vordergrund. Zur gleichen Zeit seines Schaffens malte Hofmann zahlreiche Werke mit ähnlichem Bildentwurf: vermeintlich ungeordnete Farbflächen treten in Kontrast zu klar gezogenen Vierecken.

Werke des Abstrakten Expressionismus sind häufig rauschhafte Farbkompositionen, die das Konkrete nur in Strich, Farbfeld und Geste offenlegen, nicht aber in einem Gegenstand. Die Bilder tragen meist keinen Titel oder sind mit Zahlen oder Buchstaben betitelt.

Auch Hofmanns *Pompeji* wäre für uns eigentlich nur ein Bild im Sinne Wassili Kandinskis, des Schöpfers der ersten abstrakten Bilder, der Malerei auf eine Art erfahrbar machen wollte, wie wir Musik wahrnehmen: in ungegenständlichen Gefühlsschattierungen.

Dadurch aber, dass Hofmann dem Bild den Titel *Pompeji* gegeben hat, gibt er dem Betrachter einen Hinweis in die Hand. Um den Titel und um die Geschichte Pompejis wissend, tut er etwas äußerst Menschliches. So wie das Kind in einer Wolke einen Drachen erkennt, sieht er plötzlich etwas von Pompeji. Der eine mag das Meer erkennen, an dem Pompeji lag, der andere in den Rechtecken die Geometrie des Stadtplans der antiken Stadt. Wir sehen eine Farbskala, die an die Wandmalereien der Villen der Stadt erinnert, aber auch an die Wärme des Mittelmeers und die Hitze und Glut des todbringenden Vulkans.

WILLIAM BELL SCOTT

DIE RÖMER VERANLASSEN DEN BAU EINES WALLS, UM DEN SÜDEN ZU SCHÜTZEN

The Romans Cause a Wall to be Built for the Protection of the South

Öl auf Leinwand

1857

182 × 182 cm

Wallington Hall bei Cambo, Northumberland, England

Der Wind weht die weißen Wolken über den blauen Himmel im Norden Englands, so wie er es heute noch tut. Das helle Geräusch von Meißeln, die auf Stein schlagen, liegt in der Luft. Bald wird es übertönt vom Brüllen angreifender Barbaren.

Das Gemälde des schottischen Malers William Bell Scott (1811 bis 1890) zeigt einen Moment, der tatsächlich stattgefunden haben kann, verdichtet aber auch Ereignisse, die sich über die Zeit mehrerer Jahrhunderte abspielten. Auch so erzählen Gemälde Geschichte.

Als im Jahr 117 n. Chr. der römische Kaiser Trajan starb, hatte das Römische Weltreich seine größte Ausdehnung erreicht. Auf Trajan, den die Geschichtsschreiber des römischen Senats den besten Kaiser nennen, den Rom je hatte, folgte sein Neffe Hadrian. Der verzichtete auf eine weitere Ausdehnung des Reiches und machte sich zur Aufgabe, die langen Grenzen zu sichern. Einige unsichere Provinzen im Osten gab er sogar auf.

Im Norden Europas hatten sich die römische Macht und Kultur bis nach Schottland ausgedehnt. Doch die Menschen dort ganz zu unterwerfen, war den Römern nicht gelungen. Als Hadrian, der auf jahrelangen Reisen das Reich inspizierte, 122 n. Chr. im Norden Britanniens eintraf, ordnete er an, an der Grenze zu Schottland einen großen Befestigungswall zu errichten: den Hadrianswall. Die Soldaten machten sich an die Arbeit. Als das Bauwerk nach Jahren fertig war, erstreckte sich eine gewaltige Mauer aus Stein über 113 Kilometer von der Ost- zur Westküste, im Abstand von je einer römischen Meile von Wachtürmen und kleinen Kastellen gesichert. Wie die Türme waren die Kastelle in den Wall integriert. Sie hatten massive Steinmauern von bis zu sechs Metern Höhe und eine Fläche von etwas mehr als zwölf Metern in Länge und Breite und erhielten später die Bezeichnung Meilenkastelle. Weitere, weit größere Kastelle, die zahlreiche Gebäude beherbergten, kamen in größerem Abstand hinzu. In atemberaubender Landschaft wand sich der Hadrianswall als helles Band aus Stein durch die grünen Hügel. Oft grenzte er an die Abgründe karstiger Hügel wie im Gemälde Scotts.

Das Bild ist Teil von acht Gemälden zur Geschichte North-umbrias, die zusammen eine Art Fries in dem alten Landhaus Wallington Hall im englischen Northumberland bilden. Als Vorbild für die Landschaft nahm Scott die Gegend von Crag Lough, einem See etwa auf halber Strecke des Hadrianswalls.

Scott stand der Malergruppe der Präraffaeliten nahe, die der Kunst »vor Raffael« nacheiferte. Er war eng befreundet mit ihrem wichtigsten Kopf Dante Gabriel Rossetti und wie dieser trat auch Scott als Dichter hervor. Großen Einfluss auf die Präraffaeliten nahm der Kunsttheoretiker John Ruskin. Er riet ihnen, Gesichter in historischen Darstellungen nach lebenden Personen zu malen, woran sich Scott in diesem Bild auch hielt. Der römische Zenturio im Vordergrund trägt die Gesichtszüge von John Clayton, einem Mann, der sich um den Erhalt des Hadrianswalls verdient gemacht hatte. Ein zweiter Zenturio im Hintergrund mit dunklem Haar hatte einen weiteren Förderer des Erhalts der Grenzanlage zum Vorbild.

Scotts Gemälde erzählt von einem Höhepunkt des Römischen Reiches, kündigt aber auch dessen Zerfall an. Der Zenturio als Repräsentant der herrschenden Macht treibt britische Helfer zur Arbeit, die eine Essenspause eingelegt haben. Sie sind an dem Wall vermutlich weit weniger interessiert als er.

Indem wir den Zenturio fast aus der gleichen Perspektive wie die britischen Arbeiter sehen, macht Scott auch uns fast zu einem mit der römischen Macht Konfrontierten. Während er seine Anweisungen erteilt, sehen wir seine Macht schon bedroht. In seinem Rücken stürmen Barbarenhorden heran. Im Grunde steht der Zenturio daher für die Situation ganz Roms.

Hadrian hatte vermutlich mehrere Gründe für den Bau des Walls. Der Wall war ein Symbol römischer Macht. Er regelte den Verkehr und den Handel an der Grenze, und er beschäftigte die Soldaten. Zudem stiftete er Sinn und Identität. Jeder Zenturio hatte einen Abschnitt des Baus zugeteilt bekommen. War dieser fertig gestellt, wurden Steine mit der Nennung des Truppenteils und des Namens des Zenturios in der Mauer hinterlassen.

Der Wall wurde hauptsächlich von römischen Soldaten und

Hilfstruppen aus 18 Millionen extra gefertigten Steinblöcken erbaut. Viele römische Soldaten waren in den verschiedensten Bautechniken ausgebildet, als Maurer, Brücken- und Straßenbauer. Diese Fertigkeiten waren von Beginn an eine wichtige Säule beim Aufbau des Römischen Reiches gewesen. Seine außergewöhnlich gute Infrastruktur hatte es vor allem seinen Legionären zu verdanken, wie sein Straßensystem, das Reisegeschwindigkeiten erlaubte, die oft erst wieder im 19. Jahrhundert erreicht wurden. Viele Werkzeuge fanden bei den Römern bereits die Form, wie sie heute noch gebräuchlich ist. Denn für ihren Zweck waren diese schon damals optimal gestaltet: Hacken, Schaufeln, Meißel, Hämmer.

Als Besatzer brachten die Römer ihre hoch entwickelte Kultur auf die britischen Inseln. So machten ihnen Fußbodenheizungen und komfortable Bäder das Leben im kalten Klima des Nordens angenehmer. Militärische Unternehmungen waren jedoch trotz aller technischen Überlegenheit in den kargen und hügeligen Landschaften nur bedingt durchzuführen und gegen die Stämme im Norden mussten sie sich immer wieder wehren. Auch deshalb hatte der Hadrianswall entscheidenden Anteil daran, dass die Römer schließlich mehr als 300 Jahre über Britannien herrschen konnten.

In den nächsten Jahrhunderten nach Hadrian aber zerfiel das Römische Reich. Das Militär begann das Kaisertum zu dominieren, während die Grenzen von außen immer stärker bedroht wurden. Sie fielen nach und nach oder mussten zurückgenommen werden. Ende des 4. Jahrhunderts verließen vermutlich die letzten römischen Legionäre den Hadrianswall. Das Weltreich trieb seinem Ende entgegen.

JEAN-PAUL LAURENS

KAISER HONORIUS

L'Empereur Honorius

Öl auf Leinwand
1880
153,7 x 108 cm
Chrysler Museum of Art, Norfolk, USA

Die Aufgabe war zu groß für ein Kind. Aber auch später als Mann war er ihr nie gewachsen. Flavius Honorius bestieg als Junge von zehn Jahren zu Beginn des Jahres 395 n. Chr. den weströmischen Kaiserthron. Sein älterer Bruder Arcadius, den man zum Kaiser des Ostteils des Reiches ernannte, war immerhin schon 18 Jahre alt. Zu Beginn der Regentschaften der beiden Brüder war der Verfall des Römischen Reiches längst im Gange. Nun beschleunigte er sich.

Als Honorius Kaiser des Westens wurde, hatte das römische Kaiserreich seit Hadrian wechselhafte Zeiten durchlebt. Im dritten Jahrhundert waren zahlreiche Soldatenkaiser und noch mehr Nebenkaiser gekommen und gegangen. Lediglich Diokletian gelang noch einmal eine Konsolidierung. Er teilte die Herrschaft über das Reich zwecks besserer Regierbarkeit auf gleich drei Kaiser auf, was aber zu Beginn des 4. Jahrhunderts durch Konstantin den Großen wieder abgeschafft wurde. Konstantin regierte lieber allein. Die kulturelle und religiöse Spaltung zwischen dem eher griechisch geprägten Osten und dem römisch geprägten Westen vertiefte sich weiter. Daher herrschte nach Konstantin meist ein Kaiser im Westen und einer im Osten.

Honorius' Vater Kaiser Theodosius I., der wie Konstantin den Beinamen »der Große« erhielt, hatte dem Christentum, aus dem schließlich die römische Kirche hervorging und das bereits unter Konstantin de facto Staatsreligion geworden war, endgültig zur Macht verholfen. Für kurze Zeit noch einmal Herrscher über das gesamte Römische Reich, beschloss er, dieses nach seinem Tod unter seinen beiden Söhnen aufzuteilen. Statt eines Kindes und eines Halbwüchsigen, die auch später als Erwachsene nicht die Vorraussetzungen mitbrachten, gute Herrscher zu sein, hätte das Reich aber einen herausragenden Herrscher gebraucht. Doch auch bessere als Honorius und Arcadius hätten den Niedergang wohl nur weiter hinauszögern können.

Aus Asien fielen die Hunnen ein. Sie trieben gewaltige Völkerscharen vor sich her, die nach und nach an allen Ostgrenzen eindrangen. Die Epoche der Völkerwanderung begann. Das Reich hatte den Eindringlingen nicht genug Soldaten entgegenzusetzen. So gingen die Römer dazu über, Bündnisse mit einigen Stämmen der die Grenzen bedrohenden Völker zu schmieden. Schon Theodosius hatte sich die Waffenhilfe der Goten gesichert und ihnen im Gegenzug Land zugeteilt. Aus den Reihen der Goten wuchs in jenen Tagen ein Heerführer heran, der entscheidend zum Untergang Roms beitragen sollte. Sein Name war Alarich. Er gehörte bald zu den Hauptprotagonisten der Ereignisse während Honorius' Regentschaft. Ein weiterer war Stilicho.

Stilicho war ein römischer Heermeister. Der Sohn einer Römerin und eines Vandalen, hatte eine Nichte von Theodosius geheiratet. Der hatte ihn als Vormund und Reichsverweser eingesetzt. So stand Stilicho Honorius zu Beginn von dessen Regentschaft als alter Vertrauter des Vaters zur Seite. Als Mentor des jungen Kaisers erkannte er schon bald, dass Honorius wenig Interesse für die Welt außerhalb des Hofes hatte. Um sich seinen Einfluss auf ihn dauerhaft zu sichern, verheiratete er den 12-Jährigen mit einer seiner Töchter und gab ihm nach deren Tod eine zweite Tochter zur neuen Frau.

Die Schrecken der einsetzenden Völkerwanderung hielten Stilicho in Atem. Er befriedete zunächst die Grenze am Rhein und stellte sich danach den Westgoten unter Alarich entgegen. Doch bald schon musste er sich mit eindringenden Barbaren auseinandersetzen, die durch Gallien bis nach Spanien vordrangen.

Honorius verlegte derweil seinen Hof von Mailand in die weit besser zu verteidigende Stadt Ravenna. Zunehmend glaubte der junge Kaiser den Einflüsterungen seiner Höflinge, die Stilicho verdächtigten, selbst nach dem Thron zu trachten. Womöglich, so sagte man ihm, wolle sich der Halbbarbar Stilicho mit Alarich verbünden.

So gab Honorius schließlich den Auftrag, Stilicho zu verhaften. Der stellte sich nach kurzer Flucht freiwillig und ließ sich hinrichten. Stilicho war auch Opfer des im Reich immer weiter um sich greifenden Rassenhasses geworden. Die Verfolgungen und Massenmorde vor allem an Goten, die sich im Reich angesiedelt hatten, nahmen nun überhand. Viele von denen, die fliehen konnten, schlossen sich Alarich an, der bald Rom bedrohte.

Honorius im sicheren Ravenna weigerte sich, mit dem Barbaren zu verhandeln. Es heißt, als man ihm die Nachricht brachte, Roma sei bedroht, habe er zunächst schockiert reagiert, weil er glaubte, mit Roma sei sein Lieblingshahn gemeint gewesen, der diesen Namen trug.

Als im Jahr 410 Alarichs Goten in Rom eindrangen und in der Stadt drei Tage lang plünderten, meldeten sich davon alarmiert neue Stimmen unter den Christen zu Wort. So forderte Augustinus, Bischof von Hippo Regius an der heutigen Küste Algeriens, als Reaktion in seiner berühmten Schrift ›De civitate Dei‹ den Gottesstaat. Er starb 430, während Vandalen Hippo Regius belagerten.

Der Franzose Jean-Paul Laurens (1838 bis 1921) war Maler, Zeichner und Bildhauer. Viele seiner historischen Motive, die von Bedrohung, Verfall und Tragödie erzählen, waren sehr kirchenkritisch. Das fiktive Porträt des Kindkaisers Honorius, dessen spanische Abstammung von väterlicher Seite man hier erahnen kann, malte er 1880. Es zeigt einen Menschen, der seiner gewaltigen Aufgabe nicht gewachsen ist, und ist zudem Laurens' ironischer Kommentar zur übermenschlichen Darstellungsform, die die Römer ihren Herrschern einst angedeihen ließen.

Als Honorius im Jahr 423 starb, hatte sich die Kluft zwischen West- und Ostrom so weit vertieft, dass es mehrfach fast zum Krieg gekommen wäre. Es waren nur noch fünf Jahrzehnte, bis der Germane Odoaker den letzten in Italien herrschenden Kaiser Westroms, Romulus Augustulus, absetzte. Der war, als er vom Thron gejagt wurde, wie Honorius im Moment seiner Thronbesteigung noch ein Kind.

TOM LOVELL

DIE SCHLACHT VON HASTINGS

Battle of Hastings

Öl auf Leinwand
National Geographic Image Collection

Als im Jahr 1066 der englische König Edward der Bekenner starb, krönten die Geistlichen und Adligen des Landes rasch den Herzog Harald Godwinson zum neuen König Harald II.

Der König von Norwegen war jedoch nicht einverstanden. Auch er hieß Harald, genauer: Harald Hardrade (Harald, der Harte). Er meinte, ihm selbst stehe die englische Königswürde zu. Sein Recht leitete er von seinem Vorfahr Knut dem Großen ab, der Jahrzehnte zuvor die englische Krone getragen hatte. Mit knapp 300 Schiffen brach Harald Hardrade auf und landete an der englischen Ostküste. Bei dem Dorf Stamford Bridge trafen die Heere der beiden Haralds aufeinander. Nach stundenlangen harten Kämpfen tötete ein Pfeil den König aus dem Norden. Die Verluste auf beiden Seiten waren fürchterlich. Nur zwei Dutzend Schiffe reichten den Norwegern, um ihre Überlebenden nach Hause zu bringen.

Harald II. hatte zwar gesiegt. Doch wenige Tage später erfuhr er, dass in Südengland ein weiterer Konkurrent um die Krone mit einem Heer gelandet war. Er hieß Wilhelm und war der Herzog der Normandie an der Nordküste Frankreichs. Wilhelm behauptete, der verstorbene König habe ihm den Thron versprochen. Außerdem sei ihm vom gerade gekrönten König einst der Eid gegeben worden, auf den Thron zu verzichten.

Das neue Heer, das Harald II. nach den schweren Verlusten seines Sieges bei Stamford Bridge in London zusammenstellte, gab wenig Anlass zu Hoffnung. Die meisten der 7000 Kämpfer waren zum Dienst verpflichtete freie Bürger. Sie waren schlecht bewaffnet, hatten keine Erfahrung im Kampf und hingen stärker an ihrem Leben als an ihrem Landesherrn. Effektive Kämpfer wie Reiter und Bogenschützen hatte Harald kaum. Seine Hoffnung stützte sich vor allem auf die 2000 Elitekämpfer, die Huscarle mit ihren Kettenhemden, Langschilden und Streitäxten.

Mit gemischten Gefühlen zog Harald dem Normannenherzog entgegen. Zwei seiner Brüder waren an seiner Seite. Einer von ihnen hatte ihm geraten, nicht persönlich in die Schlacht zu ziehen. Doch Harald wollte davon nichts wissen.

Am Morgen des 14. Oktober stellte sich Harald mit seinem Heer auf einer Anhöhe in den hügeligen Wiesen vor Hastings hinter Schilden verschanzt zur Schlacht. Entschlossen, aber mit Sorge blickte er auf die Männer des Normannenherzogs, die unterhalb der Anhöhe in Stellung gegangen waren. Wilhelm konnte Schwertkämpfer, Axtkämpfer, Bogenschützen, vor allem aber etwa 2000 Reiter aufbieten

Mit einem Hagel von Pfeilen eröffneten die Normannen die Schlacht. Dann griffen die Fußsoldaten an. Doch Haralds Schildwall stand fest. Die Reiter preschten heran. Der Boden bebte. Haralds Brüder befehligten die Flanken der Angelsachsen und sie fielen früh. Der Schildwall in der Mitte, in dem Harald kämpfte, blieb standhaft. Ein Angriff der Normannen folgte auf den anderen. Dann auf einmal entstand Unruhe unter ihnen. Es hieß, der Normannenherzog sei gefallen.

Einige Angelsachsen witterten nun die Gelegenheit zum Gegenangriff und verließen den Schildwall. Der Normannenherzog aber war unversehrt. Er hob seinen Helm, seine Männer erkannten ihn, fassten wieder Mut, griffen an und metzelten die Angelsachsen nieder, die aus dem Schildwall herausgestürmt waren. Das brachte den Normannenherzog auf die Idee, die den Kampf entscheiden sollte.

Er täuschte einen Rückzug vor und Haralds Männer tappten in die Falle. Erneut verließen viele den Schildwall, um die nun vermeintlich fliehenden Normannen zu verfolgen. Die aber machten kehrt. Die Verluste unter Haralds Kämpfern waren verheerend, ihre Linien wankten. Dennoch dauerten die Kämpfe weitere Stunden. Immer wieder stürmten die Normannen den Hügel hinauf.

An vorderster Spitze war immer wieder Odo zu finden, der, wie es heißt, bewusst ein weißes Pferd ritt, um für seine Männer besser zu erkennen zu sein. Eine seiner Attacken hat der amerikanische Maler und Illustrator Tom Lovell (1909 bis 1997), der unter anderem historische Bilder für *National Geographic* malte, mit großer historischer Detailtreue festgehalten. Odo schwingt eine Keule. Er führte diese Waffe, weil es sich für einen Mann Gottes nicht geziemte, ein Schwert zu führen. Denn Odo war Bischof von Bayeux. Außerdem war er der Halbbruder des Normannenherzogs Wilhelm.

Dass es Odo war, der später den berühmten Teppich von Bayeux in Auftrag gab, liegt nahe, ist aber nicht gesichert. Der Bildteppich, der 1077 erstmals in der Kathedrale des normannischen Ortes gezeigt wurde und der heute noch immer zu besichtigen ist, erzählt auf über 68 Metern Länge sorgsam gestickt in einem gigantischen Bilderpanorama, gleich einem naiv mittelalterlichen Comic, die Geschichte, wie Wilhelm aus der Normandie aufbricht und nach der Schlacht von Hastings zum König von England und damit zu Wilhelm dem Eroberer wird. Vor allem gibt der Teppich Auskunft über die Haar- und Barttracht und die Form der Schilde. Aber auch über die Steigbügel der Normannen, ihre Sättel mit den Rücken- und Vorderstützen, die es ihnen ermöglichte, zu kämpfen und dennoch fest auf dem Pferd zu sitzen. All dies waren auch wichtige Informationen für Tom Lovell, als er die Schlacht malte.

Das Ende für Harald II. kam am Abend der Schlacht. Nur noch er und einige seiner Huscarle leisteten Widerstand. Wilhelm griff unnachgiebig weiter an. Gleich drei seiner Pferde sollen im Kampf durch die Streitäxte der Huscarle erschlagen worden sein. Dann fiel Harald und die Schlacht war entschieden. Noch im Dezember ließ Wilhelm sich zum neuen König Englands krönen.

GUSTAVE DORÉ

DER ZWEITE ANGRIFF DER KREUZFAHRER AUF JERUSALEM ZURÜCKGEWIESEN

Second Assault of Jerusalem by the Crusaders repulsed

Lithographie
In: Michaud, Joseph François: Histoire des Croisades
2 Bände, Hachette and Co., Paris 1877

Auf einem Feld in Frankreich schilderte Papst Urban II. im Jahr 1095 während der Synode von Clermont einer Menschenmenge in ergreifenden Worten das Leid der Christen im Orient und rief dazu auf, Jerusalem von der Herrschaft der Muslime zu befreien.

Urban wollte das Christentum wieder einen und hoffte, die abgefallene oströmische Kirche in Byzanz unter seinen Einfluss zu bringen. Sich gegen einen gemeinsamen Feind zusammenzutun und für den Kampf gegen ihn Gottes Gunst zu versprechen, war da ein auf der Hand liegender Gedanke.

Konkret stellte Urban jedem, der in der Absicht in den Kampf ziehe, das Heilige Grab wieder in die Hände der Christenheit zu bringen, in Aussicht, von seinen Sünden befreit zu werden. Weil mit dieser einfachen Formel außer dem Paradies auch Ruhm und Reichtum winkten, rief die Menge begeistert: »Gott will es!« Dann kniete, wie zuvor verabredet, Bischof Adhemar de Monteil vor Urban nieder und bat als Erster um den päpstlichen Segen für den Waffengang. Jubel und Geschrei stieg gen Himmel, Wanderprediger zogen aus und verkündeten landauf, landab die kriegerische Botschaft. Der erste Kreuzzug gegen den Orient begann. Viele weitere sollten in den nächsten drei Jahrhunderten folgen.

Fürsten und Ritter, aber auch Tagelöhner und Verbrecher schlossen sich der bewaffneten Pilgerfahrt an. Als sich die Heere der Kreuzfahrer in Konstantinopel trafen, hatten sie auf ihrem Weg schon hemmungslos geplündert. Viele der Teilnehmer aus dem einfachen Volk konnten sich die Entfernungen, die sie zurückzulegen hatten, kaum vorstellen und waren irgendwann auf ihrem Weg zu dem Schluss gekommen, man müsse die Feinde der Christenheit auch dort bekämpfen, wo man sie antraf. So beging der Zug gen Orient entlang des Rheins bereits Massenmorde an Juden, die selbst für jene Zeit außergewöhnlich grausam waren. In Ungarn plünderten die Gotteskrieger weiter, trafen aber auf ersten Widerstand.

Von Konstantinopel aus zog das vereinte Heer mehr oder minder kopflos durch Kleinasien. Ein richtiger Führer ließ sich nicht finden. Jeder der Fürsten und Ritter kochte stur sein eigenes Süppchen. Balduin von Boulogne etwa zog mit einem Trupp gen Osten und riss sich die Stadt Edessa unter den Nagel, indem er den dortigen Herrscher »überredete«, ihn zu adoptieren. Kurz darauf war der Herrscher tot und Balduin gründete den ersten Kreuzfahrerstaat.

Währenddessen war das übrige Heer in Richtung Jerusalem weitergezogen, rannte immer wieder gegen Städte an, plünderte sie und zog weiter. In Syrien fiel den Kreuzfahrern nach monatelanger Belagerung die Stadt Antiochia in die Hände. Kaum waren sie in die Stadt eingezogen, wurden sie selbst von einem zahlenmäßig weit überlegenen muslimischen Heer belagert. Als die Lage der Kreuzfahrer immer verzweifelter wurde, hatte der Mönch Peter Bartholomäus eine Vision. Mit ihrer Hilfe fand er in einer Kirche Antiochias die Heilige Lanze, jene Waffe, mit der Jesus am Kreuz malträtiert worden sein soll. Zweifler glauben, der Mönch habe sie dort selbst deponiert. Doch die Kreuzfahrer nahmen das Omen dankbar an, und als sie bei einem Ausbruch das muslimische Heer schlugen, sprach man von einem von Gott bewirkten Wunder.

Danach gab es wieder Streit. Bohemund von Tarent blieb in Antiochia und gründete den zweiten Kreuzfahrerstaat. Er plünderte das Umland, seine Männer töteten hemmungslos und schreckten auch nicht vor Kannibalismus an Muslimen zurück.

Anfang Juni 1099 erreichte das Restheer der Kreuzfahrer, nun unter der Führung von Raimund von Toulouse, Jerusalem und begann mit der Belagerung. Die arabische Besatzung der Stadt aber hatte sich gut vorbereitet. Bald waren es die Belagerer, die Hunger litten. Ein erster Sturmangriff scheiterte. Die Kreuzfahrer suchten verzweifelt eine Schwachstelle in der meterdicken Mauerwand um die Stadt. Im Norden war die Mauer am niedrigsten. Die Belagerer schafften Holz herbei und begannen Belagerungstürme und Leitern zu bauen. Erneut kam ein Gottesmann auf die Idee, den Beistand Gottes anzurufen. Nun sollten die Hungernden drei Tage fasten und danach barfuß um die Stadt wandern. Dann, so die Prophezeiung, werde die Stadt binnen neun Tagen fallen. Die Kreuzfahrer taten, wie ihnen geraten worden war. Während sie die

Stadt umrundeten, ertrugen sie den Spott der Belagerten von den Festungsmauern.

Dann wagten die Kreuzfahrer den nächsten Angriff. Acht Tage lang wurde gekämpft. Immer wieder wurde Angriffswelle auf Angriffswelle zurückgeschlagen.

Das Bild des französischen Malers und Grafikers Gustave Doré (1832 bis 1883) zeigt eine Szene dieser Tage. Es gehört zu seinem Zyklus über die Kreuzzüge. Doré war einer der bedeutendsten Illustratoren des 19. Jahrhunderts und er gilt als einer der wichtigsten Künstler der Romantik. Das Bild ist ein Beleg für Dorés außergewöhnliche Kompositionskraft. In seinen groß angelegten Panoramen, die sich aus raffinierter Bild- und Lichtführung zusammensetzen, erscheinen oft Menschenmassen, die wie Wogen wirken. Das Schicksal des Einzelnen erscheint darin wie ein Tropfen im Meer.

Am 15. Juli konnten die ersten Belagerungsstürme direkt an die Stadt gebracht werden. Gottfried von Bouillon überwand mit seinen Männern die äußeren Mauern. Nun ging alles vergleichsweise schnell. Der Widerstand brach zusammen und die Stadt fiel noch am gleichen Tag. Erneut legten die Kreuzfahrer die schlechtesten Seiten des Menschen an den Tag. Sie veranstalteten ein entsetzliches Massaker. In den Straßen und in den Häusern erschlugen sie Zigtausende der Einwohner. Weder Muslime noch Juden oder Christen wurden verschont. Die Eroberer wateten in Blut.

Nach den Gräueln wurde Gottfried von Bouillon die Königswürde angetragen. Er lehnte ab, nahm aber die Macht und ließ sich den Titel Vogt des Heiligen Grabes verleihen. Als er im Jahr darauf starb, folgte ihm sein Bruder Balduin von Boulogne nach, der zuvor in Edessa den ersten Kreuzfahrerstaat gegründet hatte. Er war der Erste, der sich König von Jerusalem nannte. Dieses christliche Königreich sollte zweihundert Jahre bestehen bleiben, fiel aber am Ende wie die anderen Kreuzfahrerstaaten wieder in muslimische Hände. Die Verbrechen, die die Kreuzfahrer über nahezu drei Jahrhunderte bei ihren zahlreichen Zügen durch den Orient begingen, wirken bis heute im arabisch-muslimischen Bewusstsein nach.

EDUARD SCHWOISER

KÖNIG HEINRICH IV. IN CANOSSA

Öl auf Leinwand
1862
238 x 382 cm
Stiftung Maximilianeum, München

Selbst die großen Flüsse waren zugefroren, als sich im Dezember des Jahres 1076 König Heinrich IV. auf den Weg machte. Sein Ziel war Italien. In Rom aber hatte sich sein Feind Papst Gregor VII. ebenfalls auf die Reise begeben. Er wollte in Deutschland die Gegner Heinrichs treffen. Als er vom Herannahen Heinrichs hörte, nahm er im Norden Italiens auf der Burg Canossa Quartier. Im Schutz der Mauern der als uneinnehmbar geltenden Festung erwartete er Heinrichs Ankunft. Er wusste nicht, ob er aufgebrochen war, um Frieden zu schließen oder um Krieg zu führen. Heinrich hingegen wollte, *musste* das Zerwürfnis beenden.

Der bittere Streit der beiden Männer hatte sich aus dem wachsenden Zwist über die Frage entzündet, ob der Vorrang der Macht in der Welt den Fürsten oder der Kirche zusteht. Die Fürsten waren schon lange der Ansicht, dass die Kirche sich zu viel in die Ränke der Politik einmischte. Die Macht in der Welt und in der Politik hatte sie vor allem durch das Amt des Bischofs von Rom, der sich schließlich als Papst, als Oberhaupt der Christenheit verstand, über Generationen unnachgiebig ausgebaut. Der Papst war es, der, wenn es ihm gefiel, den römisch-deutschen König, wie Heinrich es war, zum Kaiser krönte.

Nachdem Gregor 1073 ins oberste Amt der Kirche gewählt worden war, forderte er als »Zuchtrute Gottes« unnachgiebig die uneingeschränkte Vormachtstellung der Kirche ein. In den 27 Leitsätzen seiner Notiz »Dictatus Papae« sprach er dem Papst das Recht zu, den Kaiser zu bannen und abzusetzen. Auch Bischöfe ernennen und absetzen dürfe allein der Papst. Dass nach Gregors Wunsch alle Fürsten auch »des Papstes Füße küssen« sollten, fiel da kaum noch ins Gewicht.

Gregors Leitsätze wurden zwar nicht verbreitet, er handelte aber danach und so überschritt er die rote Linie im Investiturstreit. Während Heinrich auf seinem Recht beharrte, Kirchenvertreter nach seinem Gutdünken zu benennen, hielt Gregor unbeirrt dagegen. Schließlich forderte Heinrich Gregor in einem »Absageschreiben« auf, abzudanken: »Steige herab, steige herab, du ewig Verdammter!« Gregor reagierte darauf, indem er über Heinrich kurzerhand den Kirchenbann aussprach und ihn sogar exkommunizierte, was bedeutete, dass fortan kein Christ Heinrich folgen durfte.

Heinrich, der sich der Unterstützung vieler Bischöfe sicher sein konnte, die von der Amtsführung ihres Papstes entsetzt waren, erkannte, dass er sich zu weit vorgewagt hatte. Seine Macht in Deutschland war nie besonders stabil gewesen. Auch er war unbeliebt. Zeitgenossen beschreiben ihn als schwierig, als einen Mann, der unbarmherzig und nachtragend war und auf dessen Wort man nicht viel geben konnte. Vor allem die Fürsten fühlten sich von dem Eigenbrötler nicht beachtet. Nun, im Streit ihres Königs mit dem Papst, witterten viele von ihnen die Gelegenheit, sich Heinrichs zu entledigen. Sie verlangten von ihm, sich binnen eines Jahres von dem Bann zu befreien. Heinrich wusste, wollte er König bleiben, konnte er das nicht ignorieren.

So brach er mitten im Winter in Speyer auf und machte sich auf die Reise nach Italien. Da feindliche Fürsten die Alpenpässe besetzt hatten, mussten er und sein kleines Gefolge, in dem auch seine Frau Bertha und sein zweijähriger Sohn Konrad reisten, unter Lebensgefahr das Gebirge an ungünstiger Stelle überqueren. Ende Januar traf Heinrich vor der Burg von Canossa ein. Dort ließ ihn Papst Gregor in eisiger Kälte, so heißt es aus päpstlicher Quelle, drei Tage barfuß und im Büßergewand vor dem Burgtor warten. Unter Tränen, so heißt es weiter, habe Heinrich seine Reue bekundet und um Gnade gebeten.

Das Gemälde des deutschen Historienmalers Eduard Schwoiser (1826 bis 1902) zeigt hingegen einen ungebrochenen König, beobachtet von Wachen am Burgeingang. Einer der Gründe, dass dieser Heinrich stolz und nicht demütig abgebildet ist, liegt darin, dass der Auftraggeber für das Gemälde ein weltlicher und nicht ein kirchlicher Herrscher war: der bayrische König Maximilian II. Joseph.

Schwoisers Darstellung ist ein Idealbild. Es verdichtet die Situation. Heinrich wartete laut Überlieferung allein. Man hatte ihn in den inneren Mauerring vorgelassen. Ob es ein Fenster gab, von dem aus Heinrichs Buße zu beobachten war, ist zu bezweifeln, aber – wie so oft – es könnte so oder so ähnlich vor sich gegangen sein. Am Fenster steht gestikulierend Papst Gregor. Er spricht zu Mathilde von Tuszien, der Burgherrin. Die treue Anhängerin des Papstes nahm in diesen Tagen die Rolle einer Vermittlerin ein. Schwoiser zeigt sie dementsprechend mit einer beschwichtigenden Geste in Richtung Heinrich. Einer der beiden Männer neben den beiden ist vielleicht der Abt Odilo von Cluny, der als Heinrichs Taufpate ebenfalls für den König sprach. Gregor wusste, er durfte den Bußgang und die Selbstdemütigung Heinrichs nicht abtun. So löste er Heinrich vom Bann und stellte dessen Ehre und formale Macht als König wieder her.

Als ein bloß erniedrigender Bußgang, als welcher der »Gang nach Canossa« sprichwörtlich geworden ist, kann Heinrichs Reise nicht gesehen werden. Sie war vielmehr ein zwar unangenehmer, aber geschickter Schachzug. Denn seinen Standpunkt hatte Heinrich vor Canossa noch längst nicht aufgegeben. Der Bußgang dorthin versetzte ihn nun sogar in die Lage, seinen Kampf gegen Gregor wiederaufzunehmen. Tatsächlich bannte ihn Gregor drei Jahre später erneut. Aber auch das überstand Heinrich.

Glücklich wurde Heinrich mit seiner Regentschaft dennoch nicht. In seinem eigenen Reich versuchten Fürsten weiterhin, sich seiner als König zu entledigen. So schlug er sich in den nächsten Jahren mit Gegenkönigen herum, gegen die Gregor nichts unternahm. Erst nach einigen ermüdenden Kriegen konnte Heinrich die Oberhand gewinnen. Gregor selbst hatte wegen seiner eigensinnigen Führung längst zu viele Feinde in den eigenen Reihen. Unterstützt von zahlreichen Bischöfen gelang es 1080 seinem alten Feind Heinrich, mit Clemens III. einen Gegenpapst einzusetzen. Dieser krönte ihn endlich zum Kaiser. Zuvor hatte Heinrich noch Rom besetzt. Gregor floh und starb in der Verbannung.

JEAN-JACQUES SCHERRER

EINZUG VON JEANNE D'ARC IN ORLÉANS

Entreé de Jeanne d'Arc à Orléans

Öl auf Leinwand
1887
500 x 374 cm
Musée des Beaux-Arts, Orléans

Noch wenige Monate zuvor hatte sie auf dem Hof ihrer Eltern unter dem weiten Himmel des lothringischen Örtchens Domrémy gelebt, im Haushalt geholfen, vielleicht die Schafe gehütet. Doch Stimmen, die nur sie hörte, von Engeln, die nur sie sah, trugen ihr auf, Frankreich zu befreien.

Jeanne d'Arc war den Stimmen gefolgt. Nun, an diesem Tag, Meilen entfernt von der Heimat, hörte sie in den engen Gassen der belagerten Stadt Orléans die jubelnden Stimmen der Männer, Frauen und Kinder, denen sie neue Hoffnung gab. Es war der 29. April 1429.

Seit 90 Jahren tobte in Frankreich der Krieg, der als Hundertjähriger Krieg seinen Weg in die Geschichtsbücher fand. Die Könige Englands sagten, der Thron Frankreichs stehe ihnen zu. Seit Generationen kämpften sie nun darum und hielten mit ihren Verbündeten aus dem Herzogtum Burgund weite Teile Nordfrankreichs besetzt. An der Loire, im Herzen des Landes, belagerten sie die Stadt Orléans. Fiel sie, war der Weg in den Süden frei.

Die französische Sache schien hoffnungslos. Doch da gab es noch die Prophezeiung, dass eine Jungfrau in eiserner Rüstung erscheinen und Frankreich erlösen würde. Im fernen Lothringen war Jeanne d'Arc, die Tochter eines reichen Bauern, überzeugt, diese Frau zu sein. Als Dreizehnjährige hatte sie erste Stimmen gehört und Lichter gesehen. Sie glaubte, Gott spreche zu ihr. Später erschien ihr der Erzengel Michael. Er trug ihr auf, zum Schwert zu greifen und die Freiheit für ihre Heimat zu erkämpfen. Als sie das Haus ihrer Eltern verließ, um ihre Mission zu erfüllen, war sie noch nicht 17 Jahre alt.

Die Selbstsicherheit, mit der sie nun überall auftrat, verstörte und entwaffnete. Sie überzeugte den Kommandanten der Festung Vaucouleur, einer der letzten königlichen Bastionen, eine Empfehlung an den ungekrönten König Karl VII. auszustellen. Auch eine Begleitung gab er ihr mit auf den Weg. Elf Tage ritt Jeanne durch das kalte Feindesland in das nicht weit von Orléans entfernte Schloss Chinon. Dort hielt der junge Dauphin Karl VII. trotz der verzweifelten Lage des Landes prunkvoll Hof. Er war von schwächlichem Charakter. Die erste Begegnung Jeannes mit ihm ist Legende. Er versteckte sich unter seinen Höflingen. Ein Bild von ihm hatte sie noch nie gesehen und er war fast der Unscheinbarste unter allen. Doch sie erkannte ihn sofort.

In einem Gespräch unter vier Augen soll sie Karl für ihre Sache gewonnen haben. Karl ließ ihre Jungfräulichkeit prüfen und sie zudem drei Wochen lang von Gelehrten zur Festigkeit ihres Glaubens befragen. Als man von ihr ein Zeichen ihrer Gottgesandtheit forderte, verlangte sie, nach Orléans zu reiten. Dort werde sie ein Zeichen setzen.

Karl gab den Auftrag, ein Heer aufzustellen. Schmiede fertigten Jeanne eine Rüstung aus Weißmetall. Die sandte unterdessen eigenmächtig einen Mahnbrief an die Engländer, nannte sich darin Kriegsherr und von Gott gesandt. Die Nachricht von der nahenden Jungfrau verbreitete sich wie ein Lauffeuer. Viele Franzosen schöpften Mut, unter den Engländern machten sich Unruhe und Furcht breit.

Ein weißes Banner mit dem Schriftzug »Jesus Maria« mit sich führend, brach Jeanne im Range eines Heerführers Ende April auf und ritt kurz darauf in ihrer Rüstung in das nur noch über einen letzten Zugang zu betretende Orléans ein.

Der *Einzug von Jeanne d'Arc in Orléans* ist das mit Abstand bekannteste Gemälde von Jean-Jacques Scherrer (1855 bis 1916). Neben diesem Bild von Jeanne malte er auch eines, das ihre Abreise aus Vaucouleur zeigt. Der Elsässer Scherrer, der sich nach Ende des Deutsch-Französischen Krieges von 1870/71 für die französische Staatsbürgerschaft entschieden hatte, war seinerzeit ein vielfach ausgezeichneter und bekannter Künstler. Wie William Adolphe Bouguereau oder Jean-Léon Gérôme gehörte er zu den akademischen Malern, die sich als Antwort auf den Impressionismus und die Fotografie einem detaillierten und fotografischen Stil verschrieben hatten.

Da kein Bild von Jeanne bekannt ist, das zu ihren Lebzeiten angefertigt wurde, musste Scherrer sich seiner Fantasie und der Berichte über sie bedienen. Weder besonders hübsch noch reizlos soll sie gewesen sein, und es heißt, sie habe sich für ihre Mission das Haar geschnitten. Auf Scherrers Gemälde von Jeannes Einzug in Orléans trägt sie auch eindeutig kürzeres Haar, als zu jener Zeit üblich und als auf Scherrers Gemälde von der Abreise aus Vaucouleur.

Kaum war Jeanne in Orléans eingetroffen, erwachte der Kampfgeist der Belagerten. Unter ihrem Kommando wagten sie den Ausbruch. Jeanne war bei den Kämpfen in vorderster Reihe zu finden. Als sie ein englischer Pfeil in die Brust traf, kämpfte sie weiter. Nach fünf Tagen zogen sich die Engländer zurück. Nun wollte Jeanne das Tal der Loire befreien und tatsächlich fiel mit ihr an der Spitze eine Stadt nach der anderen wieder in französische Hände.

Noch nicht einmal drei Monate nach Jeannes Einzug in Orléans ließ sich Karl am 17. Juli 1429 krönen. Jeanne stand mit weißem Banner in der Faust dabei. Der junge König aber wollte nun verhandeln. Der von ihr angeführte Angriff geriet zur Katastrophe. Es folgte Niederlage auf Niederlage. Soldaten desertierten. Längst isoliert, stürzte sich Jeanne mit ihren letzten Gefährten im Wald von Compiègne gegen eine mehrfach überlegene Übermacht in den Kampf und fiel in die Hände der Burgunder. Die verkauften sie gegen Kopfgeld an die Engländer.

Jeanne als Ketzerin auf dem Scheiterhaufen zu verbrennen, war beschlossene Sache. Vor einem kirchlichen Tribunal verteidigte sie sich. Von ihrer Mission war sie weiter überzeugt. In dem dreimonatigen Prozess, den die Inquisition gegen sie führte, verblüffte sie mit außergewöhnlicher Rhetorik. Doch ein von ihr erwartetes Wunder als auch die erhoffte Hilfe des Königs blieben aus. In Todesangst widerrief sie und zog wieder Frauenkleider an, nahm aber, nachdem sie vermutlich vergewaltigt und gefoltert worden war, vor Gericht ihren Widerruf zurück. Auf dem Marktplatz von Rouen starb sie mit 19 Jahren auf dem Scheiterhaufen.

Karl VII. befreite Frankreich in den nächsten 22 Jahren. Er berief ein Revisionsverfahren ein, um den Makel des Todes von Jeanne zu tilgen. Nach einem sechs Jahre währenden Prozess mit zahlreichen Zeugen, die sich in ihren Aussagen über die Frömmigkeit Jeannes gegenseitig überboten, wurde Jeanne d'Arc 1456 rehabilitiert und fast 500 Jahre später heiliggesprochen.

FAUSTO ZONARO

MEHMED II. LÄSST DIE SCHIFFE TRANSPORTIEREN

Maometto II. fra transportare le Imbarcazioni

Öl auf Leinwand
1908
102 x 74,5 cm
Dolmabahçe–Palast, Istanbul

»Wahrlich, Konstantinopel wird erobert«, soll Religionsgründer Mohammed prophezeit haben. Über acht Jahrhunderte später bestärkte der Religionsgelehrte Akşemseddin den jungen und ungestümen Mehmed darin, der Auserwählte zu sein, der einst die Prophezeiung erfüllen sollte.

Mehmed II. wurde mit erst zwölf Jahren der siebte Sultan des Osmanischen Reiches. Gegründet worden war das Reich 1299 von Osman I., der sich in seinem kleinen Stammesgebiet in Nordwestanatolien für unabhängig von den türkisch-sunnitischen Seldschuken erklärt hatte. Sein Sohn Orhan war der Erste, der sich Sultan nannte, und er war es auch, der die berühmte Elitetruppe der Janitscharen gründete, die aus Knaben rekrutiert wurde, die man zu Kämpfern heranzog. Sie standen bereit, als Mehmed sich daranmachte, die Worte seines Propheten zu erfüllen.

Als der mittlerweile zwanzigjährige Mehmed im Jahr 1452 die Eroberung Konstantinopels in Angriff nahm, bestand das einstige Byzantinische Reich, dessen Hauptstadt es war, im Grunde nur noch aus der Stadt selbst und ihrem Umland. Konstantinopel lebte von seiner einstigen Größe und seiner Rolle als Bollwerk des Christentums gegen den Islam. Als aber die Bedrohung für die Stadt wuchs, blieb die Unterstützung durch die Christen zögerlich. Grund war vor allem die beharrliche Weigerung der orthodoxen Kirche von Konstantinopel, sich wieder unter die Fittiche der Kirche in Rom zu begeben.

Konstantinopel lag auf einer Halbinsel des europäischen Festlands am südlichen Ende der Meerenge des Bosporus. Im Westen öffnete sich die Stadt nach Europa. Im Osten, über dem Bosporus, lag das anatolische Festland und damit Asien. Im Norden vor den Toren der Stadt ließ Mehmed nun an der engsten Stelle des Bosporus direkt auf der Gegenseite einer schon bestehenden Festung eine weitere errichten. Dies aber auf europäischer Seite. Schon nach wenigen Monaten war sie fertig und Mehmed kontrollierte den Bosporus. Nun ließ er Schiffe bauen und gewaltige Kanonen heranschaffen.

Im Norden Konstantinopels erreichte eine schmal aus dem Bosporus in das Land hinein laufende Bucht die Stadt. Sie diente als Hafen und natürlicher Schutz. Wegen der Prachtbauten, die dort schon von den Römern errichtet wurden, trägt sie den Namen Goldenes Horn. Seit Jahrhunderten sicherte eine eiserne Kette die Einfahrt zu dieser Bucht. Bei Gefahr konnte sie angespannt werden und verwehrte so feindlichen Schiffen den Zugang.

Mehmed wusste, er musste schnell sein. Stets war mit dem Eintreffen christlicher Truppen und Schiffe zu rechnen. Die aber blieben weitgehend aus. Nur der Papst und italienische Städte wie Venedig und Genua sandten schließlich Unterstützung.

Während Belagerer und Verteidiger unter den Mauern Tunnel gruben – die einen, um in die Stadt zu gelangen, die anderen, um die Tunnel der Angreifer unter Wasser zu setzen –, versuchte Mehmed sein Glück über die Meerseite. Er wollte mit seinen Schiffen in das Goldene Horn vordringen. Die Attacken aber blieben fruchtlos. Galeeren aus Venedig und Genua schlugen seine Schiffe zurück und auch die Schiffssperren erwiesen sich als effektiv.

Daraufhin ließ Mehmed hinter einem Hügel außerhalb der Sichtweite der Verteidiger eine Art Straße einrichten, um die Kriegsschiffe über Land zu transportieren und auf der anderen Seite am Goldenen Horn wieder zu Wasser zu lassen. Auf ausgelegten gefetteten Balken, unterstützt vom Wind, der in die gehissten Segel blies, wurden die Schiffe hinübergezogen.

Als Mehmed und seine Janitscharen von der Landseite die Stadtmauern an mehreren Stellen attackierten, segelten die über Land transportierten Schiffe aus dem Goldenen Horn herunter und überraschten die Verteidiger auf der Seeseite.

Am 29. Mai 1453 fiel Konstantinopel. Die Janitscharen drangen in die Stadt ein. Der byzantinische Kaiser Konstantin XI. fand während der Kämpfe den Tod. Das Byzantinische Reich war nicht mehr.

Eine Legende erzählt, Konstantin habe bis zuletzt gegen die Angreifer an vorderster Linie gekämpft, alle Insignien und Zeichen seiner Macht habe er zuvor abgelegt. Als Mehmed ihn unter den Toten suchen ließ, habe er ihn an den kaiserlichen Purpurschuhen erkannt.

Es folgten Plünderungen und Gewaltexzesse. Mehmed soll über das Leid geweint haben. Als die Kämpfe ihr Ende fanden, versprach er den Christen in der Stadt Sicherheit und ihre Religion frei ausüben zu können.

Durch die Christenheit fuhr eine Schockwelle. Nach dem Fall Konstantinopels schienen die Handelswege nach Osten versperrt. In Portugal und Spanien begünstigte das fortan die Überlegungen, Seewege nach Westen und um Afrika herum zu suchen, um an die begehrten Waren Asiens zu kommen.

Mehmed machte Konstantinopel zum Thronsitz des Osmanischen Reiches. Ihren Namen wechselte die Stadt bald in Istanbul, was laut Sprachwissenschaftlern eine vereinfachte Form des griechischen Satzes für »Hinein in die Stadt!« sein soll. Diese Worte sollen die von Mehmed ausgesandten Werber gerufen haben, die die Geflohenen zurückholen sollten.

Der italienische Maler Fausto Zonaro (1854 bis 1929) kam 1891 nach Istanbul, knüpfte bald Kontakte zu einflussreichen Künstlern und Politikern und wurde 1896 Hofmaler von Sultan Abdülhamid II. Er gab Zonaro den Auftrag für eine Serie von Gemälden mit Motiven aus der Zeit Mehmeds II. Dazu gehört auch das Bild von der Belagerung Konstantinopels, das den Transport der Kriegsschiffe über Land zeigt.

Über vierhundert Jahre nach diesen Ereignissen trugen Bilder wie dieses die wehmütige Erinnerung an die glorreichen Momente des Osmanischen Reiches, das nun im Verfall war. Zonaros Auftraggeber Abdülhamid wurde 1908 durch die Revolution der Jungtürken gestürzt. Zonaro kehrte in seine Heimat zurück. Durch sein umfangreiches Werk zu seiner Zeit in Istanbul hatte er westliche Einflüsse in die Malerei der Türkei gebracht. Seine Bilder hängen dort in zahlreichen Museen vor allem in Istanbul. *Mehmed II. bei der Belagerung Konstantinopels* hängt im Dolmabahçe-Palast in Istanbul, der ab Mitte des 19. Jahrhunderts die Residenz des Sultans war. Hier starb auch Kemal Atatürk, der aus der Jungtürken-Bewegung heraus 1923 die Republik der Türkei gründete, womit das Osmanische Reich sein Ende fand.

GEORGE DE FOREST BRUSH

EIN AZTEKISCHER BILDHAUER

An Aztec Sculptor

Öl auf Holz
1887
31,8 x 58,9 cm
Ann und Tom Barwick Family Collection
National Gallery of Art, Washington, D.C.

Zweifellos wäre uns die Welt der Azteken näher, wenn uns mehr Bilder von ihnen im Gedächtnis wären als die von den gewaltigen Stufentempeln und Pyramiden oder die von Priestern in buntem Federschmuck, die Menschen bei lebendigem Leib das Herz ausreißen, um es der Sonne zu weihen.

Stattdessen drängen sich uns schon eher die Bilder der spanischen Eroberer, den Konquistadoren auf. Die Männer mit den charakteristischen Helmen aus Stahl, den Morions, mit breiter Krempe und Kamm. Hoch zu Pferd, auf Tieren, die die Azteken zuvor nie gesehen hatten, unterwarfen sie unter der Führung des Eroberers Hernán Cortés ab 1519 das aztekische Reich und zerstörten eine trotz der Grausamkeit vieler Rituale reiche Kultur. Danach blieb wenig, was uns heute helfen kann, diese zu verstehen.

Die Azteken beherrschten vom 14. bis 16. Jahrhundert weite Teile Mittelamerikas. Sie waren ein sehr gemischtes Volk. Was sie vor allem einte, war ihre Sprache. Sie selbst nannten sich Mexika, was zum Ursprung des heutigen Namens des Staates wurde. Azteken nannten sie sich in Bezug auf ihre Herkunft. Sie stammten, so will es die Legende, von dem Ort Aztlán, einer Insel in einem See.

Als die Azteken in der zentralen Hochebene des sogenannten Beckens oder Tals von Mexiko eintrafen, waren sie im Vergleich zu den anderen Völkern der Region zunächst noch schwach, mussten sich unterordnen und Tribute entrichten. Im sumpfigen Texcocosee fanden sie auf einigen Schilfinseln Zuflucht. Dort gründeten sie 1325 die Stadt Tenochtitlán, die sie zielstrebig nach dem Vorbild der etwa 45 Kilometer im Norden gelegenen Stadt Teotihuacán ausbauten. Die hatten sie menschenleer und seit Generationen verlassen vorgefunden. Doch von den gewaltigen steinernen Bauten, den weiten Straßen waren sie tief beeindruckt. Tenochtitlán wuchs auf trockengelegtem Land und auf künstlich errichteten Inseln. Auf in den See gerammten Pfählen errichteten die Azteken ihre Prachtbauten. Im fruchtbaren Boden Hunderter um den Stadtkern gelegter Inseln wuchsen Früchte und Gemüse heran. Oft konnte siebenmal im Jahr geerntet werden.

Gegen Ende des 14. Jahrhunderts stiegen die Azteken durch geschickte Heirats- und Bündnispolitik zur Großmacht in der Region auf. Nach vielen kriegerischen Auseinandersetzungen gingen sie Bündnisse mit den Städten Texcoco, der Hauptstadt des Volkes der Acolhua, und mit Tlacopán, der Kapitale der Tepaneken, ein. In diesem »Aztekischen Dreibund« wuchs das Reich weiter.

Bald war Tenochtitlán eine der größten Städte der damaligen Welt. Über mehrere breite Dämme gelangte man hinein. Gerade, breite Straßen und in ebenso gerader Linie gezogene Wasserkanäle durchzogen die geometrisch angelegte Metropole. Im Zentrum standen die Paläste des Herrschers und des Adels. Sie und die zahlreichen Tempel überragte eine gewaltige Doppelpyramide, der den Hauptgöttern geweihte 60 Meter hohe sogenannte Große Tempel.

Der weitläufige Herrscherpalast, von dem bei Ausgrabungen im Jahr 2008 Überreste gefunden wurden, erstreckte sich über ein Erdgeschoss und ein Stockwerk darüber. Getragen wurde das Obergeschoss vermutlich von Marmorsäulen. Umgeben war der Palast von weiteren kleinen Palästen, großzügigen Häusern, Zoos und Gärten. Die in der Mitte des Gebäudes erbaute zentrale Treppe in das obere Stockwerk soll gänzlich aus Marmor gewesen sein. Da die Marmorvorkommen in Mexiko weit geringer waren als in Europa, war der Baustoff für die Azteken noch wertvoller als für die Europäer.

Der amerikanische Maler George de Forest Brush (1854 oder 1855 bis 1941) studierte unter anderem in Paris, wo Jean-Léon Gérôme sein Lehrer war. Anfangs bevorzugte er noch typische historische Szenarien, begann dann aber Motive zu malen, in denen er nur eine Person zeigte. Vor allem die Ureinwohner Amerikas machte er zu seinem Thema. Brush besuchte sie immer wieder und lebte zum Teil unter ihnen. Das Bild von dem aztekischen Bildhauer entstand 1887. Es galt ein Jahrhundert lang als verschollen, bis es zu Beginn des 21. Jahrhunderts gefunden und zusammen mit anderen Werken Brushs von 2008 bis 2009 in einer großen Ausstellung in der National Gallery in Washington gezeigt wurde.

Der plötzliche Untergang ereilte das aztekische Reich, als es seinen Höhepunkt erreicht hatte. Im Jahr 1515 hatte Moctezuma II. die uneingeschränkte Macht im aztekischen Dreibund an sich gerissen. Die Oberschicht aus Adel und Priesterschaft hielt durch die grausamen Opferriten das eigene Volk in anhaltender Furcht. Zum Teil mordeten die Azteken bis zu 2000 Menschen bei einer Zeremonie. Es hieß, bekomme die Sonne kein Blut mehr, versinke die Welt in Dunkelheit. Weil die Azteken viele der Menschen, die geopfert wurden, in eigens dafür begonnenen Kriegszügen den Nachbarvölkern raubten, warteten diese nur darauf, sich zu befreien und Rache zu üben.

Schon 1517 hörte Moctezuma von fremden Schiffen, »schwimmenden Bergen«, die an der Küste segelten. Zwei Jahre später erschienen in Tenochtitlán die Männer, die auf solchen Schiffen gekommen waren. Die Soldaten und ihr Anführer, der spanische Kommandeur Hernán Cortés, waren gierig nach Macht, Ruhm und Gold. Auf ihrem Weg in die Hauptstadt hatten die Spanier Verbündete unter den geschundenen Nachbarvölkern gefunden. Die, die ihnen nicht hatten folgen wollen, waren gnadenlos dezimiert und unterjocht worden, im Namen des christlichen Gottes.

Als die Spanier von den Opferriten der Azteken erfuhren, waren sie entsetzt. Zu gern vergaßen sie, dass zur gleichen Zeit zu Hause in Europa durch die Inquisition ebenfalls Menschen zu Tausenden gefoltert und getötet wurden. Doch jetzt lieferten die schaurigen Bräuche der Azteken die Entschuldigung für einen gnadenlosen Vernichtungskampf.

Moctezuma ahnte weder die Gier noch die Skrupellosigkeit der Spanier. Er rechnete auch nicht damit, dass sie auf nichts Rücksicht nahmen, worauf sich Menschen im gegenseitigen Austausch normalerweise verlassen können. Als Moctezuma die Spanier in die Stadt einlud, nahmen sie ihn als Geisel. Er fand bei den nachfolgenden Aufständen den Tod. Wer ihn tötete, sein eigenes Volk oder die Spanier, bleibt unklar. Es folgten lange und wechselvolle Kämpfe, an deren Ende die Spanier Tenochtitlán eroberten und vollkommen vernichteten. Auf den Fundamenten errichteten die Spanier das heutige Mexiko-City.

JOHN MALER COLLIER

EIN GLAS WEIN MIT CESARE BORGIA

A Glass of Wine with Caesar Borgia

Öl auf Leinwand
1893
140 x 240 cm
Ipswich Museum and Art Gallery, Ipswich

Ob eine solche Szene je stattgefunden hat, ist fraglich. Aber nach allem, was wir über die Familie Borgia wissen, ist sie zumindest denkbar.

Mitte des 15. Jahrhunderts kam der Gründer der Dynastie, der spanische Landadelige Alonso de Borja, nach Rom. Die Ewige Stadt war in diesen Tagen nicht nur die Hauptstadt der Christen, sondern auch ein Ort der Intrigen und Raffgier. Im Italien der Renaissance bestimmten Familien und Sippen die Geschicke zahlreicher mächtiger Stadtstaaten. Wohl und Wehe der Bürger in Florenz war von den Medicis abhängig, die Mailänder hatten dem Willen der Sforzas zu folgen. Die Geschicke Roms lenkten neben den Colonnas und Orsinis später auch die Borgias.

Als Alonso de Borja in Rom eintraf, war er bereits ein glänzender Jurist und in seiner spanischen Heimat zum Bischof von Valencia aufgestiegen. Nun machte er sich in Rom für Papst Eugen IV. durch sein Talent, dem Kirchenoberhaupt politisches Kleinklein vom Leibe zu halten, unentbehrlich. Dies trug ihm die Kardinalswürde ein.

Alonso hatte bereits eine glänzende Kirchenkarriere hinter sich, als ihn sein untadeliger Ruf und sein mit 77 Jahren hohes Alter bei der Papstwahl von 1455 zum Kompromisskandidaten machten. Er wurde gewählt. Als Kalixt III. führte er weiter ein einfaches Leben. Für seine Zeit unüblich hatte er weder Frau noch Kinder. Auch eine Geliebte hatte er wohl nicht. Doch kaum im Amt, gab er sich einem anderen Laster hin, dem Nepotismus. Zwar war es seinerzeit üblich, seine Verwandten zu begünstigen, doch Kalixt riss hemmungslos jegliche Schranken ein. Wer mit ihm verwandt war, dem war ein einträgliches Amt sicher.

Insbesondere Neffe Rodrigo sperrte sich keiner Vergünstigung durch seinen Onkel. Erfüllt von brennendem Ehrgeiz drängte er selbst ins Zentrum der politischen Bühne Roms. Schon mit der Papstwahl seines Onkels hatte er den Familiennamen von Borja in Borgia geändert. Die nun eher italienisch anmutende Schreibweise änderte aber nichts daran, dass die Italiener in ihnen noch immer spanische Emporkömmlinge sahen.

Rodrigo, bald Vizekanzler der Kurie und damit auf Lebenszeit unermesslicher Einkünfte sicher, arbeitete mit der Geduld eines lauernden Krokodils darauf hin, eines Tages selbst die Papstwürde zu erhalten. Er ließ noch die Päpste Paul II., Sixtus IV. – der die Sixtinische Kapelle erbauen ließ –, und Innozenz VIII. an sich vorbeiziehen, bis er endlich 1492 dank umfangreicher Bestechung sein Ziel erreichte.

Um gleich seinen Machtanspruch zu unterstreichen, nannte sich der zweite Borgia auf dem Papstthron in Anlehnung an Alexander den Großen fortan Alexander VI. Anders als einst sein Onkel war er verheiratet und hatte zahlreiche Mätressen. Von seinen mindestens acht Kindern mit verschiedenen Frauen, sind Sohn Cesare und Tochter Lucrezia die bekanntesten. Die beiden sind es auch, mit denen Alexander VI. in dem Gemälde des britischen Malers John Maler Collier (1850 bis 1934) verewigt ist.

Collier ist ein Bild gelungen, das Standbild eines Historienfilms sein könnte. Alexander VI. sitzt in seinem roten Papstgewand an einer gedeckten Tafel. Neben ihm steht Lucrezia mit ernstem und vieldeutigem Blick. Ihr Arm auf der Rückenlehne seines Stuhls ist Zeichen ihrer inneren Nähe zu ihm. Links von Lucrezia beugt sich Cesare vor. Er bietet einem Besucher ein Glas Wein an.

Wenige Wochen nach der Papstkrönung hatte Alexander den erst 16-jährigen Cesare, der zuvor noch nicht einmal zum Priester geweiht worden war, zum Bischof ernannt. Ein Jahr später war Cesare Kardinal. Doch schon bald ließ Cesare sich von seinen Kirchenämtern befreien. Der Krieg lag ihm mehr als sakrale Repräsentation. Als Heerführer brachte er in den nächsten Jahren zeitweise große Teile Italiens unter seine Kontrolle und fiel immer wieder durch Rücksichtslosigkeit und Härte auf. Gegner zu töten fiel ihm leicht.

Cesare war überdurchschnittlich groß und gutaussehend. Er hatte dunkle Haut und dunkles Haar mit einem Stich ins Rötliche, war intelligent und wissbegierig. Seinen Bruder, den ebenso skrupellosen Juan, soll er ermordet haben. Bewiesen wurde es nicht. Der florentinische Beamte Niccolò Machiavelli lernte Cesare kennen und soll ihn zum Vorbild seines Werkes über den rücksichtslosen Machterwerb und Machterhalt ›Der Fürst‹ genommen haben.

Als Kind fragte Cesare seine Lehrer, ob es möglich sei, Apparate zu erfinden, mit denen man von einer Burg zur anderen sprechen könne, und er wollte wissen, wie man Geheimschriften nutzt und Gifte herstellt. Als Erwachsener soll er solcherlei todbringende Substanzen in dem einen oder anderen Glas Wein eingesetzt haben.

Cesares Schwester Lucrezia galt vielen als die ruchloseste Frau ihrer Epoche. Intelligent, gebildet und schön war sie, und ein im Umgang freundliches Wesen soll sie gehabt haben. Ihrem Vater diente sie als Mittel, um Bündnisse zu schmieden. Mit elf und zwölf wurde sie von Alexander zweimal hintereinander verlobt, mit 13 mit Giovanni Sforza verheiratet, um dann auf Betreiben Alexanders wieder geschieden zu werden. Ihr gedemütigter Ehemann streute daraufhin, sie teile mit ihrem Vater das Bett. Es ist nur eines von vielen Gerüchten um sie. An das Gerücht, Lucrezia habe einen Ring mit Gift bei sich getragen, um es unliebsamen Zeitgenossen rasch verabreichen zu können, mag sich auch Collier erinnert haben, als er sein Gemälde schuf. Dass er Lucrezia, die als Frau mit goldblondem Haar beschrieben wurde, mit rotem Haar abbildet, ist wohl eine zusätzlich dramatische Note.

Papst Alexander starb wahrscheinlich an Malaria. Das war 1502. Drei Jahre vor Cesare. Der hatte mit Anfang 30, wie es sich für ihn gehörte, im Kampf den Tod gefunden. Man hatte ihn in einen Hinterhalt gelockt. Lucrezia heiratete schließlich in dritter Ehe den Herzog Alfonso d'Este. Nachdem sie das 8. Kind dieser Ehe geboren hatte, starb sie 39-jährig im Kindbett.

Ein Bild der Gastfreundschaft hat Collier kaum im Sinn gehabt. Vielmehr spielt es durch seine Atmosphäre und durch die Blicke der abgebildeten Personen mit den zahlreichen Gerüchten um die Familie: Gift ist im Wein. Nichts anderes soll uns das Bild denken lassen. Doch trotz allem, was den Borgias vorgeworfen werden kann, ist ihnen von Historikern bislang kein Giftmord nachgewiesen worden. So hilft das Bild Colliers zwar, uns die Borgias vor Augen zu führen – die Darstellungen der drei sind denen zeitgenössischer Porträts ähnlich –, aber letzten Endes bleibt es, wie viele historische Gemälde auch, ein Produkt der Fantasie.

FRANCISCO PRADILLA Y ORTIZ

DIE ÜBERGABE VON GRANADA

La rendición de Granada

Öl auf Leinwand
1882
330 x 550 cm
Palacio del Senado, Madrid

Sein Pferd tat ein paar Schritte. Dann war er nah genug, um den Schlüssel zu überreichen. Mit dieser symbolischen Geste am 2. Januar des Jahres 1492 übergab Emir Muhammad XII., von den Spaniern Boabdil genannt, die Stadt Granada an das Königspaar Ferdinand II. von Aragonien und Isabella I. von Kastilien. Jahrhunderte zuvor, im Jahr 711 hatten seine Vorgänger die Stadt erobert. Nun war sie nach monatelanger Belagerung als letzte muslimische Bastion auf der Iberischen Halbinsel gefallen. Die Reconquista, die christliche Wiedereroberung Spaniens, fand ihren Abschluss.

Boabdil bekam freies Geleit, auch hatte man ihm Güter in Spanien zugewiesen. Auf einer Passhöhe südlich von Granada, die heute *El suspiro del moro* (Der Seufzer des Mauren) heißt, soll er noch einmal auf die Stadt zurückgeblickt haben. Als er tief durchatmete, so will es die Legende, wies ihn seine Mutter zurecht: »Weine nicht wie eine Frau um etwas, das du als Mann nicht verteidigen konntest.« Boabdil lebte noch zwei Jahre in Spanien, dann ging er nach Marokko, wo sich seine Spur verlor.

Das Gemälde mit der idealisierten Darstellung der Übergabe von Granada ist das vermutlich bekannteste im umfangreichen Werk des spanischen Malers Francisco Pradilla y Ortiz (1848 bis 1921), der zwischenzeitlich auch Direktor des berühmten Museo del Prado in Madrid war.

Im Wesentlichen war die Iberische Halbinsel bereits seit Mitte des 13. Jahrhunderts wieder in christlicher Hand. Nur das Reich von Granada im Süden war muslimisch geblieben und hatte sich bis zu jenem Tag behaupten können, war den Spaniern aber schon seit Jahrzehnten tributpflichtig. Im Westen hatte sich das neu entstandene Königreich Portugal trotz der inneren Kämpfe der christlichen Reiche der Halbinsel als eigenständig behaupten können. Zur Keimzelle des späteren Spanien wuchsen über die Jahrhunderte die beiden Königreiche Kastilien und Aragonien. Ein bedeutender Schritt auf dem Weg dorthin war die Heirat des aragonischen Thronfolgers Ferdinand mit der kastilischen Thronfolgerin Isabella. Isabella war in dieser Verbindung die Stärkere. Sie herrschte über das gewichtigere Teilreich und hatte aufgrund der Machtverhältnisse dort größere Gestaltungsmöglichkeiten als ihr Gemahl Ferdinand, der in Aragonien abhängiger von den Ständen war.

In den Tagen, als Granada wieder in die Hände der Christenheit fiel, glaubte an die große Tragweite anderer Dinge, die sich im Umfeld Ferdinands und Isabellas taten, wohl nur einer der Beteiligten, und den hielten viele für einen eher überdrehten und etwas zu sehr von sich eingenommenen Träumer. Sein Name war Christoph Kolumbus. Nach Jahren des wiederholten Vorsprechens am Hof erschien er nun im Heerlager vor Granada. Erneut warb er bei König und Königin für sein Vorhaben, gen Westen zu segeln und so einen Seeweg nach Asien, vor allem nach Indien und China zu finden. Nach wie vor verlangte er nicht nur Unterstützung für seine wagemutige Fahrt, sondern als Lohn im Erfolgsfall auch Ehrfurcht gebietende Titel und außergewöhnlich große Reichtümer.

Kolumbus' Anliegen wurde erneut zurückgewiesen. Doch als Granada gefallen war, fielen auch die Tributzahlungen Boabdils weg, der bis dahin auch mit Gold aus Afrika gezahlt hatte. Das Königspaar brauchte neue Einkommensquellen. So erinnerte man sich am Hof an Kolumbus' Idee.

So gelang es dem ehrgeizigen Seefahrer im April des Jahres endlich, die Unterstützung für seine Expedition zu erhalten und außerdem seine umfangreichen Forderungen durchzusetzen. Für sich und seine Erben erhielt er für alle Länder, die er entdecken sollte, den Titel Admiral und Vizekönig, vor allem aber hatte man ihm zehn Prozent von jeglichen Schätzen, Kostbarkeiten und Handelswaren zugesprochen, die seine Unternehmung für Spanien eintrug. Noch im August des Jahres brach er zu der Reise auf, die den Lauf der weiteren Weltgeschichte entscheidend beeinflussen sollte.

Im Heerlager des Königspaars war während der Belagerung Granadas als Knappe des Thronfolgers der erst 13-jährige Gonzalo Fernandez de Oviedo. Kolumbus lief ihm dort über den Weg. Wie stark auch Oviedos Leben, der später der bedeutendste Chronist der Eroberung Mittel- und Südamerikas wurde, von den kommenden Taten des Entdeckers bestimmt werden sollte, ahnte der Junge natürlich noch nicht.

So markierte das Jahr 1492 in der Geschichte Spaniens den Beginn großer Zeiten. Aus den Entdeckungen von Kolumbus entstand das Spanische Weltreich.

Gleichzeitig aber trug dieses Jahr auch schon den Keim für den Niedergang des Reiches in sich, und der wuchs aus der spanischen Gesellschaft selbst heraus: aus Starrheit, Verkrustung und einem grenzenlosen Fanatismus im Glauben. In Granada traten seine Auswüchse schon wenige Monate nach der Rückeroberung zutage.

Mit der Stadt war Ferdinand und Isabella auch die gewaltige Stadtburg Alhambra in die Hände gefallen. Dort beschloss und unterzeichnete das Paar das Alhambra-Edikt. Darin ordneten sie an, dass alle Juden, die sich nicht zum christlichen Glauben bekehren ließen, bis zum 31. Juli des Jahres aus dem Land vertrieben werden sollten. Viele Juden verließen daraufhin das Reich. Viele andere ließen sich zwangstaufen, blieben aber auch nach ihrem Übertritt von religiösem Argwohn verfolgt. Die Inquisition bespitzelte sie und stellte ihnen ohne Erbarmen nach. Tausende wurden getötet. Der kulturelle und wirtschaftliche Aderlass durch die Vertreibung und Verfolgung der Juden und der Zwangskonvertiten, der sogenannten Conversos, war für Spanien groß.

Unter den »katholischen Königen« Ferdinand und Isabella – ein Titel, den ihnen ihr Landsmann, der Borgia-Papst Alexander VI. 1496 verlieh – blieben auch die Muslime nicht von Nachstellungen verschont. 1499, wenige Jahre nach der Rückeroberung Granadas, ließ Erzbischof Jiménez de Cisneros, der rücksichtslos unter den Mauren missionierte, einen Scheiterhaufen in der Stadt errichten. Islamische Bücher zu Wissenschaft, Theologie und Philosophie wurden verbrannt, es folgten Pogrome gegen Nichtchristen, vor allem noch verbliebene Juden und die endgültige Muslimvertreibung in den Jahren danach. Spanien war wieder christlich.

LORENZO DELLEANI

CHRISTOPH KOLUMBUS IN KETTEN

Cristoforo Colombo in catene
auch: Cristoforo Colombo di ritorno dall'America

Öl auf Leinwand
1863
82,2 x 118,5 cm
Galleria d'Arte Moderna, Genua

Der Mann, der den Horizont überwand, dessen Blick von seinem Schiff aus Tausende Male die Weite des Meeres abgesucht hatte, kehrte im Dunkel eines Schiffsbauchs kauernd und in Ketten gelegt heim. Sechs Jahre waren seit seinem großen Triumph vergangen.

Lange bevor Christoph Kolumbus am 3. August 1492 nach jahrelangem, hartnäckigem Werben um Unterstützung für seinen Traum zu seiner ersten Reise hatte aufbrechen können, war man überzeugt gewesen, dass die Erde rund ist. Kaum ein Gelehrter jener Tage bezweifelte das. Gemeingut war es aber noch nicht. Würde er nur lange genug nach Westen segeln, so seine Idee, sei der Seeweg nach Asien zu finden. Nachdem Kolumbus am portugiesischen Hof endgültig abgewiesen worden war, wo man das Wagnis der langen Reise für zu groß hielt, fand er nach weiteren langen Jahren schließlich Unterstützung durch das spanische Königspaar.

Auf drei Schiffen, mit allerlei Vollmachten ausgestattet, machte sich Kolumbus mit seinen Männern auf die Reise ins Ungewisse. Doch was die vermutete Dauer der Fahrt über das Meer betraf, hatte er sich verrechnet. Die Erde war größer, als er dachte.

Kolumbus hatte versprochen, den Atlantik schon nach zehn bis zwölf Tagen überquert zu haben. Nach sechs Wochen auf hoher See, befürchteten seine Männer, dem Ende der Welt entgegenzufahren und dort in ein Nichts zu stürzen. Sie wollten die Umkehr erzwingen. Doch Kolumbus hatte Glück. Mitten in den Auseinandersetzungen flog ein Vogel über die kleine Expeditionsflotte. Kolumbus beschwor seine Männer weiterzusegeln. Land sei nah. In den nächsten Tagen schwammen Äste auf dem Wasser nahe an der Flotte vorbei, doch erst nach vier langen weiteren Wochen entdeckte ein Matrose die ersehnte Küste. Den stattlichen Lohn, den Königin Isabella dem versprochen hatte, der zuerst das ersehnte Land sah, bekam der Mann im Ausguck nicht. Kolumbus behauptete, er habe schon vor ihm ein Licht am Horizont gesehen, und strich das Geld selbst ein.

Auf einer Insel der heutigen Bahamas ging Kolumbus an Land und nannte sie San Salvador. Er fuhr weiter und traf auf

Kuba und Hispaniola. Dort lief sein Flaggschiff Santa Maria auf Grund. Aus den Resten ließ er ein Fort errichten.

Als Kolumbus am 15. März 1493 nach Spanien zurückkehrte, wurde der Empfang zum Triumph. Er brachte an den christlichen Hof wunderlich aussehende Eingeborene mit und präsentierte sie zusammen mit Korallen, Perlen und Papageien. Gold aber hatte er nur wenig vorzuweisen. Doch das ficht Kolumbus nicht an. Er glaubte felsenfest, nach Asien gelangt zu sein, und versprach, von künftigen Fahrten zu den neu entdeckten Ländern so viel Gold und Sklaven mitzubringen, wie benötigt.

Obwohl die Ausbeute noch überschaubar war, übertrug sich der Enthusiasmus des Entdeckers dank der Aussicht auf Macht und Reichtum auch auf das Königspaar. Das ließ sich schon wenige Monate später von Papst Alexander VI. für Spanien das Recht auf Besitz der Gebiete ca. 480 Grad westlich der Kapverdischen Inseln zusprechen. Im Vertrag von Tordesillas erkannte Portugal, die andere katholische Seemacht jener Tage, dies 1494 an.

Kolumbus war fest davon überzeugt, dass der Weg von den entdeckten Inseln bis nach China nur noch ein Katzensprung war. Auf denen könne man derweil Zuckerrohr anbauen und Vieh züchten. Im September brach er wieder auf. Diesmal mit 17 Schiffen und 1500 Menschen. Er blieb fast drei Jahre fort. Das Christentum in die neue Welt zu bringen war der Vorwand. Ausbeutung, Eroberung aber waren von Anfang an die wahren Motive. Ausgestattet mit seinen weitreichenden Vollmachten und wohlklingenden Titeln führte Kolumbus ein grausames Regiment über die Einheimischen. Seine Leute wüteten bestialisch unter ihnen, quälten, töteten, versklavten sie. Vor allem aber starben die Einheimischen zu vielen Tausenden an von den Europäern eingeschleppten Seuchen. Da den Spaniern die Arbeitskräfte abhandenkamen, suchten sie Ersatz und fanden ihn bald in Sklaven, die aus Afrika herbeigeschafft wurden.

1498 ging Kolumbus auf seine dritte Reise und gelangte an das südamerikanische Festland. In Spanien beschwerten sich derweil Rückkehrer über Kolumbus' Herrschsucht. Das Königspaar reagierte und sandte einen neuen Gouverneur, der Kolumbus und seine Brüder Bartolomeo und Diego in Ketten legen und nach Spanien bringen ließ. Diese Episode diente dem italienischen Maler Lorenzo Delleani (1840 bis 1908) als Vorbild.

Delleani machte sich zunächst einen Namen mit Gemälden zu historischen Themen. Später wandte er sich der Landschaftsmalerei zu. Das von ihm gewählte Motiv von Kolumbus in Ketten ist außergewöhnlich. Es steht in scharfem Kontrast zu den zahlreichen Abbildungen, die den Entdecker als weitblickenden Seefahrer an Bord seines Schiffes abbilden oder auf heroische Weise zeigen, wie er mit wehenden Fahnen neues Land in Besitz nimmt. Hier sehen wir den Gescheiterten. Er ist verbannt in das Halbdunkel eines Schiffsrumpfs. Einst der bedeutendste Mann an Bord, ist er nun ein Gefangener in Ketten. Um die Einsamkeit von Kolumbus zu unterstreichen, hat Delleani ihn ohne seine Brüder abgebildet. Auch ist um ihn herum mehr Platz als tatsächlich in einem Schiff vorhanden war, das vor allem Fracht nach Spanien zu bringen hatte.

Kolumbus bestand darauf, die Ketten zu tragen, bis er vom Königspaar empfangen wurde. Wie nach seiner Rückkehr von der zweiten Reise, gelang es ihm, die Gnade der Monarchen zurückzugewinnen. Noch einmal brach er zu einer Reise auf. Diese vierte wurde auch seine letzte. Er erkundete die Küste des Festlands zwischen Kolumbien und Honduras und suchte eine Route nach China oder Indien. Als er krank nach Spanien zurückkehrte, war seine Gönnerin Isabella verstorben. Er kämpfte unnachgiebig um seine Privilegien und starb, als er sich am Königshof in Valladolid als Bittsteller aufhielt. Bis zuletzt glaubte er, nicht eine vollkommen neue Welt für die Europäer entdeckt zu haben, sondern eine Inselkette vor China oder Japan.

PAUL THUMANN

LUTHER AUF DEM REICHSTAG IN WORMS

Öl auf Leinwand
1872
130 x 165 cm
Wartburg, Eisenach

Viele Bilder zum Leben Martin Luthers wurden gemalt. Dieses Motiv aber begegnet uns vermutlich am häufigsten. Sollte es *den* entscheidenden Moment in seinem Leben gegeben haben, dann diesen in Worms. Er liefert auch eines der stärksten Bilder in Luthers Leben, das des Mönchs, der umringt von Würdenträgern, die ihn in einem engen Raum mit ihrem Pomp und ihrer Macht zu erdrücken scheinen, sein Gewissen nicht verraten kann und deshalb allen Ängsten widerstehen wird.

Tags zuvor war Luther zum ersten Mal verhört worden. Man hatte ihm seine Schriften vorgelegt und ihn gefragt, ob er die darin zu lesenden Ansichten widerrufe. Er bat darum, seine Antwort noch einmal eine Nacht lang überdenken zu dürfen.

Seit er dreieinhalb Jahre zuvor am 31.Oktober 1517 seine 95 Thesen verbreitet hatte, stand Luther im Mittelpunkt eines immer schärfer werdenden Zwistes. Grund für die Veröffentlichung seiner Thesen war sein Protest gegen die Bußpraxis der Kirche, vor allem gegen deren Handel mit Ablasszetteln, die Mönche im Auftrag von Papst Leo X. verkauften. Luther glaubte nicht an das Versprechen, dass Gott Sünden durch Geld vergeben würde. Auch im Volk regte sich deswegen Unmut gegen die Kirche. Den Fürsten kamen die Einlassungen Luthers gelegen, denn sie suchten schon lange nach Wegen, die Macht von Papst und Bischöfen zurückzudrängen, die ihnen zu sehr die Geschicke der Welt bestimmen wollten. Hier eröffnete sich einer.

Luthers Thesen gegen die Praktiken der Kirche verbreiteten sich rasch, auch dank der neuen Technik des Buchdrucks. Der Papst merkte, er musste etwas tun. Er bestellte den aufsässigen Kirchenmann nach Rom. Doch Luthers Landesherr, der sächsische Kurfürst Friedrich der Weise, wusste, was Luther dort drohen konnte, und erreichte, dass er stattdessen auf dem Augsburger Reichstag, wo man ihn sicherer wähnte, Rede und Antwort stehen musste. Dort aber verweigerte Luther den Widerruf und floh über Nacht. Als er schließlich bei einem weiteren Streitgespräch mit dem päpstlichen Gesandten Johannes Eck in Leipzig sogar die Autorität des Papstes in Zweifel zog, sandte Leo eine Bannandrohungsbulle an Luther, der diese öffentlich verbrannte. Luther wurde exkommuniziert.

Derweil versuchte der junge und gerade erst gewählte Kaiser Karl V. den Fall Luther für seine eigenen Interessen zu nutzen. Bestechungsgelder und Zugeständnisse an die deutschen Fürsten hatten seine Wahl begünstigt. Dem Bann Luthers durch die Kirche musste nun üblicherweise die Verhängung der Reichsacht durch den Kaiser folgen. Jeder hätte Luther daraufhin ungestraft töten dürfen. Doch zu den Wahlzugeständnissen Karls an die Fürsten gehörte auch, dass jeder vor diesem Urteil erst angehört werden musste. Karl sah sich zwar als Vorkämpfer für die Kirche, versuchte aber nun, seine Macht auszubauen, indem er im Streit zwischen Fürsten und Papst um Luther in die Vermittlerrolle schlüpfte. Auf dem Reichstag zu Worms sollten im April 1521 eigentlich Fragen der Reichsverwaltung erörtert werden. Karl setzte aber auch den Fall Luther auf die Tagesordnung. Der abtrünnige Mönch sollte sich erklären. Sicheres Geleit sei garantiert.

Nun, am späten Nachmittag des 18. April, stand Luther zwischen den in bunte und kostbare Kleider gewandeten Vertretern der weltlichen und geistlichen Macht. Die Kunde von seiner Wortgewalt und seinem aufbrausenden und widerständigen Wesen war ihm vorausgeeilt. Im Wissen darum hatte Luther für sein Auftreten die bescheidene grobe graue Kutte eines Mönches gewählt und sein dichtes dunkles Haar wenige Tage zuvor zu einer Tonsur scheren lassen. Zwei Stunden mussten die Versammelten in der stickigen Luft des dicht gefüllten Saales warten, bis der Kaiser auf seinem Thron hereingetragen wurde. Luther verteidigte nun in Deutsch und auf Wunsch zum Teil auch in Latein seine Ansichten und Schriften. Als man ihn mahnte, er solle nun erklären, ob er widerrufen wolle, antwortete er, dass er dies nicht könne, solange man ihm nicht Beweise »der Schrift und klaren Vernunft« liefere. Dies sage ihm sein Gewissen und das sei gefangen im Wort Gottes.

Genau diesen Moment der Ereignisse hat wohl der deutsche Maler Friedrich Paul Thumann (1834 bis 1908) in seinem Gemälde festgehalten. Bedauernd streckt der von ihm gemalte Luther die Arme mit offenen Händen von sich. Tatsächlich könnte es so gewesen sein: die Enge des Saales, die provisorisch platzierte Versammlung der Würdenträger, im Mittelpunkt der Aufmerksamkeit der Mönch Luther. Es ist eines von vielen Bildern, die Thumann zu Stationen im Leben Luthers angefertigt hat. Dorthin, wo das Gemälde heute hängt, sollten Luther die nachfolgenden Ereignisse verschlagen: in die Wartburg.

Schon am nächsten Tag antwortete Kaiser Karl mit seinem »Wormser Credo« und erklärte, den Glauben schützen und Ketzer wie Luther nicht dulden zu wollen. Doch viele Fürsten machten sich für Luther stark. Sie setzten durch, dass in den nächsten Tagen eine eilig berufene Kommission versuchte, Luther die geforderten Beweise zu liefern. Doch er widerrief noch immer nicht. Auch das Angebot, ohne Strafe davonzukommen, wenn er künftig schwiege, schlug er aus.

Der Kaiser hatte schließlich genug. Er ließ bekannt geben, dass Luther nur noch 21 Tage lang freies Geleit habe. So machte der sich auf die lange Reise zurück nach Hause. Unterwegs ließ ihn Friedrich der Weise zu seiner Sicherheit entführen und auf die Wartburg bringen. Dort, hinter dicken Mauern auf einem dicht bewaldeten Berg oberhalb der Stadt Eisenach, verfasste Luther mehrere Denkschriften. Vor allem aber übersetzte er in nur elf Wochen das Neue Testament ins Deutsche. Der von ihm darin entfaltete bildgewaltige Prosastil machte ihn zum Begründer der deutschen Literatursprache und trug wesentlich zur Verbreitung einer einheitlichen Hochsprache in einem nach wie vor in zahlreiche Dialekte gespaltenen Land bei.

Mit seiner Streitlust und Wortgewalt stand Luther in den nächsten Jahren an der Spitze der sich nun rasch in Europa ausbreitenden Reformation. In den protestantischen Glaubensrichtungen, die sich nun nach und nach von der Kirche in Rom abspalteten, war die Auslegung der Bibel nicht mehr kirchlichen Instanzen wie Papst, Bischöfen und Inquisition überlassen. Luther machte den Glauben zu einer Sache persönlicher Überzeugung und gab so auch der Vernunft endlich einen festen Platz in der Auseinandersetzung mit Gott und der Welt.

Begonnen hatte dies endgültig in jenem Moment in Worms.

ALBERT ANKER

DIE KAPPELER MILCHSUPPE

Öl auf Leinwand
1869
98 x 137 cm
Privatbesitz. Zürcher Kunstfreunde. Kunsthaus Zürich

In dem Film ›Der dritte Mann‹ sagt Orson Welles: »In den dreißig Jahren unter den Borgias hat es nur Krieg gegeben, Terror, Mord und Blut, aber dafür gab es Michelangelo, Leonardo da Vinci und die Renaissance. In der Schweiz herrschte brüderliche Liebe, fünfhundert Jahre Demokratie und Frieden. Und was haben wir davon? Die Kuckucksuhr!«

Das Zitat ist berühmt und bedient das Vorurteil, die Schweiz sei schön und beschaulich, daher aber auch verschlafen und historisch langweilig. Hand aufs Herz: Wir wissen wenig bis kaum etwas von der Geschichte des Landes.

So kommt auch Orson Welles oft mit seinem Zitat durch, da nicht allen sofort der Fehler des Vergleichs auffällt: die Kuckucksuhr wird traditionell nicht in der Schweiz, sondern im Schwarzwald gefertigt. Aber auch die Behauptung mit der brüderlichen Liebe in der Schweiz stimmt so nicht. Natürlich fällt vielen bei der Geschichte der Schweiz sofort die Eidgenossenschaft ein. Der Gedanke an Brüderlichkeit liegt da nahe. Aber ob das eine so brüderliche Angelegenheit war und was es mit diesem Bund auf sich hat, die Antwort fällt vielen schwer.

Bündnisse von Kantonen und Städten legten im 13. Jahrhundert den Grundstein der späteren Eidgenossenschaft. Die sogenannten Urkantone Uri, Schwyz und Unterwalden, wegen ihrer Lage in Waldgebirgen auch Waldstätte genannt, bildeten mit dem Bundesbrief von 1291 einen der heute ältesten bekannten Anfänge der späteren Schweiz. Weitere Städte und Kantone schlossen sich dieser Urschweiz an. In Kämpfen gegen die Habsburger und die Burgunder behaupteten sich die Eidgenossen in den nächsten Jahrhunderten und erwarben sich in dieser Zeit einen Ruf als tüchtige und schlagkräftige Kämpfer in der Schlacht. Das führte dazu, dass schweizerische Söldner bald zu den begehrtesten Kriegsknechten in Europa zählten und das als Reislaufen (von »Reisen«) bezeichnete Söldnertum für die in der Mehrheit meist armen Bewohner der Schweiz eine wichtige Einkunftsquelle wurde.

Der Kampf für die eigene Unabhängigkeit ging derweil weiter. Mythische Gestalten wie Wilhelm Tell und Arnold Winkelried, der sich 1486 in der Schlacht bei Sempach selbst geopfert haben soll, indem er sich in die Speere der habsburgischen Landsknechte warf und so eine Bresche für seine Kameraden schlug, künden von dieser Zeit.

1499 musste Kaiser Maximilian endgültig die Selbständigkeit der Schweiz anerkennen. Die aber verlor 1515 die Schlacht bei Marignano gegen den französischen König Franz I. und musste danach einem Friedensschluss zustimmen, der die Schweiz vor allem militärisch eng an den französischen König band. In der Zeit danach – in Deutschland hatte Martin Luther die Reformation ausgelöst – begann Ulrich Zwingli, der als Feldprediger Teilnehmer der Schlacht bei Marignano gewesen war und sich mit der engen Anbindung an das katholische Frankreich nicht abfinden mochte, gegen die Vertreter des Papstes in der Schweiz zu agitieren. Eine wesentliche Rolle spielte dabei Zwinglis ganz eigene Art der Bibelauslegung. Er lehnte das Fasten ebenso ab wie den Zölibat, was ihn noch einige Jahre vor Johannes Calvin zur treibenden Kraft der sich nun auch in der Schweiz rasch verbreitenden Reformation machte. Auch hier führte die Kirchenspaltung zu wachsenden politischen Spannungen. Die Trennlinie lief zwischen reformierten Kantonen und Städten, die der Kirche in Rom treu blieben.

Noch konsequenter als Martin Luther machte Zwingli die Bibel zum Ausgangspunkt für alle Praxis des Gottesdienstes und der Kirche an sich. Während Luther im Grunde Kirche und Staat trennte, sah Zwingli sie eng verknüpft. Letztlich aber war es vor allem die unterschiedliche Auffassung zur Bedeutung des Abendmahls, die die beiden Reformatoren entzweite, und so soll Luther gegen Ende des sogenannten Marburger Religionsgesprächs mit Zwingli im Oktober 1529 das Tischtuch zwischen sich und dem Schweizer zerschnitten haben.

Zu Hause hatte Zwingli wenige Monate zuvor aus seinem Selbstverständnis, als Theologe in die Politik eingreifen zu müssen, ein Bündnis gegen das katholische Österreich geschmiedet. Die katholischen Kantone Luzern, Uri, Schwyz, Unterwalden und Zug fühlten sich davon bedroht und verbündeten sich mit Österreich. Woraufhin die Truppen der reformierten Städte Zürich und Bern gegen die der katholischen Innerschweizer Kantone zogen.

Bei der Ortschaft Kappel am Albis an der Zuger Grenze trafen die Gegner aufeinander. Die neutralen Orte versuchten zu vermitteln. Verhandlungen begannen. Während diese andauerten, entwickelte sich ein Austausch zwischen den Soldaten der beiden Heere. Sie entfachten ein Feuer auf der Grenze zwischen ihren Linien und stellten einen großen Topf darauf. Die Zuger sollen Milch herbeigeschafft haben, die Züricher das Brot. Bald saßen die Kämpfer beider Seiten um den dampfenden Topf und tunkten Brot in die köchelnde Milchsuppe.

Der bedeutende Schweizer Zeichner und Maler Albert Anker (1831 bis 1910) trat vor allem durch seine Genrebilder hervor. Familie, die Sorge um den Platz des Menschen in der Gemeinschaft, insbesondere der des Kindes, sind Themen, die sich durch sein gesamtes Werk ziehen. Seine Version des Ereignisses bei Kappel malte er im Jahr 1869.

Tatsächlich gelang es den Vermittlern, eine Schlacht abzuwenden. Die Truppen zogen ab, ohne dass es zum Kampf gekommen war. Der Gedanke, dass sie an diesem Tag sowieso nicht gekämpft hätten, ist zu schön, um ihn ganz zu verwerfen. Auf jeden Fall blieb die gemeinsam verspeiste Suppe der Landsknechte beider Seiten ein in der Schweiz bis heute nicht vergessenes Symbol der Brüderlichkeit. Noch immer wird zuweilen nach Beilegung eines Streits durch Verhandlungen in der Schweiz gerne mal eine Milchsuppe serviert.

Mit dieser Brüderlichkeit trifft damit zumindest zeitweise ein Teil des Zitats von Orson Welles zu. Doch der innere Friede unter den Eidgenossen währte nach dem so friedlichen ersten Kappeler Krieg nicht ewig. 1531 brach der Konflikt erneut aus. Ulrich Zwingli wollte die Reformation noch immer in der gesamten Schweiz durchsetzen, und wenn das mit Worten nicht möglich war, dann mit Gewalt.

So wurde am 11. Oktober doch noch eine Schlacht bei Kappel geschlagen. Der zweite Kappeler Krieg endete nicht so glimpflich. Die Truppen der katholischen Orte gewannen schnell die Oberhand über die Streitmacht aus Zürich. Ulrich Zwingli, der die Züricher als Feldprediger begleitet hatte, fiel in die Hände katholischer Kämpfer und wurde von ihnen getötet.

LOUIS GALLAIT

DIE ABDANKUNG KAISER KARLS V. ZU-
GUNSTEN SEINES SOHNES PHILIPP II.
ZU BRÜSSEL AM 25. OKTOBER 1555

L'Abdication de Charles–Quint

Öl auf Leinwand
Version 1842: 122,1 cm x 170,3 cm
Städel Museum, Frankfurt am Main

Wenn in einem Reich die Sonne nie untergeht, wie es Karl V. von seinem gesagt haben soll, fällt es schwer, zu schlafen. An irgendeinem Ort ist immer Tag, regt sich der Feind oder wächst eine andere Bedrohung.

Kaiser Karl V. war der Sohn von Philipp dem Schönen, durch dessen Thronbesteigung das österreichische Adelsgeschlecht der Habsburger die Königskrone Spaniens errungen hatte. Nach dem Tod seines Vaters wurde Karl im Jahr 1519 als Karl I. spanischer König. Im Jahr darauf, er war gerade 20 Jahre alt, nannte er sich Karl V. erwählter Kaiser des Heiligen Römischen Reiches.

Das Reich, über das er herrschte und zu dem nicht nur der Großteil der Iberischen Halbinsel gehörte, sondern auch Sizilien, Teile des italienischen Festlandes, der Niederlande und vor allem die stetig wachsenden Besitzungen in Amerika, umspannte bald den gesamten Globus. In diesem Reich war immer genug zu tun. In Europa schlug sich Karl mit dem Rivalen Frankreich, im östlichen Mittelmeer stemmte er sich den nach Europa greifenden Osmanen entgegen.

Im Inneren des Reiches wuchs durch die von Martin Luther ausgelöste Reformation eine innere Bedrohung heran. Sie stellte die Macht des Papstes und die Karls als weltliches Oberhaupt einer geeinten Christenheit infrage. Außerdem gefährdete sie die fragile Machtbalance von Fürsten und Kirche.

Doch die Ideen Luthers waren nicht mehr aus der Welt zu schaffen. Sie breiteten sich aus und spalteten Karls Reich vor allem in Deutschland, den Niederlanden und Böhmen. Karl war hin- und hergerissen zwischen Duldung und Bekämpfung der neuen Religion. Mal entschied er sich zur Tolerierung, dann wieder befahl er unnachgiebige Härte. Die Bedrohung Wiens durch die Türken im Jahr 1532 schweißte die streitenden Parteien noch einmal als einige Christenheit zusammen. Doch das nur für kurze Zeit, nur bis die Gefahr gebannt war.

Karl sah seinen Machtanspruch als absolut an. In der Praxis handelte er aber mehr oder minder so, wie es die jeweilige Lage gerade hergab. War er schwach, zeigte er sich zu Kompromissen bereit, fühlte er sich stark, versuchte er rücksichtslos, seine Ziele durchzusetzen. So geschah es auch 1546, als Luther starb. Karl zog in den Schmalkaldischen Krieg und siegte gegen die protestantischen Fürsten. Seine Forderung nach einheitlicher Durchsetzung der katholischen Religion im gesamten Reich konnte er nur in den von ihm selbst kontrollierten Gebieten verwirklichen. In den protestantischen Regionen blieb sie weiterhin undurchführbar.

Als sich die protestantischen Fürsten erneut erhoben, musste Karl im Augsburger Religionsfrieden von 1555 endgültig die religiöse Teilung des Reiches hinnehmen. Das universale christliche Kaisertum war nun passé. Jeder Fürst durfte entscheiden, welcher Religion seine Untertanen angehörten.

Karl, verbittert und ermattet, schon seit Jahren von der Gicht geplagt, war des Kampfes müde. Genau einen Monat nach dem Augsburger Religionsfrieden stand er, auf seinen Sohn Wilhelm von Oranien-Nassau gestützt, in Brüssel vor gekrönten und geistlichen Häuptern Europas.

Auf dem Bild des belgischen Malers Louis Gallait (1810 bis 1887) legt er seine Hand segnend auf das Haupt seines Sohnes Philipp II. Ihm übergab er an diesem Tag die Herrschaft über die Niederlande, wenige Monate später auch Kastilien, Aragon, Sizilien und die amerikanischen Kolonien. Im August 1556 bestieg Philipp auch den spanischen Thron.

Karls Anspruch, seine Nachfolge voll und ganz in seinem Sinne durchzudrücken, aber scheiterte. Als er Philipp auch die Kaiserwürde zuschanzen wollte, brachte er die katholischen Fürsten gegen sich auf. So gab er sie notgedrungen an seinen Bruder Ferdinand I. weiter.

In seiner Abschiedsansprache in Brüssel sagte Karl im Rückblick auf die über drei Jahrzehnte seiner Regentschaft, er habe bewusst niemandem Unrecht tun wollen: »Sollte dennoch Unrecht entstanden sein«, ergänzte er, »geschah es ohne mein Wissen und nur aus Unvermögen: Ich bedaure es öffentlich und bitte jeden, den ich gekränkt haben könnte, um sein Verzeihen.«

Sohn Philipp knüpfte in seinem Selbstverständnis nahtlos an das seines Vaters an. Auch er sah sich als Vorkämpfer der katholischen Sache. Philipp war in seiner Erscheinung so dunkel und bleich wie die kniende Gestalt auf dem Gemälde Louis Gallaits. Unnahbar und schweigsam führte er ein Leben in freudloser Einförmigkeit, aß jeden Tag um die gleiche Zeit dieselben Speisen. Jeden Tag trug er die gleiche schwarze Kleidung.

Während der Regentschaft Philipps verlor Spanien endgül- tig die Zukunft und beschleunigte den Weg in den Niedergang, den das Reich im Grunde schon zu Beginn des Aufstiegs unter seinen Urgroßeltern Ferdinand und Isabella, den »katholischen Königen«, genommen hatte. Unter Philipp herrschten unnachgiebige Zensur, Inquisition und Despotie. Alles sollte bleiben, wie es war. An Wissen wurde weitergegeben, was in das eigene Weltbild passte. Im Ausland zu studieren war den Spaniern verboten. Der spanische Geist verschloss sich. Doch die Welt draußen richtete sich nicht danach.

Philipps Kriege für eine geeinte Christenheit unter seiner Hegemonie bescherten Spanien nicht nur mehrere Staatsbankrotte, sondern auch bittere Niederlagen und schreckliche Irrwege. Erfolglos schickte er die gewaltige Flotte der Armada gegen das protestantische England Elisabeths I., barbarisch ließ er in den protestantischen Niederlanden seinen Statthalter, den Herzog Alba, seine Schreckensherrschaft aufbauen, die aber nicht die Willfährigkeit der Niederländer erzwang, sondern sie zum Aufstand trieb. So war auch das Fundament für den unter Philipps Regentschaft beginnenden Verlust der Niederlande bereits an jenem Tag in Brüssel gelegt.

Gallait malte sein Bild von diesem Ereignis fast 300 Jahre nach Karls Abdankung im Auftrag der belgischen Regierung. Gerade erst hatten sich die katholischen südlichen Provinzen in der Belgischen Revolution von 1830 von den Vereinigten Niederlanden abgespaltet und den Staat Belgien gegründet. Gallait malte zwei Versionen. Die erste und weit größere, die im belgischen Tournai im Musée des Beaux-Arts hängt, entstand im Jahr 1841, eine kleinere Replik im Jahr darauf. Belgien wollte mit den Gemälden an den Weg zur Unabhängigkeit erinnern, auf dem an jenem Tag in Brüssel ein wichtiger Schritt getan worden war.

ASTRONOM KOPERNIKUS, GESPRÄCH MIT GOTT

Astronom Kopernik, czyli rozmowa z Bogiem

Öl auf Leinwand
1872
221 x 315 cm
Collegium Novum, Jagiellonen-Universität, Krakau

Wenn Nikolaus Kopernikus nachts von seinem Turm in Frombork hinauf zu den Sternen sah, blickte er in einen klaren, sau-
beren Himmel. Die Weite war nicht getrübt, nicht verschmutzt
von Ruß aus Fabrikschloten, nicht verblendet vom Licht einer
elektrifizierten Welt. Der Himmel war dunkler, die Sterne heller
und klarer.

So konnte Kopernikus in das All hinaussehen und mit bloßem
Auge die Beobachtungen machen, mit denen er das Selbstverständnis der Menschheit veränderte. Als Geräte zur Erforschung
der Sterne standen ihm nur Dreistab, zur Messung der Entfernungen, Quadrant, zur Bestimmung der Positionen und Armil-
larsphäre, zur Verfolgung der Bahnen zur Verfügung. So etwas
wie ein Fernrohr kannte Kopernikus noch nicht. Das erste wurde erst im Jahr 1608, 65 Jahre nach Kopernikus' Tod, von Hans
Lipperdey gebaut.

Wie Johannes Kepler, der später auf seine Arbeiten aufbaute, war
Nikolaus Kopernikus von Geburt an ein zarter und zerbrechlicher
Mensch. Geboren wurde er in Thorn, im Herzen des heutigen Polen. Als Sohn einer wohlhabenden Kaufmannsfamilie, auch die
Familie der Mutter war betucht und einflussreich, konnte er zuerst
in Krakau, dann in Bologna, später in Ferrara und Padua einge-
hend Medizin, Theologie, Mathematik und Astronomie studieren.
Die Grenzen zwischen den Wissenschaften verliefen zu jener Zeit
noch fließend. So praktizierte Kopernikus als Rechtsgelehrter, aber
auch als Arzt. Er beschäftigte sich mit Münzreformen und verfasste
später eine heute in der Wirtschaftswissenschaft noch immer hoch
geschätzte Schrift über Geld. Seine eigentliche Leidenschaft aber
gehörte der Astronomie.

Als Kopernikus 1503 in seine Heimat zurückkehrte, trat er
als Sekretär und Leibarzt in die Dienste seines Onkels, des Bischofs von Ermland, und wurde sieben Jahre später Domherr zu
Frauenburg, dem heutigen Frombork. Das Verwaltungsamt gab
ihm die Freiheit, sich seinen wissenschaftlichen Interessen zu
widmen.

Für die weiteren vier Jahrzehnte seines Lebens bis zu seinem Tod arbeitete und lebte Kopernikus in einem viereckigen

Backsteinturm der Wehrmauer der Domburg. Von dem noch heute erhaltenen Bau hat man einen hervorragenden Blick auf den Dom, aber auch in den Himmel, den Kopernikus einst von hier aus erforschte. Dabei war ihm neben der Beobachtung der Sterne vor allem die Mathematik ein wichtiges Hilfsmittel.

Als Kopernikus 1510 in den Turm zog, hatte er bereits im Jahr zuvor seinen ›Commentariolus‹ verfasst. Es war eine erste handschriftliche Kurzfassung seiner ungeheuerlichen Entdeckung, dass die Erde nicht als Mittelpunkt des Weltalls von den anderen Gestirnen umkreist werde, sondern dass sie sich mit den anderen Planeten des Sonnensystems um die Sonne bewege.

Dies stand konträr zum seit Jahrhunderten vor allem von der Kirche vertretenen Weltbild des antiken Gelehrten Claudius Ptolemäus. Daher schickte Kopernikus den ›Commentariolus‹ nur seinen Freunden und enthielt sich vorerst weiterer Veröffentlichungen zu dem Thema. Seine Erkenntnisse machten dennoch die Runde und kamen auch Papst Clemens VII. zu Ohren. Der, wie später auch sein Nachfolger Paul III., hatte keinerlei Einwände gegen die These des Gelehrten in Frombork. Die Reformatoren Martin Luther und Philipp Melanchthon hingegen bezeichneten die Ideen von Kopernikus als Irrlehre.

Die Reaktion Letzterer ist zu verstehen. Denn für das christliche Credo vom Menschen als Krone der Schöpfung war der Gedanke, dass die Welt, in der er lebte, nicht Mittelpunkt des Universums sein könnte, eine Zumutung. Auch wenn schon in der Antike Gelehrte wie Astriarchos von Samos ein heliozentrisches Weltbild propagierten, galt für die Christenheit: Wer behauptete, die Erde stünde nicht im Zentrum des Alls, musste mit der Inquisition rechnen. Als Giordano Bruno 1600 auf dem Scheiterhaufen starb, war seine Ablehnung des geozentrischen Weltbilds einer der Anklagepunkte gewesen. Als Galileo Galilei wenige Jahre später vor die Inquisition zitiert wurde und das Glück hatte, nur mit lebenslangem Arrest davonzukommen, warf man ihm das Gleiche vor. Auch wenn nach neuerem Verständnis die Anklage Galileis vor allem deshalb erfolgte, weil der damalige Papst Urban VIII. sich von dem als streitbar und arrogant bekannten Gelehrten durch eine Schrift beleidigt fühlte, war hier nicht zum ersten und auch nicht zum letzten Mal das Beharren der Kirche auf dem geozentrischen Weltbild hilfreich, um unliebsame Stimmen mundtot zu machen.

Kopernikus ahnte seinerzeit vermutlich schon Ähnliches. Jahrelang arbeitete er an jenem umfassenden Buch, zu dessen Veröffentlichung er schließlich von Freunden und Gönnern überredet werden musste. Kurz vor seinem Tod 1543 erschien endlich ›De Revolutionibus Orbium Coelestium‹ (Über die Umschwünge der himmlischen Kreise). »In der Mitte von allen aber hat die Sonne ihren Sitz«, heißt es darin.

Die Legende erzählt, man habe Kopernikus auf dem Totenbett ein Exemplar seines Buches in die Hände gegeben. Er sei aus einem Koma durch einen Schlaganfall noch einmal aufgewacht, habe das Buch erblickt und sich daraufhin allem nachfolgenden Streit durch seinen Tod entzogen.

Kopernikus wollte die Welt nicht verändern, sondern das Verständnis für ihre Harmonie verbessern. Das Gemälde des polnischen Malers Jan Matejko (1838 bis 1893), der vor allem durch patriotische Historiengemälde hervortrat, ist eine idealisierte Version eines Momentes, der sich so oder so ähnlich zugetragen haben mag. Vielleicht hat Kopernikus, der tief gläubig war, während seiner einsamen Stunden hoch oben auf seinem Turm das ein oder andere Zwiegespräch mit seinem Gott geführt.

JOHN EVERETT MILLAIS
RALEIGHS KINDHEIT

The Boyhood of Raleigh

Öl auf Leinwand
1870
120 x 142 cm
Tate Gallery, London

In einem der Jahre kurz nach 1560 saß ein Junge mit seinem Bruder an der südenglischen Küste und war überwältigt davon, was ein Seemann von den Abenteuern zu berichten wusste, die weit draußen in der Ferne hinter dem Horizont des Meeres warteten.

Von packenden Ereignissen oder Abenteuern ist in dem Gemälde von John Everett Millais (1829 bis 1896) nichts zu sehen, vielmehr lenkt es unsere Gedanken auf die Ahnungen davon und Erinnerungen daran, wie wir als Kinder selbst den Geschichten von Erwachsenen lauschten. 1871 erstmals ausgestellt, wurde das Bild bald zu einer Ikone des britischen Imperialismus. Bis heute schöpft es seinen Zauber auch aus der außergewöhnlichen Geschichte des weiteren Lebens des Jungen mit den weit aufgerissenen Augen und dem versonnenen, leicht ängstlichen, aber ebenso entschlossenen Blick.

Walter Raleigh wuchs im südenglischen Devonshire auf. Er war der jüngste von fünf Söhnen einer nicht besonders begüterten, aber mit guten Kontakten gesegneten protestantischen Adelsfamilie. Die Welt schien auf ihn zu warten.

Ein in Oxford begonnenes Studium hielt ihn nur kurz auf. Noch nicht 20 Jahre alt brach er es ab, um seinem Drang nach großen Taten nachzugeben, ging nach Frankreich und kämpfte auf der Seite der Hugenotten in den Religionskriegen. Er wurde Zeuge des Massakers der Bartholomäusnacht.

Von seinen Träumen auf das Meer hinausgelockt, brach Raleigh 1578 mit seinem Halbbruder, dem Abenteurer Humphrey Gilbert, und einer kleinen Flotte nach Amerika auf. Sie wollten neues Land entdecken. Doch ihre Schiffe wurden auseinandergetrieben.

In die Heimat zurückgekehrt, bekämpfte Raleigh Aufstände in Irland und erhielt zum Dank von Königin Elisabeth I. die Statthalterschaft der Grafschaft Cork und obendrein umfangreichen Landbesitz auf der grünen Insel. Vor allem aber nahm ihn die Königin in ihren engsten Kreis auf. Raleigh, groß, gutaussehend und von tadellosem Auftreten, ging am Hof in London ein und aus. Die Königin schlug ihn zum Ritter und ernannte ihn zum Vizeadmiral.

Raleigh wollte weiter hinaus in die Welt. Doch er durfte nicht.

Seine Königin wollte ihn nicht fortlassen. So schickte er andere los. Eine von ihm 1584 nach Nordamerika entsandte Expedition sollte Siedlungen für England gründen. Elisabeth zu Ehren, die sich die »jungfräuliche Königin« (virgin queen) nannte, gab er der Gegend, in der ein erster Versuch der Besiedlung unternommen wurde, den Namen Virginia.

Elisabeth überhäufte ihn weiter mit Ehrungen und Titeln und beschenkte ihn mit der prächtigen Londoner Residenz Durham House. Als er aber 1591 ohne ihr Wissen ihre von ihm schwangere Lieblingshofdame Lady Elizabeth »Bess« Throckmorton heiratete und die unerlaubte Ehe ans Licht kam, ließ die eifersüchtige Königin ihn mitsamt Gattin für einige Zeit in den Tower werfen. Das Kind nahm man ihnen ab. Es starb kurze Zeit später. Erst über die Jahre konnte Raleigh wieder das Wohlwollen der Königin zurückgewinnen. Mit Bess aber blieb er zusammen. Sie bekamen noch zwei weitere Söhne.

Das Verlangen nach Reisen über das Meer war Raleigh geblieben. So brach er wieder auf, diesmal um in Südamerika das sagenhafte Goldland El Dorado zu finden, das auch die Spanier seit Jahrzehnten suchten. Er erkundete Guayana und Venezuela, auf die erhofften Goldschätze aber stieß er nicht.

Als dann 1603 seine Gönnerin Elisabeth starb, ging für ihn der Platz an der Sonne verloren. Unter dem neuen König James I. fiel er in Ungnade. Man beschuldigte ihn der Konspiration mit Spanien und der Beteiligung an einem Komplott. Das gegen ihn ausgesprochene Todesurteil setzte man zwar aus, doch blieb Raleigh für 13 Jahre im Tower in Haft. In dieser Zeit verfasste er zahlreiche Schriften, unter ihnen seine ›Geschichte der Welt.‹

Als er 1616 wieder freikam, zog es ihn erneut hinaus in die Ferne. Er wollte die Goldminen von Guyana finden und brach zu einer weiteren Expedition nach Südamerika auf. Bei einem Angriff seiner Männer auf eine spanische Stellung tötete eine Kugel seinen Sohn Walter. In England forderte der aufgebrachte spanische Botschafter die Wiedereinsetzung der Todesstrafe für den gerade zurückgekehrten Abenteurer.

Weil dem König der Frieden mit Spanien wichtiger als sein

erfolgloser Entdecker war, führte man Raleigh am 29. Oktober 1618 zum Richtplatz. »Lass es uns zu Ende bringen«, sagte er laut seinem Biograf Travelyan zu seinem Scharfrichter, »um diese Zeit bekomme ich immer Schüttelfrost und ich möchte nicht, dass meine Feinde denken, ich habe vor Angst gezittert.«

Raleigh hielt eine kurze Abschiedsrede, sagte noch einmal, dass die Anschuldigungen gegen ihn haltlos seien, bat Gott um Vergebung für seine Eitelkeit und Sünden und dass er ihn in einem ewigen Leben empfange.

Dann legte er den Kopf auf den Block. Als jemand meinte, der Block müsse nach Osten ausgerichtet werden, bemerkte Raleigh: »Es ist egal, wo der Kopf liegt, wenn das Herz an der richtigen Stelle ist.« Dann rief er: »Schlag zu, Mann, schlag zu!« Wenige Momente später war einer der großen Universalmenschen der Renaissance, Idealbild des Mannes der elisabethanischen Zeit, tot. Seine Tabakspfeife soll er, von dem es heißt, er habe das Tabakrauchen in England eingeführt, bis zuletzt im Mund behalten haben.

John Everett Millais, einer der populärsten Maler der viktorianischen Zeit, malte *Raleighs Kindheit* in der Spätphase seines Schaffens. Dem präraffaelitischen Stil, in dem er romantische, mittelalterliche und antike Elemente verwob, blieb Millais zeit seines Lebens treu.

Als einer der wichtigsten Vertreter dieses Stils hatte er die Gunst des einflussreichen John Ruskin genossen. Damit war es jäh vorbei, als Millais sich in Ruskins Frau Effi verliebte, die ihm Modell gestanden hatte. Effi ließ ihre Ehe mit Ruskin annullieren. Ein Skandal! Zu Beginn ihrer zweiten Ehe noch Jungfrau, bekam sie acht Kinder mit Millais.

Wie William Bell Scott in seinem Gemälde vom Bau des Hadrianswalls gab Millais, so wie Ruskin es geraten hatte, den Menschen in seinen Bildern die Gesichter lebender Personen. Seine bevorzugten Modelle waren Effi, die gemeinsamen Kinder und andere Familienmitglieder. Für das Bild der Szene aus Raleighs Kindheit reiste Millais eigens an die Küste in der Nähe des Geburtsortes von Walter Raleigh. Für die Porträts der Jungen saßen ihm seine Söhne Modell.

ÉDOUARD DEBAT-PONSAN

EIN MORGEN VOR DEM TOR DES LOUVRE

Un matin devant la porte du Louvre

Öl auf Leinwand
1880
320 x 396 cm
Musée d'Art Roger-Quilliot, Clermont-Ferrand

Wenn eine Mutter ein Kind hat, das König ist, und wenn der Thron dieses Kindes inmitten der Drohung von Mord und Totschlag rivalisierender Parteien schwankt, kann es sein, dass eine Mutter zu drastischen Mitteln greift. So geschah es im Spätsommer des Jahres 1572 in Paris.

Als Caterina de' Medici, Mutter des Kindkönigs Karl IX., am Morgen des 24. August aus dem Königspalast Louvre trat, sah sie die Straßen von Leichen übersät. Blut bedeckte das Kopfsteinpflaster. Caterina hatte ihren Anteil daran.

In Frankreich pflegten Königtum und Papst seit jeher enge Bande, weshalb man hier nach Beginn der Reformation religiöse Abweichler auch besonders unnachgiebig bekämpfte. Unter denen, die vor dem Scheiterhaufen fliehen konnten, war auch ein gewisser Johannes Calvin. Im Exil im schweizerischen Genf arbeitete er eine protestantische Lehre aus, die bald ihren Weg zurück nach Frankreich fand und Mitte des 16. Jahrhunderts vor allem unter oppositionellen Adeligen und wohlhabenden Bürgern in Städten Anhänger gewann. Die sich zuspitzende Konfrontation der katholischen Mehrheit mit der wachsenden protestantischen Minderheit war eng verbunden mit Machtkämpfen des Adels und einem aus familiären Gründen plötzlich geschwächten Königtum. Im Zentrum dieser Turbulenzen fand sich Caterina.

Als Tochter der mächtigen florentinischen Familie der Medici war sie aus machtpolitischen Gründen in Frankreich mit einem Prinzen aus dem Hause Orléans verheiratet worden. Der Tod des französischen Dauphin machte ihn zum Thronfolger und schließlich zum französischen König Heinrich II. Als er sich 1559 bei einem Reitturnier tödlich verletzte, fand sich die junge Witwe Caterina als Mutter des neuen Königs Franz II. in der Mitte von Ränken und Kämpfen, bei denen die Macht ihrer Familie behauptet werden musste. Denn Franz war noch ein Kind und schwächlich dazu. Schon im Jahr nach seiner Thronbesteigung starb er. Für Caterina blieb alles beim Alten. Denn sie hatte Heinrich mehrere Söhne geboren. Ihre Aufgabe war die gleiche wie zuvor, nur die Besetzung des Königs wechselte. Bis zu ihrem Lebensende sollte sie noch zwei weitere von ihnen auf dem französischen Thron sehen, immer bedroht in Macht und Leben. Die Bedrohung für Caterina und ihre Söhne kam nicht nur von protestantischer Seite, dort insbesondere vom mächtigen Hause Bourbon, sondern auch von der katholischen. Hier tat sich die Familie Guise durch brennenden Ehrgeiz und eine dazu passende Rücksichtslosigkeit hervor.

Als Caterina 1562 ein Toleranzedikt zugunsten der Hugenotten erließ, brachten die Guise handstreichartig den Hof unter ihre Kontrolle. Caterinas zweiter Sohn auf dem Thron war der erst zehnjährige Karl IX. Die Guise zwangen den Kindkönig, das Edikt zu widerrufen, während Gefolgsleute von ihnen neue Tatsachen schafften, indem sie im Städtchen Wassy an Hugenotten ein grausames Massaker verübten. Ein mehrjähriger Bürgerkrieg um Macht und den rechten Glauben überzog das Land.

Erst als Caterina 1572 den Frieden von St. Germain erließ, den Hugenotten freie Ausübung ihres Glaubens garantierte, gab es Hoffnung auf das Ende der Gräuel. Die nachfolgenden Monate des »Friedens« aber nutzte jede Seite, um sich für die nächste Konfrontation zu rüsten.

Der hugenottische Admiral Gaspard de Coligny erschlich sich das Vertrauen des jungen Königs, der ihn schließlich einen Vater nannte. Caterina indessen suchte weiter den Ausgleich. Sie hoffte, durch die Verheiratung ihrer Tochter Margot mit dem protestantischen König von Navarra, Heinrich III. aus dem Hause Bourbon, endlich den entscheidenden Ausgleich zwischen den Lagern herbeizuführen.

Die Hochzeit zwischen Heinrich und Margot stand unmittelbar bevor, als Caterina Kenntnis von weiteren Machenschaften Colignys erhielt. Der wollte Frankreich in einen Krieg gegen Spanien zwingen und in dessen Folge endgültig den Protestantismus im Land durchsetzen.

Caterina befahl die Ermordung des Admirals. Der Anschlag wurde ausgeführt, Coligny aber nur verletzt. Nun rüsteten sich die Hugenotten zum Kampf. Daraufhin fasste Caterina einen noch weit grausigeren Entschluss.

Als die Nacht vor dem Bartholomäustag kam, es war die Nacht vor der Hochzeit, stürzten sich die Soldaten des Königs und des

Herzogs von Guise auf die hugenottischen Adeligen, die zu den Feierlichkeiten angereist waren und Quartier im Louvre genommen hatten. Ein fürchterliches Massaker begann. Den Befehl zum Morden hatte Karl gegeben. Doch Caterina hatte das Kind dazu gedrängt.

Nicht nur im Schloss eskalierte in dieser Nacht die Gewalt. In den von den Fackeln der Mörder erleuchteten Straßen von Paris jagten die zu den Waffen gerufenen katholischen Pariser ihre protestantischen Mitbürger. Bald mordete und plünderte ein blutdürstiger Mob ohne Rücksicht auf Alter und Geschlecht oder Konfession Haus um Haus. Antrieb war vor allem die Hoffnung auf Beute. »Die Luft hallte wider vom Geschrei der Sterbenden«, berichtet ein Zeuge. Viertausend Tote soll die Bartholomäusnacht in Paris gekostet haben. In der Provinz eiferte man den Taten in der Hauptstadt nach. Weitere Tausende von Menschen wurden dort erschlagen.

Das Gemälde des französischen Malers Édouard Debat-Ponsan (1847 bis 1913), das 1880 entstand, zeigt eine Caterina, die an diesem Morgen um ihre Rolle bei der Entfesselung des Grauens weiß, doch in ihrer Haltung mit gestrecktem Rücken und hochgehaltenem Kinn verrät, dass sie nichts zu bereuen scheint. Es ist das Bild einer Frau, die meint, getan zu haben, was sie tun musste.

Die katholische Seite begrüßte das Massaker der Bartholomäusnacht. Papst Gregor XIII. feierte die Nachricht mit einem Tedeum und einer Gedenkmedaille. Der spanische König Philipp II. soll, als er die Nachricht von der Bluttat an den Hugenotten erhielt, nur dieses eine Mal in seinem Leben lachend gesehen worden sein.

Der Bräutigam der Bartholomäusnacht, der Hugenotte Heinrich III., war es ironischerweise, der, nachdem Karl sein Leben geschont hatte, 17 Jahre später als Heinrich IV. König von Frankreich wurde. Um seine Macht zu sichern und die Kämpfe um den rechten Glauben zu beenden, trat er später zum katholischen Glauben über. 1598 gelang ihm mit dem Edikt von Nantes eine Befriedung der Kämpfe zwischen katholischer und protestantischer Seite. Doch auch die war nicht von langer Dauer.

LASLETT JOHN POTT

MARIA STUART AUF DEM WEG ZU IHRER HINRICHTUNG

Mary, Queen of Scots, Led to Her Execution

Öl auf Leinwand
1871
127 x 182,9 cm
Nottingham City Museums and Galleries, Nottingham Castle

Die dunklen Wasser des Flüsschens Nene flossen ruhig durch die sattgrünen Wiesen, aus denen sich grau das Schloss Fotheringhay erhob. Vor dessen Mauern hatte sich allerlei Volk versammelt. Denn in den Dörfern und auf den Höfen der Umgebung hatte sich die Nachricht verbreitet, Maria, die einstige Königin der Schotten, werde heute, nach fast zwei Jahrzehnten der Gefangenschaft, enthauptet.

An jenem 8. Februar 1587 tat Maria Stuart hier in Northamptonshire im Norden Englands tatsächlich die letzten Schritte ihres tragischen Lebens. Das Gemälde des britischen Schlachten- und Historienmalers Laslett John Pott (1837 bis 1898) vermittelt den beredten Eindruck einer Szene, die sich für jenen geboten haben mag, der an diesem Tag vor Ort war. Die Perspektive auf die vorbeiziehende dunkle Prozession, die Pott in seinem Bild wählte, mag in jenem weitläufigen Treppenhaus vielleicht einem Soldaten, einem Diener oder einer Magd vergönnt gewesen sein: Einige Soldaten sind vorangegangen. Wir sehen ihre Rücken auf ihrem Weg die Stufen hinab. Auf der Treppe entsteht zwischen ihnen, Maria Stuart und ihrem Begleiter eine Lücke. Die einstige Königin trägt ein schwarzes Oberkleid, darunter einen dunkelroten Samtrock. So ist es auch überliefert. Rot steht für Märtyrer, für Blut, für königliche Abstammung. Das schwarze Oberkleid wird sie vor dem Richtblock abstreifen und sich mit dem roten Samtrock niederknien. So wird sich auch das Blut nicht allzu stark bemerkbar machen. Ein weißer Witwenschleier rahmt ihr Haar.

Hinter Maria und ihrem Begleiter hat sich oben auf dem Treppenabsatz auch eine Lücke gebildet. Dort ist ihr Gefolge zu sehen. Am Abend zuvor hat sie zum Abschied jedem ihrer Diener und Zofen etwas von ihrem Schmuck geschenkt und Lebewohl gesagt. Danach hat sie letzte Verfügungen verfasst. Mancher oben am Treppenabsatz scheint mit dem Weitergehen zu zögern, eine Zofe weint. Später, wenn er erfahren hat, wie die Hinrichtung vonstattengegangen ist, fragt sich der Zeuge dieser Szene vielleicht, wo in jenen Augenblicken im Treppenhaus ihr tapferer Schoßhund gewesen ist. Den fand man später von Blut durchtränkt unter den

Kleidern der geköpften Königin. Er hatte sich in die Stoffe verbissen und verteidigte, nachdem er entdeckt worden war, mit Bellen und Zähnefletschen den Körper seiner Herrin.

Maria Stuart war Katholikin. Ihr Glaube trug zu ihrem Schicksal bei. Aber auch ihr Anspruch auf den Thron von England, unglückliche Umstände und ihr eigenes Ungeschick machten ihr Leben zu einer sich über Jahre hinziehenden Tragödie. Als Enkelin der Schwester Heinrichs VIII. und Tochter Jakobs V. von Schottland war sie von Geburt Anwärterin auf den schottischen Thron. Sie war erst sechs Tage auf der Welt, da erbte sie ihn bereits.

Die katholische Seite hoffte, dass Maria eines Tages auch den Thron Englands besteigen würde. So wurde Maria zur Bedrohung für ihre entfernte Cousine, die Protestantin Elisabeth I., die Frau, die die Krone Englands tatsächlich trug und deren Thronanspruch man von katholischer Seite gerne negierte, da sie unehelich geboren war.

Maria wuchs am Königshof von Frankreich auf und wurde bereits im Alter von sechs Jahren mit dem zwei Jahre jüngeren Dauphin und späteren König Franz II. vermählt, was sie mit 17 Jahren auch noch zur Königin von Frankreich werden ließ. Wenige Tage bevor sie 18 wurde, war sie bereits Witwe. Nun rief Schottland. Sie schiffte sich ein, um die Regentschaft über ein Reich anzutreten, in dem gerade mit englischer Hilfe der Protestantismus gesiegt hatte. Marias Macht und Leben waren in Schottland also von Anfang an gefährdet, zumal sie ihren Anspruch auf die englische Krone immer wieder bekräftigte. In Schottland heiratete sie Henry Lord Darnley, einen dummen, eitlen und gefährlichen Gecken, der sich selbst der Nächste war, und brachte im Jahr darauf einen Jungen zur Welt, dem sie den Namen Jakob gab. Im nachfolgenden Jahr wurde Darnley ermordet. Maria verfiel dem ehrgeizigen und machtgierigen Grafen Bothwell und agierte auch ansonsten unglücklich im Kampf darum, sich als Königin in den Streitigkeiten der Schotten zu behaupten. Sie war noch nicht 25, als sie ihren Thron verlor und nach England floh. Elisabeth setzte sie gefangen. Maria hatte wenig getan, dass ihre Cousine sie nicht als Rivalin um ihren Thron sehen konnte.

Nach zwei Jahrzehnten Gefangenschaft, in denen Maria ausgiebig mit Elisabeth korrespondierte, immer wieder den Argwohn der Königin schürte und sich in die Ränke der katholischen Mächte in Europa gegen Elisabeth einbinden ließ, stimmte Elisabeth ihrer Hinrichtung zu.

Am Tag der Hinrichtung wurde Maria von ihrer Gefolgschaft nur bis zum Eingang des Saales begleitet, in dessen Mitte ein großes, nahezu quadratisches Podest als Richtplatz aufgebaut worden war. Etwa zweihundert Adelige der Umgebung waren als Zeugen versammelt.

Seit ihr am Nachmittag des Vortags die Nachricht ihrer unmittelbar bevorstehenden Hinrichtung überbracht worden war, fügte Maria sich mit Würde und konzentrierter Gleichmut in ihr Schicksal. Bis zu ihrem letzten Atemzug versuchte sie nun ihre Lage mitzubestimmen und in ihrer Haltung so sehr Königin zu sein, wie es ihr möglich war. In der Nacht noch schrieb sie an Heinrich III., den König von Frankreich, und bat ihn, ihren Bediensteten weiter ihren Lohn zu zahlen.

Die katholische Beichte wurde Maria verweigert. Überhaupt waren auch die letzten Minuten von Maria Stuarts Leben vom fanatisch ausgetragenen Streit der beiden christlichen Glaubensrichtungen überschattet. So trat ein Priester auf sie zu und versuchte, sie noch vor dem Scharfrichter für die protestantische Kirche zu bekehren. Wie viele Male zuvor wies sie das zurück, woraufhin der Priester begann, einen protestantischen Sermon zu predigen. Als er auf ihre Bitten, aufzuhören, nicht reagierte, fiel sie auf die Knie und betete laut in lateinischer Sprache gegen den Glaubensrivalen an.

Nach diesem Schauspiel kniete der Scharfrichter vor der Delinquentin nieder und bat Maria, wie es üblich war, um Vergebung dafür, dass er seine Pflicht erfüllte. Maria gewährte sie und legte ihren Kopf auf den Richtblock. Das Beil sauste herab. Es traf schlecht. Erst der dritte Schlag trennte den Kopf vom Körper.

VÁCLAV BROŽÍK

DER FENSTERSTURZ ZU PRAG AM 23. MAI 1618

Defenestrace pražská 23. května 1618

Öl auf Leinwand
1889
132,7 x 210,6 cm
National Gallery of Victoria, Melbourne

So in etwa muss es gewesen sein: die Kleidung, der Tumult, das Fenster. Als etwa 200 Vertreter der protestantischen Stände am 23. Mai 1618 in die Prager Burg eindrangen, erreichte der lange schwelende Konflikt zwischen dem katholischen Kaisertum und den protestantischen Adeligen Böhmens eine neue Stufe. Katholiken hatten im Örtchen Klostergrab (dem heutigen Hrob) eine protestantische Kirche abgerissen, deren Bau sie für nicht rechtens hielten. Die Protestanten sahen durch diese Tat die Religionsfreiheit verletzt, die ihnen der damalige katholische Kaiser Rudolf II. Jahre zuvor garantiert hatte. Die Vertreter ihrer Stände trafen sich und setzten ein Protestschreiben an den neuen Kaiser Matthias auf. Dessen Antwort war das Verbot weiterer Ständeversammlungen. Die Stände setzten sich darüber hinweg und trafen sich am 21. Mai in Prag erneut.

Zwei Tage später stürmten sie mit Degen und Pistolen über die Flure der Burg und griffen sich in einem Saal zwei der wenige Monate zuvor von Kaiser Matthias eingesetzten Statthalter. Sie hatten sich bereits kurz nach Amtsantritt durch unnachgiebiges Vorgehen gegen die Protestanten hervorgetan. Nach einem lautstarken Wortgefecht machten sich die Eindringlinge daran, die beiden Statthalter aus dem Fenster zu werfen.

Fensterstürze, lateinisch: Defenestrationen, waren damals eine nicht unübliche Art der Gewaltanwendung. Die Geschichte kennt einige, bereits die Bibel berichtet von Taten dieser Art. In einer Mischung von Lynchjustiz und Gottesurteil wurde der Delinquent in die Tiefe gestürzt.

Besonders die Stadt Prag fand gleich mehrere Male durch Fensterstürze Eingang in die Geschichte. Der berühmteste ist der dieses Tages im Jahr 1618. Doch zwei Jahrhunderte zuvor war man in einer ähnlichen Situation auch so vorgegangen. Im Jahr 1419 hatten wütende Hussiten, Anhänger des frühen tschechischen Reformators Jan Hus, mehrere katholische Vertreter aus dem Neustädter Rathaus geworfen. Sie überlebten die Fensterstürze nicht, was seinerzeit die Hussitenkriege auslöste. Im 20. Jahrhundert schließlich starb 1948 zwei Wochen nach dem kommunistischen Umsturz bei dem sogenannten Dritten Prager Fenstersturz der damalige nichtkommunistische tschechische Außenminister Jan Masaryk. Es hieß, er habe Selbstmord begangen. Die Ergebnisse von Untersuchungen nach Ende des kommunistischen Regimes legen die Vermutung nahe, dass er ermordet wurde, vermutlich von kommunistischen Schergen.

Im Mai 1618 versuchten die aufgebrachten Protestanten ihrer schon längst geplanten Tat den Hauch der Legitimität zu geben, indem sie im Saal eine Gerichtsverhandlung improvisierten. Noch einmal brachten sie ihre Klage an, dass die Statthalter gegen die einst von Rudolf gewährte Religionsfreiheit verstießen, und kamen rasch zu ihrem Urteil.

In seinem Gemälde vom Prager Fenstersturz hielt der tschechische Maler Václav Brožík (1851 bis 1901), der vor allem mit seinen Historienbildern große Erfolge feierte, den Moment fest, als Jaroslav Borsita Graf von Martinitz als Erster aus dem Fenster gestürzt wird. In der Bildmitte zerren mehrere Männer an dem zweiten Statthalter Wilhelm Slavata. Rechts im Hintergrund greifen sich andere an einem mit Dokumenten bedeckten Tisch den Sekretär Philipp Fabrizius von Rosenfeld.

Die beiden Statthalter wehrten sich noch unmittelbar vor dem Sturz mit Händen und Füßen. Martinitz schlug man die Finger, mit denen er sich festhielt, blutig, dann fiel er in die Tiefe. Slavata konnte sich noch am Sims festklammern, dann stürzte auch er.

Doch beide landeten nahezu unverletzt. Die Mauern der Burg waren unter dem Fenster leicht angeschrägt, so dass die Delinquenten wohl halb rutschten, halb fielen. Außerdem trugen sie dicke lange Mäntel, die den Fall und den Aufprall dämpften.

Als sich die Gestürzten aufrappelten, sahen sie, wie ihnen auch Fabrizius von Rosenfeld entgegenstürzte. Auch er landete unverletzt. Sofort ergriffen die drei die Flucht. Die protestantischen Adeligen waren verblüfft, dass ihre Strafmaßnahme so gut wie keinen Schaden angerichtet hatte, und schossen nun mit Pistolen auf die drei Flüchtenden, trafen aber nicht.

Bald schon bemächtigte sich die Propaganda dieses Ereignisses. Vermutlich Protestanten erdichteten die Geschichte, dass die drei

Vertreter des Königs überlebt hätten, weil sie in einen Misthaufen unter der Burg gefallen seien. So wirkten die Entflohenen wenigstens etwas gedemütigter. Die katholische Seite hingegen sah in dem Überleben der drei Männer des Kaisers eine Fügung Gottes. Slavata selbst gab ein Bild in Auftrag, das seine Rettung durch Engel und die Mutter Maria zeigt. Es hängt noch heute in Slavatas einstigem Schloss in Mähren. Fabrizius von Rosenfeld wurde Jahre später in den Ritterstand erhoben und erhielt den sinnigen Adelszusatz »und Hohenfall«.

Mit dem Fenstersturz war die rote Linie überschritten worden. Die Protestanten erklärten den König für abgesetzt. Böhmen sollte zu einer Konföderation gleichberechtigter Länder unter der Führung eines gewählten Herrschers werden. Im Sommer 1619 kürten sie den Calvinisten Friedrich von der Pfalz zu ihrem Monarchen. Nahezu zeitgleich bestimmten die deutschen Kurfürsten den Habsburger Ferdinand zum neuen deutschen Kaiser. Sein Vorgänger Matthias war wenige Monate zuvor verstorben.

Die beiden Seiten suchten nach Verbündeten und stellten Heere auf. Im Sommer kam es zu den ersten Gefechten im Süden von Böhmen. Die Protestanten unter Ernst von Mansfeld besetzten im November das der katholischen Seite treu gebliebene Pilsen. Der Dreißigjährige Krieg hatte begonnen.

JACQUES CALLOT

DIE SCHRECKEN DES KRIEGES, 11. DER GALGEN

Les misères et les malheurs de la guerre, 11 – La pendaison

callot inv. et fec.

la fin ces Voleurs infames et perdus ,   Monstrent bien que le crime (horrible et noire engeance)   Et que ceft le Deftin des hommes vicieux
omme fruits malheureux a cet arbre pendus   Eft luy mefme inftrument de honte et de vengeance ,   Defprouuer toft ou tard la iuftice des Cieux

Radierung
1633
12,5 x 22,2 cm (Blatt)
8,3 x 18 cm (Platte)
Art Gallery of New South Wales, Sydney

Beim Fenstersturz zu Prag wurden drei Männer aus einem Fenster geworfen und suchten mit wehenden Mänteln das Weite. Weil die Szene so glimpflich endete, schmunzelte vielleicht der eine oder andere. Doch jegliche Komik wich bald unfassbarem Grauen.

Der Dreißigjährige Krieg bildete den Höhepunkt des Konfliktes, der entstanden war, als Martin Luther hundert Jahre zuvor mit seinen Ideen die Reformation und damit die Abspaltung der sich entwickelnden protestantischen Glaubensrichtung von der katholischen Kirche in Rom in Gang gesetzt hatte. Doch der Dreißigjährige Krieg war weit mehr als ein Religionskrieg. Es ging auch – und oft vor allem – um den Kampf der Interessen der europäischen Mächte. Hineinspielten Rivalitäten zwischen den französischen Bourbonen und den österreichisch-spanischen Habsburgern. Auch kamen die Großmachtfantasien dänischer und schwedischer Herrscher zum Tragen, und dann war da noch der Wunsch nach Unabhängigkeit in den Niederlanden.

Die Epoche des Dreißigjährigen Kriegs entwickelte sich für die Mitte Europas trotz Phasen des Friedens und mancher Länder, die nahezu verschont blieben, zu einer Abfolge entsetzlicher Gräueltaten, hemmungsloser Plünderungen, verheerender Seuchen und unfassbarer Hungersnöte. Ganze Gegenden wurden entvölkert. Das, was in dieser Katastrophenzeit am hartnäckigsten zu leben schien, war der Krieg selbst. Wie ein dunkles Ungeheuer legte er sich über ganze Landstriche Böhmens und Deutschlands. In mehreren Wellen zogen protestantische und katholische Heere, angeführt von Kriegsherren unterschiedlicher Herkunft, Schneisen der Verwüstung. Nacheinander kämpften Truppen aus Polen, Schweden, Dänemark, Holland, England, Frankreich, Spanien und Italien und gaben so einzelnen Kapiteln des Krieges ihre Namen. Als das Morden endlich im Jahr 1648 mit dem Frieden von Münster beendet wurde, vor allem weil ganz Europa erschöpft war, sprachen auch schon die Chronisten der Zeit vom Ende einer beispiellosen dreißigjährigen Katastrophe.

Auch wenn der Krieg auf militärischer Seite anfangs nur schwer in Gang kam, die Plünderungen von Städten und Dörfern gingen den beteiligten Heeren schon in einer frühen Phase der

Auseinandersetzungen leicht von der Hand. Meist konnten die Söldner und Kriegsknechte nur so ernährt werden. Nach diesem Prinzip »Der Krieg ernährt den Krieg« behielt die Schlachterei in den nächsten Jahrzehnten ihre grausame Dynamik.

Vor allem der Feldherr Albrecht von Wallenstein machte das Kriegshandwerk zu einem einträglichen Geschäft. Er hob auf eigene Kosten Heere aus, überließ sie gegen Entgelt dem Kaiser und stieg so zu einem der größten Grundbesitzer in Europa auf. Denn die Güter der Verlierer teilten die Sieger unter sich auf. Der katholische Kaiser belohnte Wallenstein obendrein mit Titeln. So wurde der Emporkömmling aus einst verarmtem Adel Herzog und Reichsfürst.

Die Regentschaft des von den protestantischen böhmischen Ständen als König eingesetzten Friedrich von der Pfalz fand bereits 1620 nach nur einem Winter auf dem Thron in einer frühen Phase des Krieges ihr Ende. Nach der Schlacht am Weißen Berg vor Prag musste er fliehen. Er wurde zum verspotteten Winterkönig.

In der Pfalz, im Elsass und am Rhein ging der Kampf weiter. Protestantische und katholische Heerführer schienen darin zu wetteifern, wer die meisten Orte plünderte und niederbrannte. Auf der Suche nach versteckten Vorräten oder vergrabenem Geld schreckten die Soldaten vor keinem Verbrechen zurück.

Der lothringische Zeichner und Kupferstecher Jacques Callot (1592 bis 1635) stellte 1633 in einer Bilderserie den Weg des Soldatenlebens jener Tage dar. Veröffentlicht wurde die Serie im selben Jahr, in dem Wallenstein im Zenit seiner Macht stand, und es war das letzte Jahr in Wallensteins Leben. Sein maßloser Ehrgeiz, seine Unberechenbarkeit besiegelten sein Schicksal. Wenige Tage nach Beginn des neuen Jahres ließ Kaiser Ferdinand ihn ermorden.

Callot zählt zu den großen Meistern und Erneuerern der Kunst der Radierung und er war schon zu seiner Zeit berühmt. Der französische König besuchte ihn in Lothringen, Rembrandt sammelte seine Werke. Das Bild von dem Galgenbaum ist das 11. in einer Serie von 18 Radierungen mit dem vollen Titel *Les misères et les malheurs de la guerre* (Die Gräuel und Übel des Krieges), die Callot auf sehr kleinen Platten von nur 8,3 x 18 Zentimetern anfertigte.

Diese Bilderserie Callots gilt als ein bedeutendes Zeugnis der Zeit des Dreißigjährigen Krieges. Sie steht stellvertretend für die Auswüchse der Kriegsführung jener Tage. Die These, Callot habe speziell Gräuel von französischen Truppen im Lothringen seiner Zeit abgebildet und somit nicht Ereignisse im engeren Sinne des Dreißjährigen Krieges, wird mittlerweile stark angezweifelt.

In ihrer Abfolge zeigt die Serie zunächst eine Truppenanwerbung, dann die Szene einer Schlacht, daraufhin Plünderungen, die Zerstörung eines Dorfes, die Zerstörung einer Kirche, den Überfall auf eine Kutsche, das Erfassen der Übeltäter, verschiedene Arten der Hinrichtung, bettelnde Heimkehrer, Rache der Bauern, Krüppel. Die Blätter sind mit Versen versehen, die vermutlich der Abt Michel de Marolles verfasst hat. Diese unterstreichen die moralischen Absichten der Serie: Verbrechen, insbesondere Kriegsverbrechen müssen Bestrafung nach sich ziehen.

Callots Serie gilt als eine der ersten Antikriegs-Arbeiten der europäischen Kunst. Knapp zwei Jahrhunderte später war sie Vorbild für die Arbeiten eines der Väter der modernen Malerei. Der Spanier Francisco de Goya ließ sich davon für seine nahezu gleichnamige Bilderserie *Schrecken des Krieges* inspirieren.

Dauer und Grausamkeit des Dreißigjährigen Krieges hinterließen Spuren nicht nur im Alltag der Menschen, sondern auch – weit über das Werk Callots hinaus – in der Kunst und Literatur. Zahlreiche zeitgenössische Maler hielten die Schrecken der Zeit fest. Schriftsteller wie Hans Jacob Christoffel von Grimmelshausen schufen durch Berichte, wie in dem Roman ›Der abenteuerliche Simplicissimus‹, bedeutende Werke früher deutscher Literatur.

Letztlich darf man den Dreißigjährigen Krieg nicht nur als eine Zeit des vollkommenen Dunkels und restloser Barbarei sehen, sondern auch als eine Epoche bewundernswerten menschlichen Selbsterhaltungstriebs. Es gab Städte und Landstriche, die sich trotz aller Widrigkeiten zu blühenden Zentren der Kultur und des Handels entwickelten. Leipzig, das mehrfach geplündert wurde, behauptete sich mit zähem Lebenswillen. Nürnberg und Hamburg erreichten kulturelle und wirtschaftliche Blüte.

PIERRE-LOUIS DUMESNIL

GELEHRTENVERSAMMLUNG AM HOF DER KÖNIGIN CHRISTINA VON SCHWEDEN

Christine de Suède et sa court

Öl auf Leinwand
1700
97 x 126 cm
Chateau de Versailles, Musée National du Château de Versailles et
du Trianon, Versailles

Christina war noch ein kleines, blasses Mädchen von fünf Jahren, als ihr Vater Gustav II. Adolf, der zwischenzeitliche Hoffnungsträger der Protestanten im Dreißigjährigen Krieg, 1632 in der Schlacht bei Lützen durch den gezielten Pistolenschuss eines Reiters des katholischen Feldherrn Wallenstein getötet wurde.

Nun war das Kind Königin von Schweden. Doch ein umsichtiger Mann nahm ihr zunächst die Arbeit ab. Bis zu Christinas Volljährigkeit führte Kanzler Axel Oxenstierna das Reich. Auch den Krieg führte er weiter. Zunächst entwickelte Christina sich so, dass sie ihrem Vater Freude gemacht hätte. Wie von ihm gewünscht, wurde sie erzogen, als sei sie ein Mann. Sie lernte reiten, fechten und ging auf die Jagd. Auch in ihrer Zuneigung zu den Künsten und der Wissenschaft stand sie ihrem Vater nahe, der Schweden zu einem starken und fortschrittlichen Staat reformiert hatte. Kaum erwachsen aber tat sie Dinge, die vermutlich seine tiefste Missbilligung erfahren hätten.

Der eigenwilligen Christina war die Liebe zu den Dingen, die vor allem Geist und Gefühl des Menschen ansprachen, bald wichtiger als das politische Alltagsgeschäft. Mit wenig Rücksicht auf die Staatskasse hielt sie so prunkvoll Hof, dass der Adel ganz Europas davon sprach. Sie förderte das Theater und die Oper, und so manche großzügige Schenkung an Universitäten, Galerien und Bibliotheken stammte dabei aus der Beute der schwedischen Soldaten, die ihr Kanzler nach wie vor in Deutschland für die protestantische Seite kämpfen ließ.

Christina korrespondierte mit Denkern und Gelehrten aus ganz Europa, und sie liebte es, möglichst viele von ihnen an ihrem Hof zu versammeln. Auf Vermittlung des französischen Gesandten am Stockholmer Hof Chanut hatte sich ein Briefwechsel zwischen ihr und dem berühmten Philosophen und Mathematiker René Descartes entwickelt. Descartes schickte ihr Abhandlungen, und sie bat ihn inständig, nach Schweden zu kommen. Der aber zierte sich. Als Katholik zögerte er, an einen protestantischen Hof zu gehen. Auch lockte ihn der kalte Norden wenig. Doch Christina blieb hartnäckig und Descartes gab nach. Er bereute es schnell.

Descartes stand ungern früh auf. Es hatte mit seinem schwachen Körper zu tun. Seit seiner Geburt, die er fast nicht überlebt hätte, musste er mit seinen Kräften haushalten. Lange im Bett zu liegen, körperliche Anstrengungen zu meiden und die Welt mit ihren wetterwendischen Anfechtungen möglichst von sich fernzuhalten, war ihm in Fleisch und Blut übergegangen. Auch tat eine wohlige Atmosphäre seinem Denken gut. Es war sicher kein Zufall gewesen, dass ihm einst als junger Soldat auf seiner Reise durch das vom Dreißigjährigen Krieg verheerte Deutschland im November 1619 in seinem Quartier in Ulm in einer warm beheizten Stube an einem bullernden Ofen die Idee seines Lebens kam: die Wissenschaft unter völlig neuen Voraussetzungen zu einen.

Bei seiner Arbeit daran machte Descartes den Zweifel zur Basis aller Wissenschaften und das Wissen um den Zweifel zum Beweis des Seins. Das mündete in seinem berühmten Satz »Ich denke, also bin ich«. Es war nicht weniger als eine Wende im Bewusstsein des Menschen. Das eigene individuelle Sein, das menschliche Selbstbewusstsein wurde durch Descartes mit einem Male zum zentralen Ausgangspunkt der Erfahrung der Welt. Der Rationalismus war geboren, die über Jahrhunderte vorherrschende Scholastik mit ihrem Versuch, alles von Gott her zu denken und mit der Bibel in Einklang zu bringen, war überwunden.

Als der französische Maler Pierre-Louis Dumesnil (1698 bis 1781) sein idealisiertes Gemälde von einer Gelehrtenversammlung am Hof Christinas malte, waren die von der Kultur begeisterte Königin und der längst berühmte Descartes bereits seit einigen Jahrzehnten tot. Christina sitzt am rechten Tisch. Descartes steht neben ihr und zeigt ihr etwas auf einer Karte.

Descartes traf im Spätsommer 1649 in Stockholm ein. Die Königin war in diesen Tagen verreist. So musste er warten. Als sie zurück war, rief sie ihn täglich zu Audienzen um fünf Uhr in der Frühe und diskutierte mit ihm über Wissenschaft, Philosophie und Religion. Für Descartes, der am liebsten bis mittags im Bett lag, waren die frühen Gespräche eine Strafe, und er fremdelte mit dem kalten Land im Norden. Anfang Februar erkrankte er an einer Lungenentzündung. Am 11. Februar 1650 war er tot.

Christina war zu jener Zeit ihrer bisherigen Pflichten längst müde, auch mochte sie manche Erwartung an sie als Königin partout nicht erfüllen. So wollte sie einfach nicht heiraten, was aber aus dynastischen Gründen von ihr verlangt wurde. Der Gedanke, von einem Mann abhängig zu sein, war ihr, die oft burschikos und in Männerkleidung auftrat, ein Gräuel. Aber auch die Aussicht, ihr Leben dauerhaft mit Regierungs-, Verwaltungs- und Repräsentationspflichten zu verbringen, hatte keinerlei Reiz für sie.

1654 dankte sie ab, blieb aber bei ihren Zeitgenossen durch ihre Exzentrik und Unberechenbarkeit weiter im Gespräch. Sie ging nach Rom, konvertierte bereits auf der Reise dorthin zum katholischen Glauben und tat sich dort bis zu ihrem Tod dreieinhalb Jahrzehnte später als großzügige Förderin von Kunst und Musik hervor. Das Bild Dumesnils widerspricht daher in dem getragenen und repräsentativen starren Stil seiner Zeit diametral dem turbulenten Leben dieser außergewöhnlichen Frau.

JOB ADRIAENSZOON BERCKHEYDE

DIE ALTE BÖRSE VON AMSTERDAM

De Oude Beurs te Amsterdam

Öl auf Leinwand
circa 1670
Museum Boijmans van Beuningen, Rotterdam

Hilf dir selbst, dann hilft dir Gott. Die Niederländer wussten sich zu helfen und schufen sich mit Fleiß, Wagemut und Kaufmannsgeschick das sogenannte Goldene Zeitalter, das nahezu über das gesamte 17. Jahrhundert andauerte. Aus aller Welt holten die Schiffe der Niederlande Gewürze und Stoffe und damit Reichtum hinter die Deiche. Das Handwerk blühte und die wohlhabenden Bürger bezahlten Schulen und Universitäten, durch die Wissen und Bildung im Land wuchsen.

In diesem besonderen Zeitalter malte sich die Geschichte im Land der Grachten und Windmühlen ihre Bilder fast selbst. Denn die reich gewordenen Kaufleute gaben auch immer wieder genug Geld, damit Maler, Kupferstecher und Zeichner mit Zeit, Papier, Leinwand, Tinte und Farbe in ihrem Lebensunterhalt halbwegs gesichert nach dem perfekten Bild streben konnten. So schufen sie Werke, die noch Jahrhunderte später ehrfurchtsvolle Bewunderung hervorrufen.

Jacob van Ruisdael zeigte in seinen beeindruckenden Landschaftsbildern das satte Grün der weiten Wiesen und die Wechsel von Weiß und Blau im Hell und Dunkel der Berge von Wolken am niederländischen Himmel. Rembrandt schuf in zig Selbstporträts atemberaubende Blicke in seine Seele. Frans Hals malte seine lebhaften Porträts sich selbst feiernder Bürger und Jan Vermeer das Mädchen mit dem Perlenohrring.

Sie sind die bekanntesten der zahlreichen großen Künstler, die über die traditionellen Themen der Malerei hinaus vor allem Motive aus dem Hier und Jetzt in den Mittelpunkt rückten: Familienszenen, häusliche Idyllen, die Weite der Heimat, niederländische Schiffe auf hoher See, Stillleben von gedeckten Tischen mit Wildbret, Früchten und teuren Kelchen. Auch Schützen, Mägde, Schlittschuhläufer waren als Motive beliebt. Die selbstbewusst gewordenen Bürger gierten nach ihnen. Die Genauigkeit der Darstellung, die den holländischen Malern gelang, war oft so verblüffend, dass man meinte, man könne die Traube auf dem Bild von ihrer Rebe pflücken.

Job Adriaenszoon Berckheyde (1630 bis 1693), der die Ansicht der Börse in Amsterdam malte, war ein Kind dieser glorreichen Zeit. Wie sein Bruder Gerrit ergriff er den Beruf des Malers. Beide Brüder machten sich vor allem mit Architektur- und Stadtbildern einen Namen und wie viele Bilder dieser Zeit sind sie in ihrer Exaktheit heutigen Fotografien sehr nahe.

Die Präzision und Klarheit der niederländischen Malerei dieser Tage kam nicht von ungefähr. Sie ging einher mit der Disziplin und der Neigung der Gesellschaft zur Genauigkeit, wurde aber nicht zuletzt auch geprägt von neuen Einflüssen in der optischen Wahrnehmung. Zu Beginn des 17. Jahrhunderts war in den Niederlanden das Fernrohr erfunden worden, Künstler wie Vermeer arbeiteten mit der Camera Obscura, die es ermöglichte, die Dinge exakt nachzuzeichnen.

Vielleicht waren es in den Niederlanden auch die Genauigkeit des Kaufmanns, die Strenge des Calvinisten, die Konzentriertheit des Kleinen, der gegen den Großen kämpft, was zu Präzision und Fortschritt führte. Will man den Moment bestimmen, an dem alles begann, liegt 1568 nahe. In diesem Jahr war der Unabhängigkeitskrieg der niederländischen Provinzen ausgebrochen. Auch das heutige Belgien und Luxemburg gehörten damals noch dazu. Die Niederländer, unter denen der Protestantismus Johannes Calvins zahlreiche Anhänger gewonnen hatte, erhoben sich gegen die Besatzung der Spanier unter König Philipp II. Dessen Statthalter, der Herzog von Alba, versuchte, die katholische Macht grausam und unerbittlich zu wahren. Der zähe Kampf, der als Achtzigjähriger Krieg in die Geschichte einging, mündete in der Spaltung der Provinzen. Im Norden entstand die Republik der Sieben Vereinten Provinzen der Niederlande, deren Unabhängigkeit 1648 im Westfälischen Frieden offiziell bestätigt wurde.

Obwohl seinerzeit noch nicht einmal zwei Millionen Menschen in dem vergleichsweise kleinen Land lebten, gelang es der jungen Nation dank einer großen Bevölkerungsdichte, starker Verstädterung und einem weltoffenen Geist die Fundamente für den Aufstieg zu einer weltweit operierenden Handels- und Seemacht zu legen. Wissenschaftler, Kaufleute und Denker aus ganz Europa zog es ins Land. Günstig für den Aufstieg zur See- und

Handelsmacht war zudem, dass sich Konkurrenten wie England, Frankreich und Spanien in jenen Tagen in ihrer Rivalität gegenseitig zerfleischten.

Die Waren, mit denen die Niederländer handelten, kamen von dem Handelsposten Batavia in Indonesien oder von den Antillen. Die Schiffe der Niederländer segelten nach Nordame- rika und nach Brasilien. Verdient aber wurde das Geld vor allem in den schmucken Straßen von Amsterdam. Dort gründeten Kaufleute im Jahr 1602 die niederländische Ostindienkompanie (VOC, Vereenigde Oostindische Compagnie), und als zehn Jahre später in Amsterdam die erste Wertpapierbörse der Welt eröffnete, handelte man dort unter anderem mit den Aktien der VOC, die im Durchschnitt pro Jahr 16 Prozent Dividende eintrugen.

Es war Hendrick de Keyser, einer der großen niederländischen Architekten dieser Zeit, der 1608 mit dem Bau des ersten großen Börsengebäudes begann. Der 1611 eingeweihte Bau wurde in den nächsten Jahrzehnten erweitert und umspannte einen weitläufigen rechteckigen Innenhof, in den das Gemälde Berckheydes einen Blick erlaubt. Man sieht geschäftiges Treiben und Gruppen von Kaufleuten im Gespräch. Viele von ihnen tragen als gute Calvinisten dunkle, zurückhaltende Kleider mit weißer Halskrause.

Die Bezeichnung Börse leitet sich von einer Herberge der Familie de Beurse im belgischen Brügge ab, wo fleißig Handelsgeschäfte getätigt wurden. Schon in der frühen Zeit der Börse zeigten sich viele Merkmale des späteren Kapitalismus. Auch die negativen. Doch selbst die erste bedeutende Spekulationsblase, der Tulpenkrach der 1630er Jahre, bei dem Investoren ihre Häuser beliehen, um in eine einzige Tulpenzwiebel zu investieren, die vermeintlich exorbitante Wertsteigerungen versprach, konnte den Aufstieg Amsterdams nur kurzzeitig hemmen.

Die Niederlande blieben reich und frei. Kein Fürst oder König redete ihnen herein und die Bürger lenkten ihre Geschicke selbst. So begann die politische Dynamik, die das Bürgertum in den nächsten Jahrhunderten in Europa und in den USA entfalten sollte.

ERNEST CROFTS

DIE EICHE VON BOSCOBEL

The Boscobel Oak

Öl auf Leinwand
1889
46,4 x 63,5 cm
Privatsammlung

In einem Schloss in Frankreich saßen sich im Jahr 1646 ein 16-jähriger Halbwüchsiger aus England und ein siebenjähriger französischer Knabe gegenüber und schwiegen sich an. Der Knabe hieß Ludwig und er wusste vermutlich nicht, was es mit dem Halbwüchsigen namens Karl zu besprechen gab, der kaum seine Sprache beherrschte.

Später wurden sie noch gute Freunde. Vor allem einte sie die feste Überzeugung, dass es allein nur ihnen zustand, ihr jeweiliges Heimatland uneingeschränkt zu regieren. So und nicht anders sei es von Gott gewollt.

Am Ende gelang es auch jedem der beiden, sein Ziel zu erreichen. Den Knaben von damals nannte man Sonnenkönig, der damals Halbwüchsige bestieg den Thron von England. Doch bis es so weit war, musste vor allem Karl aus England dramatische Momente überstehen.

1651, fünf Jahre nach den schweigsamen Stunden in Frankreich, saß er als junger Mann in der Nähe des englischen Ortes Boscobel in der Krone einer Eiche. Sollte er dort entdeckt werden, drohte ihm der Verlust des Kopfes.

Seinem Vater, König Karl I. von England, war das bereits passiert. Er hatte durch Enthauptung mit dem Leben bezahlt. Obwohl selbst Protestant, sympathisierte er mit den Katholiken und stand im Dauerkonflikt mit dem mehrheitlich protestantischen Parlament, das ihm in der Petition of Rights 1628 einiges seiner vormals nahezu absolutistischen Macht abtrotzte. Karl musste sich gegenüber den Abgeordneten verantworten und durfte Steuern nur noch mit deren Zustimmung erheben.

Zunächst konnte Karl zwar noch für einige Jahre mehr oder minder absolutistisch weiterregieren, dann aber mündete der Zwist um Macht und den rechten Glauben 1642 im Englischen Bürgerkrieg. Das Heer des Parlaments, die puritanischen Roundheads (Rundköpfe), gewann die Oberhand über die Königlichen, die sogenannten Cavaliers (Kavaliere). Karl I. geriet in Gefangenschaft und wurde 1649 in London enthauptet. England war nun Republik und der Puritanerführer Oliver Cromwell setzte sich als Lordprotektor an die Spitze.

Die Idee der Monarchie aber war nicht tot und einen Thronanwärter gab es auch. Karls Sohn, der den Namen seines Vaters trug, war nach Frankreich geflüchtet, wo er mit dem Kindkönig Ludwig XIV. die bereits erwähnten sprachlosen Momente verbrachte. Als Karl II. ließ er sich nun zum neuen König von England und Irland ausrufen. Er ging nach Schottland und wurde dort als Nachkomme der einst unglücklichen schottischen Königin Maria zum König erhoben. Die Schotten erhofften sich von ihm die Unabhängigkeit vom verhassten Regime Cromwells.

Doch 1651 schlugen Cromwells Roundheads die Royalisten in der Schlacht von Worcester vernichtend. Karl floh. Er fand Unterschlupf in dem Anwesen Boscobel House, das einem Gefolgsmann gehörte und von den fünf katholischen Brüdern Pendrell bewirtschaftet wurde. Einen Tag verbrachte Karl bei Regen in den Wäldern, den nächsten in einem Schuppen. Die Brüder verkleideten Karl als Förster und schnitten ihm seine langen Haare ab. Doch die Flucht fortzusetzen, gelang vorerst nicht. Im Wald musste Karl sich mit zwei Gefolgsleuten einen Tag lang in der Krone einer Eiche verbergen. Dem später durch seine Tagebücher berühmt gewordenen Samuel Pepys erzählte Karl Jahre nach den Ereignissen, einer der Soldaten, die ihn suchten, habe direkt unter ihm gestanden. Doch Karl und seine Gefährten blieben unentdeckt. Die Eiche erhielt später den Namen Royal Oak, königliche Eiche. Diese Bezeichnung wird bis heute in England oft benutzt. Zahlreiche Pubs nennen sich so und viele Schiffe der britischen Marine taufte man im Lauf der weiteren Geschichte auf Royal Oak.

Die Gemälde des britischen Historien- und Militärmalers Ernest Crofts (1847 bis 1911) zeichnen sich durch Genauigkeit, den raffinierten Einsatz von Licht und außergewöhnliche Blickwinkel aus. So ist es auch mit dem Bild, das die Momente zeigt, in denen Karl sich in der Eiche vor den Roundheads versteckt. Die einfachen Soldaten des revolutionären Feindes sind die Handelnden. Der König, in historischen Bildern gewöhnlich Zentrum der Darstellung, ist nicht zu sehen. Die einzige Macht, die der sich im Baum Versteckende noch hat, ist die, um seine Freiheit und sein Leben zu kämpfen.

Auf einem alten Gaul setzte Karl schließlich seine Flucht fort. Die fünf Pendrell-Brüder begleiteten ihn. Als das Tier unter Karl zusammenbrach, scherzte einer von ihnen, das sei kein Wunder, es trage ja gleich drei Königreiche auf dem Rücken. Sechs Wochen war der königliche Flüchtling unterwegs und die Gefahr, dass er erkannt wurde, war groß. Karl war für seine Zeit außergewöhnlich groß, maß knapp 1 Meter 90 und hatte einen sehr dunklen Hautteint. Bei seiner Geburt war er so dunkel gewesen, dass seine Mutter sich beklagte, einen Mohren geboren zu haben.

Während seiner weiteren Flucht reiste Karl auch verkleidet als Diener einer jungen Katholikin, mit der er auf einem Pferd ritt. Auch der Benediktinermönch John Huddleston half ihm zwischenzeitlich. Viele Jahre später erschien der an Karls Sterbebett und sagte: »Einst rettete ich Euer Leben. Nun will ich Eure Seele retten.« So konvertierte Karl kurz vor seinem Tod zum Katholizismus.

Karl gelang es schließlich erneut, nach Frankreich zu fliehen. Als 1658 Oliver Cromwell starb und England in politischem Chaos versank, schlug doch noch seine große Stunde. Die Monarchie wurde wiedereingeführt und Karl 1660 endlich als Karl II. König von England. Wie zur gleichen Zeit Ludwig XIV. in Frankreich, gelang es ihm auch auf der britischen Insel, den Absolutismus wieder zu errichten. Die Macht im Staat bündelte sich wieder in der Person des Monarchen, wenn auch in weit geringerem Maße als im Reich des Sonnenkönigs.

Die Engländer wollten zwar immer noch einen König, aber einen ohne Macht, und sie fanden einen Weg. Als Karl 1685 starb, jagte das Volk seinen Nachfolger Jakob II. nach nur drei Jahren Regentschaft in der Glorious Revolution vom Thron. Dem letzten Katholiken, der über England geherrscht hatte, folgte der Protestant Wilhelm von Oranien. Er hatte zuvor die Bedingungen der Bill of Rights anerkennen müssen. Das Parlament war nun der Souverän und England eine konstitutionelle Monarchie. Der versteckte König in der Eiche hatte den Weg dorthin nur kurz verzögern, aber nicht stoppen können.

UTAGAWA KUNIYOSHI

CHUSHINGURA, AKT 11 – DER NÄCHTLICHE ANGRIFF

The Chushingura, Act XI – The Night Attack

Farbholzschnitt
ca. 1830
Victoria and Albert Museum, London

In seinem Haus hinter hohen Mauern in der japanischen Kaiser-
stadt Edo, dem heutigen Tokio, schlief streng bewacht Kira Yo-
shinaka, der mächtige Zeremonienmeister des Schogun. Feinde
zu haben war er gewohnt. Seit kurzem aber hatte er Todfeinde.
Er ahnte ihre Rache und lebte in Angst.

Am 14. Dezember 1702 lösten sich kurz vor dem Morgengrau-
en aus dem Dunkel der nächtlichen Straßen die Schatten von 47
Männern. Ihr Vorgehen hatten sie lange und sorgfältig geplant. Sie
betäubten die Hunde, klopften bei den Nachbarn und bedeuteten
ihnen, still zu bleiben. Einige kletterten mit Pfeil und Bogen auf
Mauern und Dächer. Die meisten von ihnen aber schlichen schwer
bewaffnet und in Kriegerrüstung an den hinteren und vorderen
Eingang von Kiras Anwesen. Der Schlag eines gewaltigen Kriegshammers gegen das Tor gab das verabredete Signal zum Angriff.

Begonnen hatte die Geschichte Monate zuvor im Jahr 1701.
Die beiden Fürsten Kamai und Asano waren nach Edo an den
Hof des Schogun, des obersten Kriegerfürsten und seinerzeit
mächtigsten Mannes Japans, gerufen worden. Dem Kaiser blieb
in jenen Tagen nur die Rolle einer Marionette. Er hatte die sym-
bolische Vaterfigur in dem Geflecht aus Traditionen und Riten
zu spielen, das der Schogun geschickt zur Sicherung seiner
Macht nutzte. Auch die umfangreiche Hofetikette hatte darin
ihren Platz. Sie zu befolgen war für die Fürsten so teuer, dass
es ihre etwaigen Neigungen, sich gegen den Schogun zu erheben, drastisch minderte. Kira, dem Zeremonienmeister, oblag
es, die strengen und komplizierten Regeln durchzusetzen und
die Fürsten darin tagelang zu unterrichten. Und es war üblich,
dass er für seine Bemühungen üppige Geschenke erhielt. Die
Gaben von Kamai und Asano enttäuschten ihn aber. Verärgert
begann er, sie zu demütigen, und er erniedrigte sie so sehr, dass
ihn der in seinem Stolz gekränkte Kamai töten wollte. Doch es
war Asano, der eines Tages im Zorn seinen Dolch zog und Kira
im Gesicht verletzte. Eine gezogene Waffe am Hofe des Schogun
bedeutete das Todesurteil. Man befahl Asano, Seppuko, rituellen
Selbstmord, zu begehen, was der noch am gleichen Tag tat. Seine
Güter fielen an den Schogun. Seine Samurai wurden zu her-

renlosen Kriegern, zu Ronin. Ein Leben ohne Ansehen und in bitterer Armut erwartete sie.

Kira ahnte sofort, dass von diesen Ronin Gefahr für sein Leben drohte. Er bat seinen Sohn, Spione auszusenden, um herauszufinden, ob sie planten, Rache zu nehmen. Vor allem der Ranghöchste unter ihnen, Oishi Kuranosuke, der ehemalige Burgvogt Asanos, war im Auge zu behalten. Und tatsächlich, Oishi setzte sich an die Spitze von 47 Ronin, die sich schworen, den Tod ihres Herrn zu rächen und Kira zu töten.

Um aber keinen Verdacht zu erregen, gingen sie zunächst getrennte Wege und verdingten sich als Handwerker oder Mönche. Oishi ging nach Kyoto und führte, um alle Spione zu täuschen, ein ausschweifendes und zügelloses Leben. Er verkehrte in Bordellen, verwahrloste, wurde betrunken im Rinnstein gefunden und sogar von einem Mann beleidigt und bespuckt, der in ihm einen Samurai sah, der seinen Stand entehrte. Doch alles war Teil von Oishis Plans. Auch von seiner Frau ließ er sich scheiden, denn er wollte sie nicht in die Ereignisse verstricken, die nun kommen würden. Oishi spielte seine Rolle so überzeugend, dass sogar einige der Ronin an ihm zu zweifeln begannen.

Während Kiras Sohn den Vater in Sicherheit glaubte und seine Spione abzog, hatten sich einige der Ronin als Handwerker Zugang zu Kiras Hof verschafft und kundschafteten die dortigen Abläufe aus. Einer von ihnen heiratete sogar die Tochter des Baumeisters des Anwesens, nur um an die Baupläne heranzukommen. Oishi ließ sich von den Vorbereitungen ständig berichten. Als er meinte, dass alles bereit für den Angriff sei, verließ er heimlich Kyoto und machte sich auf den Weg nach Edo.

Auf den Schlag des Kriegshammers an das Tor folgten heftige Kämpfe, die die Ronin aber am Ende für sich entschieden. Kira jedoch war nicht zu finden. Sein Bett allerdings war noch warm. Die Ronin suchten und stießen auf einen geheimen Innenhof. Dort in einem Schuppen griff sie ein Mann mit einem Dolch an. Sie entwaffneten ihn, und als Oishi ihn musterte, erkannte er im Gesicht des Mannes die Narbe, die ihm ihr Herr Asano beigebracht hatte. Kira war in ihrer Gewalt. Den Rang Kiras würdigend, sank Oishi vor ihm auf die Knie und eröffnete ihm, sie seien gekommen, um Rache für ihren toten Herrn zu nehmen. Wie er solle auch Kira Seppuko begehen. Oishi bot sich an, ihm dabei zu helfen. Doch Kira war aufgelöst vor Angst und nicht fähig, Hand an sich zu legen. So schnitt Oishi ihm mit einem Dolch den Kopf ab.

Nun sandten die Ronin einen von ihnen in die Heimat, um von der geglückten Rache zu berichten. Die verbliebenen 46 Ronin gingen mit dem Kopf Kiras durch die Straßen Edos zu dem Tempel, in dem ihr Herr bestattet worden war. Dort legten sie den Schädel nieder, beteten und ergaben sich dem Schogun. Ihnen drohte die unehrenhafte Hinrichtung. Der Schogun jedoch gewährte ihnen den Ehrentod durch Seppuko, den sie auch gemeinsam begingen.

Der Mann, der einst den im Rinnstein liegenden Oishi bespuckt hatte, pilgerte zu den Gräbern, bat um Verzeihung und beging danach ebenfalls Selbstmord. Der Ronin, der in die Heimat gesandt worden war, kehrte zurück und bat darum, ebenfalls Seppuko begehen zu dürfen. Doch er wurde begnadigt. Als er in hohem Alter starb, bestattete man ihn neben seinen Kameraden im Sengakuji-Tempel im Tokyoter Stadtteil Shinagawa. Auch heute besuchen viele Japaner die Grabstätte mit den unscheinbaren grauen Steinen, zünden Räucherstäbchen an und ehren die Toten.

Die Geschichte der 47 Ronin kennt in Japan jedes Schulkind. Weil sie von Ehre, Stolz und Pflichtgefühl berichtet, die mehr gelten als das persönliche Schicksal, ist sie in der japanischen Seele tief verankert. In zahlreichen Künsten wird sie als *Cushingura* erzählt, im Bunraku, dem traditionellen japanischen Figurentheater, im klassischen Kabuki-Theater und im Film. Viele japanische Maler widmeten den 47 Ronin ganze Bilderzyklen, so der berühmteste Maler Hokusai, aber auch Kuniyoshi Utagawa (1798 bis 1861), einer der wichtigsten Meister des japanischen Farbholzschnitts. Das vorliegende Bild gehört zu einer Serie von Holzdrucken, die er um 1830 für ein Buch zu der Geschichte anfertigte.

Das Bild fängt die beginnende Gefahr für Kira aus der Stille der Nacht lebendig ein. Nur den heftigen Wind und den starken Schneefall an diesem Tag müssen wir uns denken.

ADOLPH MENZEL

FRIEDRICHS DES GROSSEN TAFELRUNDE
IN SANSSOUCI 1750

Öl auf Leinwand
1849 – 1850
204 x 175 cm
1945 zerstört

Auf den ersten Blick sehen wir nur eine Tischgesellschaft besser gestellter Herren mit Allongeperücken in der Zeit des Rokoko. Wir meinen, ihre Gewänder knistern und rascheln zu hören, wenn sie sich einander im Gespräch zuwenden. Messer und Gabeln schlugen eben noch mit hellem Ton an Porzellanteller. Diener sind unauffällig, aber mit aufmerksamem Blick zur Stelle. Vergnügte Worte hallen durch den Saal. Es riecht nach Stoff, Puder und Parfüm. Verflüchtigt hat sich schon fast der Duft der Speisen, er löst sich auf in der frischen Luft, die der Sommer durch die geöffneten Glastüren hineinweht.

Es sind nicht irgendwelche Herren, die Platz genommen haben, und es ist nicht irgendein Ort, an dem die Tafel steht. Würde man hinaus ins Freie treten, böte sich der atemberaubende Blick hinab über die Weinbergterrassen und die Weite des Parks. »Sans souci«, ohne Sorge soll dieser Ort bleiben. Deshalb hat der preußische König Friedrich II. das Schloss und den umgebenden Park so genannt. Das »Lust-Haus zu Potsdam« ist verglichen mit dem üblichen Prunk absolutistischer Herrscher jener Tage bescheiden. Das »Weinberghäuschen«, wie er es auch nannte, wurde nach seinen eigenen Skizzen erbaut und bald schon von ihm als Sommerresidenz genutzt. Hier regierte, musizierte und dichtete Friedrich und hier empfing er seine Freunde.

Als er den Auftrag für den Bau des Schlosses gab, stand er mit seinen Armeen im zweiten der beiden Kriege um Schlesien, durch die er den Landstrich schließlich dem Reich der jungen Kaiserin Maria Theresia von Österreich entriss.

In der von dem deutschen Maler Adolph Menzel (1815 bis 1905) exakt hundert Jahre später festgehaltenen Tischrunde sehen wir in dem Marmorsaal von Sanssouci Männer, die freundlich einander zugeneigt parlieren und lauschen.

Motive aus dem Leben Friedrichs machen einen bedeutenden Teil des Werkes von Menzel aus, das dem Realismus verhaftet war, aber in seinen Bildern auch schon früh Elemente des späteren Impressionismus erkennen ließ.

Die Männer, die Menzel an dem Tisch versammelt hat, sind Denker und Militärs. Sie stehen für die beiden Seiten Friedrichs, mit denen er in die Geschichte eingeht, und somit für die beiden Schlagworte, mit denen er in Verbindung gebracht wird: die Aufklärung und den Militarismus.

Friedrich II. sitzt in seinem charakteristischen blauen Uniformrock hinten in der Mitte en face zum Betrachter des Bildes. Er schaut an dem zu seiner Rechten platzierten General von Stille vorbei hinüber zu Voltaire.

Von Stille, wegen seiner Kultiviertheit und Bildung ein von Friedrich sehr geschätzter Zeitgenosse, hatte sich in zahlreichen Schlachten des gerade zu Ende gegangenen Schlesischen Krieges bewährt. Er sollte im Herbst 1752 an der Schwindsucht sterben.

Voltaire ist als einer der bedeutendsten Köpfe der Aufklärung, Freigeist, Kirchenfeind, Lästerer ein Mann ganz nach dem Geschmack des Preußenkönigs. Sein Verstand ist so scharf wie seine Zunge, sein gewaltiges Ego steht dem Friedrichs in nichts nach. Voltaire war gerade in diesem Sommer am Hofe Friedrichs eingetroffen. Das Verhältnis von König und Philosoph ist zu diesem Zeitpunkt noch frei von Spannungen. Sie werden spätestens nach dem Jahreswechsel auftreten.

Nach vorne gebeugt über den Tisch hinweg ist Voltaire im Gespräch mit dem ebenfalls vorgeneigten Grafen Algarotti, der sowohl zu Voltaire als auch zu Friedrich eine jahrelange enge Freundschaft pflegt. Zwischen Algarotti und Friedrich lauscht Generalfeldmarschall James Keith dem Gespräch. Er wird 1758 während des Siebenjährigen Krieges in der Schlacht von Hochkirch den Tod finden. Die Ähnlichkeit mit seinem Bruder George, der nicht wie er Haudegen, sondern Diplomat ist, ist nicht zu leugnen. Der sitzt am linken Bildrand und ist in einen Plausch mit einem in Rückansicht abgebildeten Mann vertieft. Neben diesem kommt einer der geliebten Windhunde des Königs unter der Tischdecke hervor.

Für den Betrachter rechts neben dem braun gewandeten Algarotti sitzt der Graf Rothenburg. Als preußischer General trägt er einen dunklen Uniformrock und wie Friedrich trägt er den auffälligen Schwarzen Adlerorden, die höchste militärische Auszeichnung Preußens, auf der Brust. Rothenburg wird Ende 1751 an der

Gicht sterben. Im Schlesischen Krieg war er, obwohl schon krank, wiederholt durch seine Tapferkeit aufgefallen. In der Schlacht von Soor hatte er sich, von seiner Krankheit gepeinigt, sogar mit einer Trage auf das Schlachtfeld bringen lassen.

Neben Rothenburg sitzt mit dunkler Perücke der Philosoph La Mettrie. Er hält die Serviette noch in der Hand und führt ein Gespräch mit dem Marquis d'Argens. La Mettrie wird Ende 1751, nur wenige Wochen vor Rothenburg, sterben. Es heißt, an einer verdorbenen Pastete. Der Verdacht, dass er vergiftet wurde, bleibt im Raum. Denn La Mettrie, wegen seines Geistes und Witzes anfangs gern gesehener Gast, ist vielleicht einer der umstrittensten Philosophen überhaupt. Für ihn ist der Mensch eine Maschine und alle Empfindungen nur Produkte dieses Apparats. Eine Seele gibt es für La Mettrie nicht. Das aber geht selbst dem Atheisten Voltaire zu weit. Wie seine Kollegen in Frankreich schweigt er La Mettrie tot und wohl nicht zufällig hat Adolph Menzel das Enfant terrible weit weg von Voltaire platziert.

La Mettries Gesprächspartner, der Marquis d'Argens, Philosoph, ein wenig zur Trägheit neigend, aber mit aller Welt auf gutem Fuß, macht die Tischrunde komplett. Er ist einer jener gelehrten Männer, die über Jahre als Kammerherrn oder in anderer Funktion an Friedrichs Hof lebten.

Die Tischrunde in dieser Zusammensetzung abzuhalten war nur wenige Monate lang möglich gewesen. Die Unbeschwertheit, die sie ausstrahlt, spiegelt auch die Mitte der wenigen Friedensjahre, die Friedrich und Preußen vergönnt waren, bis 1756 der Siebenjährige Krieg ausbrach. Friedrich sollte zermürbt und krank von den Strapazen als verbitterter Mann zurückkehren. Preußen aber war trotz hohen Blutzolls mächtiger denn je.

Das Ölgemälde von Adolph Menzel verbrennt 1945 nach Ende des Zweiten Weltkriegs im Flakturm Friedrichshain mit anderen Skulpturen und Gemälden aus dem Kaiser-Friedrich-Museum. Kurz darauf erklären die Alliierten Besatzungsmächte in Deutschland den Staat Preußen für erloschen.

JEAN LEON GEROME FERRIS

DIE ABFASSUNG DER UNABHÄNGIGKEITSERKLÄRUNG

Writing the Declaration of Independence 1776

Öl auf Leinwand
Virginia Historical Society, Richmond

Als Thomas Jefferson im Mai 1775 als Delegierter seines Heimat-
staates Virginia im zweiten Kontinentalkongress der amerikanischen Kolonien Großbritanniens in Philadelphia eintraf, war
im Monat zuvor der Konflikt der Kolonien mit dem britischen Mutterland eskaliert. Mit den Gefechten bei Lexington und Concord
hatte der Amerikanische Unabhängigkeitskrieg begonnen.

Jefferson eilte der Ruf eines talentierten jungen Mannes voraus,
der sich in Wissenschaft und Literatur gut auskannte und ein sicheres Stilgefühl hatte. Von seinem Wesen ruhig, hochgewachsen
und von aristokratischer Ausstrahlung, drängelte er sich als Redner
nicht vor, machte aber bald in verschiedenen Komitees Eindruck
durch seine vermittelnde und zielstrebige Art.

Der Krieg währte schon über ein Jahr, als im Sommer 1776 ein
Komitee zur Abfassung einer Unabhängigkeitserklärung eingesetzt
und Jefferson zu dessen Vorsitzenden gewählt wurde. Zum Komitee gehörten auch John Adams und Benjamin Franklin. Wer von
diesen Männern sollte nun einen ersten Entwurf verfassen?

Franklin, hoch angesehener Weltbürger und Universalgelehrter,
Kopf und Seele des Bürgertums der Kolonien, der sicher als Erster
für diese Aufgabe in Frage gekommen wäre, hatte gerade extrem
strapaziöse Inspektionsreisen zur Kontinentalarmee und George
Washington hinter sich. Er war noch immer geschwächt und schied
daher aus.

Adams, einer der wichtigsten Motoren der Unabhängigkeitsbewegung und neben Franklin und Washington das größte politische Schwergewicht jener Tage, lehnte ab, als Jefferson ihm
die Angelegenheit antrug. Adams' Gründe entsprangen einem
klugen Kalkül. Weil Jefferson aus der wichtigen Kolonie Virginia
kam und ein Mann von dort an der Spitze stehen müsse, komme
vor allem er, Jefferson selbst, in Frage. Zudem sei er, anders als
Adams, beliebt und könne, ebenfalls anders als Adams, gut for-
mulieren. Kurzum, er sei die erste Wahl.

Jefferson akzeptierte: »Ich werde es tun, so gut ich kann«,
und machte sich am 11. Juni 1776 an die Arbeit. An einem por-
tablen Pult, das er selbst erfunden hatte, fertigte er einen ersten
Entwurf an. Danach zog er Adams und Franklin zu Rate. Sie

änderten dies und das, aber ließen den Geist des Werkes im Wesentlichen wie von Jefferson angelegt. Am 28. Juni übergaben sie das Papier dem Kongress.

Die Berichte vom Fortgang der Arbeit an der Unabhängigkeitserklärung sind widersprüchlich. Laut Adams trafen sich Jefferson und er nach dem ersten Entwurf und sprachen ihn durch. Dann begutachtete ihn Franklin. Jefferson ließ Jahrzehnte später wissen, er habe separat seinen Entwurf den beiden anderen zur Durchsicht gegeben. Danach wandten sie sich mit dem Papier an die anderen Mitglieder des Komitees.

Vielleicht brüteten die drei Männer auch einmal gemeinsam über dem Entwurf, wie das Gemälde des amerikanischen Malers Jean Leon Gerome Ferris (1863 bis 1930) Glauben machen will. Ganz auszuschließen ist es nicht, auch wenn die Quellen nahelegen, dass es vermutlich nicht so war. Ferris, dessen Vater, ein Porträtmaler, ihn nach dem von ihm tief bewunderten Maler Jean-Léon Gérôme benannt hatte, wurde vor allem bekannt durch seine Serie von Gemälden zur US-amerikanischen Geschichte. Dieses Bild gehört dazu.

Wenn es eine Situation wie die in Ferris' Bild gab, dann fängt sie vermutlich einen Moment in Jeffersons damaliger Unterkunft ein, einem Backsteinhaus in Philadelphia, in dem er den zweiten Stock für sich und seine Bediensteten gemietet hatte. Mit einer Brille auf der Nase ist Franklin in die Lektüre eines Papierbogens mit Jeffersons Entwurf vertieft. Wenige Jahre zuvor hatte er die Bifokalbrille erfunden. Es war ihm lästig gewesen, ständig zwischen Fernbrille und Lesebrille zu wechseln. Franklin hatte lange gehofft, den Konflikt mit dem britischen Mutterland schlichten zu können. Kurz nach der Abfassung der Unabhängigkeitserklärung sollten ihn die Kolonien nach Paris senden, wo er einen Bündnisvertrag mit Frankreich aushandelte. Jefferson löste Franklin später in Paris ab.

Auch Adams kam noch als Gesandter der jungen Nation in die französische Hauptstadt. Der streitlustige und prinzipienfeste neuenglische Puritaner sitzt in dem Bild rechts von Franklin und scheint in Gedanken versunken. Er wird später der erste Vizepräsident der USA werden und danach George Washington im Amt des US-Präsidenten folgen. Ferris lässt den damals 39-jährigen auf dem Gemälde ein wenig zu alt wirken. Adams' Nachfolger und damit dritter Präsident der USA wurde Thomas Jefferson. Er war in jenen Tagen erst 33 Jahre alt und scheint im Bild gespannt auf die Anmerkungen der beiden Älteren zu warten. Der poetisch-romantische, in seinem Wesen unergründliche Virginier entstammte, anders als die aus bescheidenen Verhältnissen aufgestiegenen Franklin und Adams, einer wohlhabenden und einflussreichen Familie. Trotz dieses Gegensatzes zeigt das Gemälde von den drei Männern auch den Aufstieg des Bürgertums. Sie alle gehörten keinerlei Adel an und selbst Jefferson hätte im aristokratisch beherrschten Europa seiner Zeit kaum eine bedeutende politische Rolle einnehmen können.

Entlang der Persönlichkeiten von Adams, der sein Herz auf der Zunge trug, und des im Auftreten ausweichenden, doch in der Zielstrebigkeit festen Jefferson, verliefen die politischen Trennlinien der frühen USA. Jefferson kämpfte gegen den Zentralstaat, Adams dafür. Ein Konflikt, der die USA bis heute beschäftigt.

Schon am 4. Juli 1776, nur drei Wochen nachdem Jefferson seine Arbeit an dem dafür wichtigen Papier begonnen hatte, proklamierten die 13 britischen Kolonien Nordamerikas ihre Loslösung vom Mutterland und bildeten einen eigenen Staatenbund, die Vereinigten Staaten von Amerika.

In der ersten deutschen Übersetzung der Unabhängigkeitserklärung einen Tag nach der Verabschiedung im ›Pennsylvanischen Staatsboten‹ in Philadelphia standen die berühmten Worte: »Wir halten diese Wahrheiten für ausgemacht, dass alle Menschen gleich erschaffen worden, dass sie von ihrem Schöpfer mit gewissen unveräußerlichen Rechten begabt worden, worunter sind Leben, Freiheit und das Bestreben nach Glückseligkeit.«

Einen Makel hatte die Unabhängigkeitserklärung: Die Frage Sklaverei war ausgeklammert worden. Ohne die Verschiebung dieser Frage hätte es keine Einigkeit unter den Kolonien und nicht diese amerikanische Nation gegeben. Auf fürchterliche Weise korrigiert werden sollte das erst durch den Amerikanischen Bürgerkrieg fast ein Jahrhundert später.

EMANUEL LEUTZE

WASHINGTON ÜBERQUERT DEN DELAWARE

Washington Crossing the Delaware

Öl auf Leinwand
1851
378,5 cm × 647,7 cm
Metropolitan Museum of Art, New York

Das Jahr 1776 ging zu Ende. Es hatte die Unabhängigkeitserklärung gesehen. Doch hätte George Washington an diesem zweiten Weihnachtstag nicht den Angriff gewagt, vermutlich wäre der Kampf der Amerikaner um die Loslösung vom britischen Mutterland wenige Wochen später verloren gewesen und auch einen ersten US-Präsidenten namens George Washington hätte es wohl nie gegeben.

So aber stiegen er und seine Männer in der Nacht in die Boote und setzten über den von Eisschollen bedeckten Fluss. Am anderen Ufer wollten sie einige Meilen weiter südlich im Morgengrauen den Feind überraschen. Das hieß, sie mussten nach der Landung noch einige Stunden durch die nächtliche Kälte marschieren. Die meisten Männer waren in dem atemverschlagenden Frost nur kümmerlich gekleidet, der Stoff ihrer Kleider steif gefroren. Ihre Aussichten auf das bevorstehende Gefecht waren nicht ermutigend. Die Männer, die sie angreifen wollten, waren die am besten ausgebildeten Soldaten jener Tage. Sie galten als nahezu unbesiegbar.

Washingtons Schritt war mutig, aber wohl auch unausweichlich. Der Krieg gegen die britische Kolonialmacht dauerte bereits anderthalb Jahre. Als Oberbefehlshaber der 13 ehemaligen Kolonien, die sich seit der Erklärung ihrer Unabhängigkeit im Sommer die Vereinigten Staaten von Amerika nannten, war George Washington seit Monaten dem offenen Kampf ausgewichen. Nach der erfolgreichen Vertreibung der Briten aus Boston im März war ein Misserfolg auf den anderen gefolgt. Im Spätsommer ging die Schlacht von Long Island verloren, Washington musste New York und New Jersey aufgeben und sich mit seinem bunt zusammengewürfelten Haufen aus schlecht ausgerüsteten Freiwilligen über den Grenzfluss Delaware nach Pennsylvania zurückziehen. In der Hauptstadt Philadelphia flohen die Abgeordneten des Kongresses. Die britischen Generäle Charles Cornwallis und William Howe sahen nicht die Dringlichkeit nachzusetzen, sondern schickten ihre Truppen in die Winterquartiere, wie es in jenen Tagen zu dieser Jahreszeit üblich war.

So wagte hier am Ufer des Delaware, im Frost kurz vor Weihnachten, kaum noch jemand, Washington und der Sache der Unabhängigkeit eine Chance zu geben. Die Männer waren entmutigt und entkräftet, froren und litten Hunger. Sollte der Delaware in den nächsten Wochen zufrieren, drohte sogar der vernichtende Angriff der Briten. Nicht wenige Männer desertierten und viele weitere würden zu Beginn des neuen Jahres nach Hause gehen, da ihre Dienstpflicht abgelaufen war. Obendrein hatten Washingtons Generäle wenig Vertrauen in die Fähigkeiten ihres Befehlshabers. Einige zeigten sogar offen ihre Abneigung.

In dieser Situation entschloss sich Washington zu dem Schritt, mit dem weder Freund noch Feind rechneten: den Angriff. Am ersten Weihnachtstag wollte er im Schutze der Nacht Trenton am rechten Ufer des Delaware in New Jersey einnehmen. In dem Dorf mit zwei Straßen und einigen Dutzend Häusern lagen drei bestens ausgerüstete hessische Regimenter. Die vom Landgrafen von Hessen-Kassel gegen Geld an den britischen König verliehenen, gut ausgebildeten Soldaten waren bei den Amerikanern wegen ihrer effektiven und rücksichtslosen Kriegsführung gefürchtet.

Die 1300 Hessen in Trenton befehligte Oberst Johann Rall, ein erfahrener Veteran des Siebenjährigen Krieges, der sich auch bei den Kämpfen in Amerika immer wieder ausgezeichnet hatte. Doch die Erfolge über einen Gegner, der fast besiegt schien, hatten auch ihn unvorsichtig gemacht. So unterließ er es, Palisaden zu bauen, und feierte stattdessen mit seinen Männern ausgiebig Weihnachten.

Washington tat derweil sein Bestes, um den Feind in Sicherheit zu wiegen, und ließ falsche Zahlen über die Stärke seiner Truppen streuen. Als Rall von einem königstreuen Amerikaner eine Notiz erhielt, in der vor einem Angriff der Amerikaner gewarnt wurde, steckte er den Zettel mit der Warnung weg und wandte sich wieder dem Kartenspiel zu.

Tatsächlich aber ließ Washington neue Männer rekrutieren und ausrüsten und setzte in der Nacht zum 26. Dezember mit über 2400 Männern mehrere Meilen nördlich von Trenton über den Delaware. Zehn Stunden dauerte die Aktion. Nach einem vierstündigen Fußmarsch durch die Winterkälte erreichten die Kämpfer, die teilweise nur Lumpen um die Füße gebunden hatten, um 8 Uhr in der Frühe den Ortsrand.

Die hessischen Soldaten wurden überrascht. Schon nach kurzer

Zeit kämpften Washingtons Männer in den Straßen Trentons, wo nun auch die Bürger im anbrechenden Tageslicht aus den Fenstern ihrer Häuser auf die zurückweichenden Hessen schossen. Es wurde ein umfassender Sieg. 22 Hessen waren tot, mehrere Dutzend verwundet. Washingtons Männer beklagten nur zwei Tote. Sie waren auf dem Weg nach Trenton erfroren.

Und der unvorsichtige Rall? Ein Musketenschuss traf ihn, während er den Rückzug seiner Männer befehligte. Er starb am späten Abend in seinem Hauptquartier, wo ihm Washington kurz zuvor mit seinem Besuch eine letzte Ehre erwiesen hatte. Die ignorierte Warnung fand man später in Ralls Uniformrock.

Nach dem Sieg, der für viele der Wendepunkt des Unabhängigkeitskrieges ist, zogen sich die Amerikaner wieder über den Delaware zurück. Mit dabei die dringend benötigten erbeuteten Waffen und Hunderte gefangene, vormals für unbesiegbar gehaltene hessische Soldaten, die man in Philadelphia der Bevölkerung präsentierte.

Das berühmte und monumentale Gemälde *Washington überquert den Delaware* gehört zu den amerikanischsten aller Bilder und ist ironischerweise ein durch und durch deutsches. Dies nicht nur, weil Washington dem Kampf mit den Truppen aus Hessen entgegenstrebte. Der Maler Emanuel Leutze war 1816 in Württemberg geboren und in den USA aufgewachsen. Das Bild aber malte er in Deutschland. Man könnte es auch »Washington überquert den Rhein« nennen. Das Ufer des Stroms, das Leutze von seinem Malereistudium an der Düsseldorfer Kunstakademie kannte, diente als Anregung für die Landschaft. Mancher rheinische Lokalpatriot will das Ufer von Meerbusch auf dem Gemälde erkennen. Überhaupt erlaubte sich Leutze manche Abweichung von den tatsächlichen Begebenheiten. In Wahrheit war Nacht und es regnete. Washington benutzte weit größere Boote und die Stars-and-Stripes-Fahne, die der damalige Leutnant und spätere 5. Präsident der USA James Monroe hält, wurde erst kurze Zeit später eingeführt.

Leutze starb, passend zum Thema, in Washington, der neu gegründeten Hauptstadt der USA.

JACQUES-LOUIS DAVID
DER BALLHAUSSCHWUR

Le Serment du Jeu de paume

Bleistift und Tusche auf Papier
1791
101,2 × 66 cm
Musée national du château, Versailles et de Trianon

Als die Abgeordneten am Morgen des 20. Juni 1789 bei strömendem Regen vor verschlossenen Türen ihres Versammlungssaals im Schloss Versailles standen, waren sie entsetzt. Soldaten bewachten die Eingänge. Der König schien sie ausgesperrt zu haben. Kurzerhand verließen die Delegierten das Gelände und zogen in die Stadt Versailles. Dort versammelten sie sich in einer Sporthalle, einem Ballhaus, in dem man sonst Jeu de Paume spielte, eine frühe Form von Tennis. Am Ende des Tages hatte sich Frankreich verändert.

Seit 15 Jahren stand der junge Ludwig XVI., wie zuvor sein großer Vorfahr, der Sonnenkönig, an der Spitze einer absolutistischen Monarchie. Kein Parlament schränkte ihn ein. Adel und Kirche stützten ihn. Sie verwalteten ihre und seine Pfründe und machten ihren guten Schnitt dabei. Steuern zahlten sie nicht. Abgaben hatten nur Bürger und Bauern zu entrichten, der sogenannte Dritte Stand. Wenn der Staat mal mehr Geld brauchte, erhöhte der König einfach den Steuersatz. So ging es lange gut.

Als Ludwig Frankreichs Thron bestieg, war er beliebt, ebenso seine Frau Marie Antoinette, eine Tochter Maria Theresias von Österreich. Doch Ludwig, obwohl gutmütig und intelligent, war nicht in der Lage, Maßnahmen zur Sanierung der leeren Staatskasse gegen Adel und Kirche durchzusetzen. Fähige Minister entließ er, sobald es Spitz auf Knopf stand.

Schon zu Anfang von Ludwigs Regentschaft wehte der Geist des amerikanischen Freiheitskampfes vom Atlantik herüber. Die breite Begeisterung für Benjamin Franklin, den Abgesandten der britischen Kolonien in Paris, zeigte, dass sich die gesellschaftlichen Gleichgewichte in Frankreich verschoben hatten. Das Bürgertum war seit Jahrzehnten gewachsen und selbstbewusst geworden.

Die etablierten Kräfte aber hofften, wie so oft in der Geschichte, es könne weitergehen wie seit Generationen. Die Gefahren der sich längst wandelnden Welt erkannten sie nicht. Ludwig sandte sogar Soldaten zur Unterstützung der nach Unabhängigkeit strebenden Amerikaner. Nicht, weil er Sympathien für die amerikanischen Freiheitsideen hatte, sondern weil er den ewigen britischen Rivalen schwächen wollte. Als aber die Soldaten zurückkehrten, hatten sie die Ideen von Freiheit und Gleichheit im Gepäck.

Während der Druck durch das Volk nach und nach wuchs und sich gleichzeitig die Finanzen des Staates verschlechterten, ohne dass Hof und Adel ihren Prunk einschränkten, wurde Ludwigs Trägheit zum Symbol des Stillstands. Er schlief in wichtigen Sitzungen ein und schnarchte. Von Marie Antoinette hieß es, sie interessiere sich nicht im Geringsten für das Volk, spiele lieber, feiere hemmungslos und gebe sich überhaupt allerlei verwerflichem Tun hin. Eines Tages kam das Gerücht auf, sie habe einem Kardinal ihre Liebesdienste angeboten, nur um in Besitz eines Colliers zu gelangen. Die sogenannte Halsbandaffäre erschütterte nicht nur den Ruf des Königspaars, sondern auch die Monarchie als Institution.

Die Lage spannte sich weiter an, als Frankreich von Dürren, Hagelstürmen, zwei schlechten Ernten und einem harten Winter heimgesucht wurde. Im Frühjahr 1789 brachen Viehseuchen aus. Die Preise stiegen, doch die Steuern blieben hoch. Ein großer Teil der Bevölkerung hungerte. Auf dem Land revoltierten die Bauern.

Ludwig hoffte noch immer, dass er das meiste so lassen konnte, wie es war. Doch er rang sich zu einem großen Schritt durch. Er berief zum ersten Mal seit 175 Jahren die Generalstände ein, eine Art Parlament aus Vertretern von Adel, Kirche und Bürgertum. Als sich deren Delegierte am 5. Mai 1789 in einem Saal des Versailler Schlosses einfanden, war das im Grunde schon das Ende der absoluten Monarchie.

Zahlreiche Adelige witterten die Gelegenheit, mehr Macht zu ergattern. Vom Verzicht auf Privilegien, eigentlich das Gebot der Stunde, wollten sie nichts hören. Die Vertreter des Dritten Standes erklärten sich am 17. Juni zur Nationalversammlung. Sie stünden für 96 Prozent der Bevölkerung und repräsentierten somit Volk und Nation. Alle anderen Delegierten luden sie ein, sich ihnen anzuschließen. Es war der erste Akt der Revolution.

Der zweite Akt folgte drei Tage später im Ballhaus. Dort schworen die Abgeordneten des Dritten Standes mit zahlreichen reformwilligen Vertretern der Kirche und einigen Adeligen, sich nicht wieder zu trennen, bevor Frankreich eine Verfassung habe.

Der Maler Jacques-Louis David (1748 bis 1825) war einer der wenigen, die in den folgenden dramatischen Jahren der Französischen Revolution nahezu immer obenauf schwammen. Immer gelang es ihm, sich mit den gerade herrschenden Kräften zu arrangieren, um schließlich als Schöpfer ikonographischer Porträts von Napoleon maßgebend zu dessen Verherrlichung beizutragen. Davids künstlerische Meisterschaft und Bedeutung ist unbestritten. Doch inhaltlich war er letztlich eher ein Propaganda- als ein Historienmaler.

1791 beauftragte ihn die »Gesellschaft der Freunde der Verfassung«, aus der sich zunehmend die radikalen Jakobiner entwickelten, ein Gemälde zum Ballhausschwur anzufertigen. Es sollte an der Stirnseite des halbkreisförmigen Plenarsaals der Nationalversammlung hängen, um immer im Blick der Abgeordneten zu sein. Doch bald sind einige der Protagonisten des Ballhausschwurs politisch nicht mehr gewünscht. Das Interesse für das Bild schwindet. Es kommt nicht genug Geld zusammen. Das Gemälde bleibt unvollendet.

Davids hier abgebildete Skizze des geplanten Gemäldes zeigt Details der Ereignisse, wenn auch idealisiert. Den Vorsitz an diesem denkwürdigen Tag führte der Astronom Jean Sylvain Bailly. Er steht auf einem Tisch im Mittelpunkt. Vier Jahre später wird er als Konterrevolutionär geköpft werden. Rechts vor ihm sitzt Abbé Emmanuel Joseph Sieyès. Er ist einer der Vordenker der Ereignisse und nimmt Jahre später eine bedeutende Rolle ein, als Napoleon Bonaparte die Revolution für beendet erklären wird.

Der Marquis de Mirabeau, damals Wortführer des Dritten Standes, steht mit dem Hut in der einen Hand und die andere erhoben zum Schwur rechts im Vordergrund in dunkler Kleidung. Er rief am 23. Juni Soldaten des Königs entgegen, man werde nur den Bajonetten weichen. Es waren noch drei Wochen, bis das Volk eingriff, das auf Davids Skizze oben in den Fenstern steht, im Wind, der zum Sturm werden wird. Noch drei Wochen, in denen die Hitze stieg, die Hungernden vom Land nach Paris kamen und um Brot bettelten. Noch drei Wochen bis zum Sturm auf die Bastille.

PAUL-JACQUES AIMÉ BAUDRY

DIE ERMORDUNG MARATS DURCH CHARLOTTE CORDAY

L'Assassinat de Marat/Charlotte Corday

Öl auf Leinwand
1858
154 x 203 cm
Musée des Beaux-Arts, Nantes

Im Juli 1793 stieg eine junge, hübsche Frau mit langem, braunem Haar im Örtchen Caen in eine Kutsche und machte sich auf den Weg nach Paris. Dort angekommen kaufte sie ein Küchenmesser mit langer Klinge.

Die Französische Revolution ging in diesem Sommer in ihr fünftes Jahr. Das einende Ziel, die Macht von Adel und Kirche zu brechen, war erreicht. Die Klöster waren aufgelöst, der Adel war abgeschafft, der König geköpft worden. Doch die junge Republik sah sich noch immer bedroht. Auf dem Land brachen Revolten aus und die Herrscher Europas schickten ihre Armeen, um den Geist zu ersticken, der ihre jahrhundertealte Herrschaft in Frage stellte.

Die Bedrohung von außen und innen heizte das Feuer der radikalen Kräfte der Revolution an. Im Juni stürzen die radikalen Jakobiner die gemäßigten Girondisten. Einer der jakobinischen Wortführer war Jean-Paul Marat: »Die Freiheit muss durch Gewalt begründet werden!«, rief er aus. Ein Komitee mit dem bald zynisch klingenden Namen Wohlfahrtsausschuss errichtete ein Terrorregime. Dessen treibende Kraft war Maximilien de Robespierre, der Marats Wort vom »Despotismus der Freiheit« als Rechtfertigung für die Schrecken anführte, denen in den nächsten Monaten über 25.000 Menschen zum Opfer fallen sollten.

Weit draußen in Caen war die junge Charlotte Corday, Tochter verarmter Adeliger, von der Revolution zunächst so begeistert, dass sie mit ihrer Familie und ihrem Verlobten brach, die auf der Seite der Königstreuen standen. Doch als der Terror der Jakobiner Charlotte Cordays Heimatstadt erreichte, ihr Verlobter und dessen Bruder hingerichtet wurden, Mitglieder ihrer Familie fliehen mussten, erklärte sie: »Wir haben nicht vier Jahre der Heimsuchungen durchgestanden, damit ein Marat über Frankreich herrscht.«

Sie beschloss, etwas zu unternehmen. Etwas, das so radikal war wie Marat selbst. Charlotte Corday wollte den Revolutionär am Jahrestag des Sturms auf die Bastille in aller Öffentlichkeit erstechen. Doch in Paris angekommen, erfuhr sie, Marat verlasse sein Haus kaum noch. Er sei krank.

Seit früher Jugend litt der Revolutionär an Hautekzemen, die zu heftigem Juckreiz führten und hässliche Narben hinterließen. Marat war Arzt geworden, hatte in England gelebt und begonnen, Schriften zu philosophischen, naturwissenschaftlichen und juristischen Fragen zu veröffentlichen. Eine davon mit dem Titel »Ketten der Sklaverei« war bereits gegen die Herrschaft der Fürsten gerichtet. Als Marat eines Tages fürchtete zu sterben, so erzählte es später die Legende, berichtete ihm am Krankenlager ein Freund von den revolutionären Entwicklungen in Paris, die Marat so tief beeindruckten, dass er neue Kraft schöpfte und sich fortan dem Umsturz der politischen Verhältnisse verschrieb.

Kurz nach Ausbruch der Revolution gründete Marat die bald in *L'Ami du peuple* (Freund des Volkes) umbenannte Zeitung. Manchmal erschien sie zweimal am Tag und war bald als Stimme der Radikalen gefürchtet. Marat erhob seine darin laut und unerbittlich. Wer die Revolution nicht fanatisch betrieb, galt in seinen Augen als Feind, der ohne viel Federlesens hinzurichten sei. Zunächst forderte er, 10.000 Gegner zu enthaupten, wenig später sollten es bereits zehn Mal so viele sein. Gemäßigte Kräfte erkannten die Gefahr, die von Marat ausging, und wollten ihn verhaften. Doch er floh nach England. Als die Monarchie im August 1792 gestürzt worden war, kehrte er zurück und schloss sich den radikalen Jakobinern an. Er wurde einflussreicher Delegierter im Nationalkonvent und schließlich Präsident der Jakobiner.

Am 13. Juli nahm Marat wegen seines quälenden Hautleidens wieder einmal ein ausgedehntes Bad. In der Wanne arbeitete er an seinen Pamphleten und erledigte seine Korrespondenz. Charlotte Corday versuchte, von ihm empfangen zu werden, doch Marats Lebensgefährtin wies sie ab. Am Abend versuchte Charlotte es erneut. An der Tür sagte sie, sie wolle Namen von Feinden der Revolution in Caen preisgeben. Marat hörte das von seinem Bad aus und rief, sie könne hereinkommen. Sie unterhielten sich mehrere Minuten. Auf ihre Frage, was er mit den Männern machen werde, deren Namen sie zu nennen vorgab, antwortete er, er werde sie alle hinrichten lassen.

Daraufhin stach Charlotte zu. Der Angegriffene konnte zwar noch um Hilfe rufen, war aber wenige Sekunden später tot.

Vier Tage später wurde Charlotte Corday morgens der Prozess gemacht. Der Anwalt Claude François Chauveau-Lagarde, später auch Verteidiger von Marie Antoinette, wurde erfolglos gedrängt, auf Geisteskrankheit zu plädieren. Von politischem Idealismus wollte man nichts hören. Noch am Abend wurde Charlotte Corday enthauptet. Ihre Tat diente als willkommene Begründung für die Verschärfung des Terrors durch den Wohlfahrtsausschuss.

Marat selbst wurde umgehend von den herrschenden Radikalen zum Märtyrer verklärt. Der Maler Jacques-Louis David stellte sich mit vollem Herzen in diesen Dienst. Als Freund Marats war er auf dessen Vorschlag sogar Mitglied des Nationalkonvents geworden. Nun bezahlte er ein pompöses Begräbnis für den Toten und malte in den nächsten vier Monaten das berühmteste Bild zu diesem Ereignis, das ikonenhafte Gemälde »Der Tod des Marat«. Gleich einem Christus liegt der Ermordete in weißen Tüchern, die, wie damals üblich, die Wanne auskleideten.

Das Bild, das Paul Jacques Aimé Baudry fast sieben Jahrzehnte später malte, greift die Darstellung Davids im Wesentlichen auf, erweitert und verschiebt aber die Perspektive des Betrachters. Baudrys Version ist ein Bild des Zweiten Kaiserreichs. Marat galt nun als Monster, Charlotte Corday als Freiheitskämpferin. Das Bild vermittelt uns den Eindruck, als seien wir die Ersten, die unmittelbar nach der Tat den Raum betreten. Der tote Marat liegt mit dem Rücken zu uns in der Wanne. Nur zwei Schritte entfernt in die Ecke gedrückt steht Charlotte Corday. Ein wenig erschrocken von ihrer Tat, ist ihr Blick gleichzeitig gefasst. Sie weiß, was ihr Schicksal sein wird.

ARTURO MICHELENA

MIRANDA IM GEFÄNGNIS LA CARACCA

Miranda en La Caracca

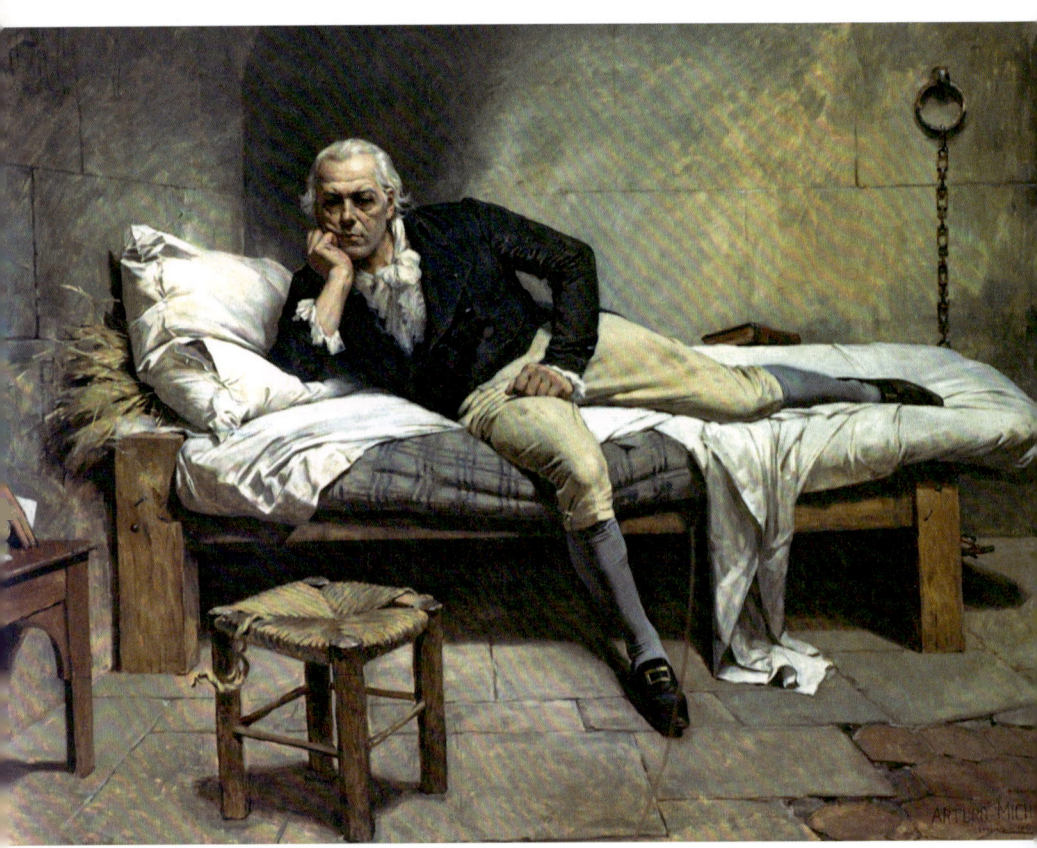

Öl auf Leinwand
1896
196,6 x 245,5 cm
Galería de Arte Nacional, Caracas

Er hatte die Welt gesehen und die Welt ihn. Francisco de Miranda: Lebemann, Soldat und Rebell, ein romantischer Held, wie ihn sich ein Romancier kaum besser ausdenken kann.

Geboren und aufgewachsen war er in Caracas. Sein Vater, ein reicher spanischer Kaufmann, verdiente sein Geld im Handel mit dem spanischen Mutterland. Mirandas Mutter stammte aus einer wohlhabenden kreolischen Familie. Doch er selbst wuchs in dem Bewusstsein auf, weder zu den Spaniern noch zu den Kreolen zu gehören, und er war zu reich, um dem gemeinen Volk nahe zu sein. Seine Rolle als Außenseiter spielte der intelligente und gutaussehende junge Mann vor allem mit Arroganz und Aggressivität. Er studierte in seiner Heimatstadt Caracas und in Madrid, danach trat er in den spanischen Militärdienst ein und wurde Offizier.

Als Spanien in der Spätphase des Amerikanischen Unabhängigkeitskrieges auf Seiten der Amerikaner eingriff, machte Miranda auf sich aufmerksam. Insbesondere bei der Eroberung der Festung Pensacola von den Briten im Jahr 1781 zeigte er militärisches Talent. Aber er hatte Feinde und er pflegte sie. Immer wieder geriet er mit Kameraden und Vorgesetzten in Streit. Seine vielfältigen Begabungen blieben dennoch nicht verborgen.

Doch als ihm Kämpfer für die venezolanische Unabhängigkeit eine Führungsrolle in ihrer Bewegung anboten, lehnte er ab. Er suchte noch, nahm seinen Abschied vom Militär und bereiste die USA. Dort traf er George Washington, Thomas Paine und Alexander Hamilton und freundete sich mit James Madison und Thomas Jefferson an. Allmählich entwickelte Miranda seinen Traum von einem Pendant der USA in Südamerika. Auch dort, so seine Idee, sollten sich alle Regionen und Länder zu einem einzigen mächtigen Staat vereinen, der die Kolonialherrschaft der Spanier und Portugiesen abstreifte. Kolumbien wollte Miranda diesen Staat nennen. An seine Spitze sollte ein Kaiser mit dem Titel Inka gewählt werden, den ein Zweikammerparlament nach US-amerikanischem Vorbild kontrollierte.

Beflügelt von seiner Idee ging Miranda nach Europa. Jahrelang reiste er umher, besuchte alle bedeutenden Staaten, Fürstenhöfe und Hauptstädte, warb um Unterstützung für seine Vision und führte dabei ausgiebig Tagebuch.

Besonders lange hielt Miranda sich am Hof von Katharina der Großen in Russland auf. Mancher raunte, er sei einer ihrer Liebhaber geworden. Wie auch immer, die erhoffte Unterstützung der Zarin für seine politischen Ziele blieb letztlich aus. So ging er nach Frankreich und trat dort in die Revolutionsarmee ein. Zum General befördert, besiegte er bei der Belagerung von Amberes die österreichischen Invasionstruppen und wurde zum Dank dafür später auf dem Triumphbogen in Paris als einziger Amerikaner namentlich als »Held der Revolution« verewigt. In den Wirren der Revolution selbst aber geriet Miranda zweimal in Haft, zweimal entkam er der Guillotine.

Ab 1795 hielt er sich für einige Jahre in England auf. Dort heiratete er und wurde Vater zweier Kinder. Er stand in engem Kontakt zu Premierminister William Pitt, erhielt eine großzügige Rente, um seinen Lebensunterhalt zu bestreiten, wurde aber, was seine Ziele für seine Heimat betraf, hingehalten. Erst zehn Jahre später beschlossen die Briten, sich Mirandas zu bedienen. Sie hofften, er könnte ihnen von Nutzen sein, um Spanien zu schwächen. Ausgestattet mit einer hohen Geldsumme reiste Miranda in die USA. Für das, was er vorhatte, reichte das Geld allerdings nicht. Er wollte nicht weniger als die Revolution nach Südamerika bringen.

Mit drei Schiffen und 150 Freiwilligen brach Miranda auf und ging in seiner Heimat mit der ersten Flagge für ein freies Venezuela, die er selbst entworfen hatte, nach Jahren der Abwesenheit an Land. Die Flagge wurde später leicht verändert zu der des tatsächlich gegründeten Staates Venezuela. Doch in jenen Tagen war Miranda mit zu wenigen Kämpfern gekommen. Die Einheimischen sahen wenig Chancen auf einen Erfolg und schlossen sich ihm nur zögernd an. Das Unternehmen scheiterte kläglich, ebenso ein zweiter Anlauf wenige Monate später.

Erneut reiste er nach England, wo die zuvor ohnehin nur beschränkte Unterstützung für ihn nun ganz erlahmte. Die Briten brauchten ihre Kräfte im Kampf gegen Napoleon wieder in Europa. In Venezuela aber hatte sich derweil einiges getan. Revolution und Unabhängigkeitskrieg waren ausgebrochen. Eine Junta rief 1810 die Erste Republik aus und erklärte diese als unabhängig vom Mutterland Spanien. Wichtigster Anführer der Unabhängigkeitskämpfer war Simón Bolívar. Er reiste noch im gleichen Jahr mit einer Delegation nach England, um ebenfalls um Unterstützung zu werben. Miranda und er schlossen rasch enge Freundschaft.

In Begleitung seines neuen Freundes kehrte Bolívar nach Venezuela zurück. Miranda aber, gekleidet in die Uniform eines französischen Revolutionsgenerals, löste erst einmal Befremden aus. Man hielt ihn für einen radikalen Jakobiner, fragte sich, ob er nach jahrelanger Abwesenheit noch die Mentalität seiner Landsleute begreife. Zwar gewann er Anhänger für seine Vision des vereinten Südamerika, doch letzten Endes blieb er unter den Revolutionären isoliert. Als die Lage der Unabhängigkeitsbewegung im Kampf gegen spanische Truppen immer verzweifelter wurde, ergab sich Miranda mit seinen Truppen und plante, gemeinsam mit Bolívar zu fliehen. Der aber verriet ihn und übergab ihn an den Kommandeur der spanischen Truppen. Bolívar erhielt durch diesen Handel die Freiheit, Miranda blieb in Gefangenschaft.

Im spanischen Cádiz in einem der Türme der Hafenfestung La Carraca eingekerkert, plante Miranda, der in schlimmen Momenten seines Lebens immer wieder die Fähigkeit zu stoischer Gelassenheit und entschlossener Zuversicht aufgebracht haben soll, seine Flucht. Doch trotz der Bemühungen seiner Freunde blieb alle Hilfe von außen erfolglos. Schließlich verließen den 66-jährigen die Kräfte. Er starb 1816 im Kerker.

Der venezolanische Maler Arturo Michelena (1863 bis 1898), einer der bedeutendsten Maler seines Landes und Schüler von Jean-Paul Laurens, malte sein Bild von Miranda im Gefängnis exakt 80 Jahre nach dem Tod des Revolutionärs. Das Bild ist eine Ikone Venezuelas.

COALBROOKDALE BEI NACHT

Coalbrookdale at Night

Öl auf Leinwand
1801
68 x 106,5 cm
Science Museum, London

Blitze durchzucken die Nacht. Feuer lodern. Dichter Dampf steigt gen Himmel. Das Inferno, kontrolliert und von Menschen gemacht, tobt in der Mitte der gewaltigsten Umwälzungen, seit die ersten Jäger und Sammler weit über zehntausend Jahre zuvor begonnen hatten, Äcker zu bewirtschaften.

Coalbrookdale ist ein kleiner Ort im Herzen Englands an der Grenze zu Wales und eine der Geburtsstätten der Industriellen Revolution. Das, was hier geschah, steht meist nicht im Mittelpunkt der Erzählungen der außergewöhnlichen Taten jener Tage, ist aber ein wichtiger Teil davon.

Mit der Ersten Industriellen Revolution werden meist die rasanten Veränderungen auf der britischen Insel verbunden. Tatsächlich aber fand die Industrialisierung weltweit statt, nur mit anderen Schwerpunkten und an manchen Stellen nicht so kraftvoll und überwältigend wie in Großbritannien. Dort begann sie damit, dass es James Watt in der zweiten Hälfte des 18. Jahrhunderts gelang, Dampfmaschinen so effizient und wirtschaftlich zu machen, dass sie immer häufiger und auf vielfältige Weise eingesetzt werden konnten. Nach und nach entstanden neue Produktionsformen und -techniken. Die industrielle Fertigung nahm ihren Anfang.

Die damit in Gang gesetzte Dynamik hat seit diesen Tagen nicht mehr nachgelassen und sich sogar beschleunigt. Schon kurze Zeit später begann das Zeitalter der Eisenbahn und in der zweiten Hälfte des 19. Jahrhunderts folgte mit der Elektrotechnik und der Pharmaindustrie eine neue Stufe der Industrialisierung und Fertigung. Oft wird diese Phase als Beginn einer Zweiten Industriellen Revolution bezeichnet.

Die zur Zeit James Watts einsetzende Erste Industrielle Revolution ist nicht zu trennen von den Entwicklungen in der Agrarwirtschaft jener Zeit. Bessere Bodennutzung und neue Bewirtschaftungsmethoden erhöhten die Erträge. Die Bevölkerung wuchs. Als ein entscheidender Beitrag der Landwirtschaft erwies sich die Baumwolle. Mit ihr konnten preiswerte Stoffe in die Absatzmärkte des Britischen Weltreichs geliefert werden. Die erste industrielle Massenfertigung gelang vor allem dank der Erfindung und stetigen Verbesserung von Spinnmaschinen, die bald in großem Umfang in Manufakturen zum Einsatz kamen. In England entstanden die ersten Fabriken. Weil die Bevölkerung wuchs, gab es genug Arbeitskräfte. Eine neue Bevölkerungsschicht, die der Arbeiter, entstand. Die Fabriken veränderten die Arbeitswelt und die Herstellung von Gütern fundamental. Planung und Organisation wurden wichtig. Um Maschinen nicht dauernd an- und abschalten zu müssen, wurde die Arbeit in Schichten eingeteilt. Zeit bekam eine noch weit größere Bedeutung als zuvor. Die Nacht wurde oft zum Tag. So wie in Coalbrookdale.

Da sich alles, was mit Arbeit, Geld und Gütern zu tun hatte, veränderte, versuchte der Schotte Adam Smith die Fundamente des Wirtschaftens und ihre Beziehungen zueinander in seinem 1776 erschienenen Buch ›Untersuchung über Wesen und Ursachen des Reichtums der Völker‹ erstmals darzustellen und schuf so das grundlegende Werk für die entstehenden Wirtschaftswissenschaften.

Das Bild des elsässisch-britischen Malers Philipp Jakob Loutherbourg des Jüngeren (1740 bis 1812) zeigt die Schmelze von Madely Wood bei Coalbrookdale, die Abraham Darby III. 1776 übernommen hatte. Loutherbourg wurde bekannt für seine stürmischen Seestücke und wilden Landschaften, ausgeführt mit effektvoll gesetzten Licht- und Schatteneffekten. Berühmt und erfolgreich wurde er vor allem mit seinen Bühnenbildern, die den Stil des britischen Theaters prägten. Loutherbourg interessierte sich lebhaft für die Industrielle Revolution. Mit dem Gemälde von Coalbrookdale bei Nacht schuf er ihr ein Denkmal, das längst als Ikone dieses Zeitalters gilt.

Coalbrookdale in der Grafschaft Shropshire an der Grenze zu Wales, wo seit jeher Eisen, Kohle und Kupfer aus der Erde geholt wurden, war seinerzeit Schauplatz der dramatischen Veränderungen in der Eisenherstellung. Schon seit Generationen wurde in dem Dorf Eisen geschmolzen. Anfang des 18. Jahrhunderts hatte Abraham Darby I. das dortige Hüttenwerk gepachtet. Darby gehörte zu einer weit verzweigten Familie von Quäkern, die das Werk in den nächsten Generationen weiter ausbauten. Die Darbys sind nur eines von vielen Beispielen, wie immer wieder Mitglieder religiöser Minderheiten nicht nur wirtschaftlichen Fortschritt vorantreiben: Quäker, Juden, Protestanten in katholischen Gegenden, Katholiken in protestantischen. Die Religion gibt Identität und Zusammenhalt, die Stellung als Minderheit und Außenseiter befeuert den Ehrgeiz, durch außergewöhnliche Leistungen die Anerkennung der Mehrheit zu gewinnen. Da Außenseiter durch ihre Rolle nicht den allgemeinen Konventionen verpflichtet sind, gelingt es gerade ihnen, neue, vollkommen außergewöhnliche Wege zu finden. So war es auch mit Abraham Darby I.

Weil die Schmelze in Coalbrookdale nicht wirtschaftlich arbeitete, überlegte er, ob es nicht ein besseres Befeuerungsmittel für die Öfen gab als Holz. Über Jahrhunderte hatte man in Europa ganze Wälder zur Gewinnung von Holzkohle abgeholzt und in England war Holz seit jeher knapp. Steinkohle hingegen gab es reichlich. Tatsächlich gelang es Darby, ein neues Verfahren zu entwickeln, und sein Sohn Abraham Darby II. nahm in Coalbrookdale den ersten mit Steinkohle (Koks) befeuerten Hochofen in Betrieb, eine weitere von den Höllenmaschinen und wunderlichen Apparaten, die das Antlitz der Welt in den nächsten Jahrzehnten verändern sollten.

Ihr Geld verdienten die Darbys mit der Herstellung von Gusseisen, das traditionell für Haushaltsgüter wie Pfannen gebraucht wurde. Doch sie zeigten bald auch, dass der Werkstoff zu mehr taugte. Sie stellten erste Schienen aus Gusseisen her und schließlich verschaffte Abraham Darby III. seiner Familie noch einen weiteren Eintrag in der Chronik der Industriellen Revolution. Er baute 1778 die erste gusseiserne Brücke. Die *Iron Bridge*, ganz in der Nähe von Coalbrookdale, war ein Auftrag des Hochofenbesitzers und Erfinders John Wilkinson und des Eisenproduzenten Thomas Pritchard. Sie wollten den Gütertransport über den Fluss Severn erleichtern. Wilkinson, als Presbyterianer auch Angehöriger einer religiösen Minderheit, sorgte zudem für Belustigung, als er vorschlug, ein Schiff aus Eisen herzustellen. Aber 1787 baute er das erste in der Geschichte bekannte eiserne Wasserfahrzeug.

FRANÇOIS BOUCHOT

GENERAL BONAPARTE VOR DEM RAT DER FÜNFHUNDERT IN SAINT CLOUD AM 10. NOVEMBER 1799

Le général Bonaparte au Conseil des Cinq-Cents,
à Saint Cloud. 10 novembre 1799

Öl auf Leinwand
1840
401 x 421 cm
Musée National, Versailles

Vielleicht hat es diese Szene, diesen Moment, genau so gegeben. Doch dieses Bild erzählt nichts von den Umständen und den wahren Begebenheiten. Es ist so, als hätte man von den vielen Bildern, die dieser Tag lieferte, dieses eine ausgewählt, damit es denen in die Hände spielt, die an jenem 10. November 1799 durch einen Putsch die Macht an sich rissen.

Der in diesem Bild festgehaltene Augenblick verschleiert nicht nur die Wahrheit, sondern enthält sogar gewollt eine vollkommen falsche Botschaft. Napoleon Bonaparte, umringt von aufgebrachten Abgeordneten, wirkt wie der besonnene Mann, der Ordnung in ein Chaos zu bringen vermag. Dass er selbst dieses Chaos ausgelöst hat, wird für den Betrachter nicht ersichtlich. Der sieht nur den jungen General, von mehreren Männern bedroht, in erstaunlicher Ruhe.

Die Französische Revolution ist 1799 in ihrem elften Jahr. Es wird ihr letztes sein. Gemäßigte Kräfte hatten den radikalen Jakobinern im Sommer 1794 die Macht entrissen. Die Terrorherrschaft war beendet, doch die Lage blieb auch in den nächsten Jahren unsicher. Wie zuvor erschütterten Aufstände, Verschwörungen, politische Morde und Hinrichtungen die junge Republik. Im Spätsommer bestätigte eine Volksabstimmung eine neue Verfassung. Nun oblag einem fünfköpfigen Direktorium in wechselnder Besetzung die Führung des Staates. Doch das Direktorium war unbeliebt. Korruption griff um sich, die Wirtschaft war am Boden. Die Drohungen eines Staatsstreichs von Anhängern der Monarchie oder von radikalen Jakobinern lagen in der Luft.

Der Abbé Emmanuel Joseph Sieyès war von Anfang an einer der Vordenker der Revolution gewesen und seit einiger Zeit der führende Kopf des Direktoriums. Die neue Verfassung lehnte er ab. Als die Jakobiner durch Wahlen wieder erstarkten, suchte er »einen Säbel«, um die Republik zu »retten«. Er fand ihn in Napoleon Bonaparte. Der ehrgeizige Korse war erst 30 Jahre alt, doch längst der wichtigste Heerführer des Landes. Er hatte in den ersten Jahren der Revolution seine Chance genutzt. Als die vor allem adelige Militärführung geflohen, hingerichtet oder im Kampf gegen die Revolution getötet worden war, war er einer von denen, die in das Vakuum stießen. Bald war er bekannt als hochbegabter und mutiger Kommandeur der Revolutionsarmee. Mit nur 24 Jahren zum General aufgestiegen, machte sich Bonaparte durch seine militärischen Erfolge zunehmend unentbehrlich, so etwa, als er dem Direktorium 1796 mit der Beute aus seinem erfolgreichen Italienfeldzug dringend benötigtes Geld verschaffte. Bonaparte war überzeugt, dass ihm weder im Krieg noch in der Politik Grenzen gesetzt waren. Er glaubte sogar, eines Tages die Welt beherrschen zu können.

Einen ersten Versuch als Welteroberer startete er mit seinem Feldzug in Ägypten. Der aber verlief nach anfänglichen Erfolgen buchstäblich im Sand. Bonaparte wollte auf den Rückschlag nun rasch einen Sieg folgen lassen. Da kam ihm die Situation in Frankreich gerade recht. Er verließ seine Truppen, kehrte zurück und Sieyès gewann ihn für seine Pläne. Was nun folgte, war ein sorgsam eingefädelter Staatsstreich, der ausgerechnet durch das Ungeschick Bonapartes fast noch scheiterte.

In jenem November des Jahres 1799 schrieb der von den Revolutionären eingeführte Kalender das Jahr 8 der neuen revolutionären Zeit. Am 18. Tag des Monats Brumaire (deutsch: Nebelmonat) brachte man die beiden Kammern der Nationalversammlung in das Schloss Saint-Cloud vor den Toren von Paris. Es sei zur Sicherheit aller, ließ man die Abgeordneten wissen, denn die Jakobiner stünden kurz davor zu putschen. Die Soldaten, die unter dem Befehl Bonapartes rund um das Schloss Stellung bezogen, habe man zu ihrem Schutz geholt.

Die Lage änderte sich schlagartig, als Sieyès und zwei weitere Mitglieder des Direktoriums, wie zuvor mit Bonaparte abgesprochen, zurücktraten. Aber die beiden verbliebenen Direktoren, die den Jakobinern angehörten, verweigerten die Demission.

Bonaparte versuchte nun, die Abgeordneten der beiden Kammern des Parlaments für die geplante Verfassungsänderung zu gewinnen, durch die er als einer von drei Konsuln an die Spitze des Staates gestellt werden sollte. Zunächst suchte er den Rat der Ältesten auf. Sein Auftritt wurde zu einem Misserfolg. Bonaparte war kein guter Redner und seine Antworten auf Fragen zur

Zukunft der Revolution und der Verfassung ließen sofort Zweifel daran aufkommen, ob ihm beides noch etwas wert sei.

Als er kurz darauf den Rat der Fünfhundert aufsuchte, der in der Orangerie von Saint-Cloud versammelt war, schlug ihm offene Feindschaft entgegen. »Nieder mit dem Diktator!«, riefen die Abgeordneten. Dass Bonaparte den Saal zudem in Begleitung mehrerer Grenadiere betreten hatte, steigerte die Ablehnung noch. Kaum einer zweifelte noch an einem Militärputsch. Mehrere wütende Abgeordnete begannen Bonaparte zu bedrohen. Einige wurden handgreiflich und verletzten ihn im Gesicht. Erste Stimmen forderten, ihn als Verräter anzuklagen.

In dieser bedrohlichen Situation kam Bonaparte ein Detail der Vorbereitungen des Staatsstreiches zu Hilfe. Sein jüngerer Bruder Lucien Bonaparte hatte sich kurz zuvor zum Präsidenten des Rats der Fünfhundert wählen lassen und führte den Vorsitz der Versammlung. Er handelte nun geistesgegenwärtig und nahezu genial. Während der Tumult tobte, gelang es ihm, den Saal zu verlassen und die draußen postierten Soldaten aufzufordern, den Saal zu räumen. Das Militär griff ein und besiegelte das Ende des Direktoriums.

Napoleon Bonaparte ließ sich nun zum Ersten von drei Konsuln wählen. Einer der beiden anderen war Sieyès. Bonaparte erklärte, die Revolution sei »auf ihre Prinzipien gebracht, von denen sie ausgegangen ist, sie ist beendet«. Seine Amtszeit wurde zunächst auf zehn Jahre angelegt. 1802 aber ließ er sich zum Konsul auf Lebenszeit wählen, zwei Jahre später krönte er sich selbst als Napoleon I. zum Kaiser der Franzosen.

François Bouchot (1800 bis 1842) stellte sein Bild im Jahr 1840 fertig. Zwei Jahre zuvor hatte er den Auftrag dafür vom sogenannten Bürgerkönig Louis-Phillipe bekommen. Zu jener Zeit versuchte sich die neu eingerichtete Monarchie auch durch den Rückgriff auf Napoleon Bonaparte zu legitimieren. Das Gemälde ist daher weniger ein historisches Bild denn ein Propagandabild und ein Lehrstück, wie man durch geschickte Komposition und bedacht gesetzte Emotion einen Vorgang so darstellt, wie er gesehen werden soll. Seinerzeit war es ein großer Erfolg.

JAPANER BETRACHTEN NIEDERLÄNDER IN EINEM GASTHAUS IN EDO

Farbholzschnitt
In: Asakusaan:
Ehon azuma asobi, 1802, Bd. 2

Im Jahr 1639 begann die lange Zeit, in der Japan sich über mehr als zwei Jahrhunderte lang vor der Welt verschloss. Außer den Chinesen war es nur wenigen ausgesuchten niederländischen Kaufleuten gestattet, mit dem Inselreich Handel zu treiben. Doch auch ihnen war es nicht erlaubt, Japan zu betreten. Nur in einem extra eingerichteten Quartier auf dem vor der Stadt Nagasaki aufgeschütteten Eiland Dejima durften sich die Niederländer aufhalten. Dort lebten sie streng bewacht und unter ebenso strengen Auflagen.

Drei Jahrhunderte zuvor war Marco Polo der Erste gewesen, der in seinen Berichten aus China auch Kunde von Japan nach Europa gebracht hatte. Der erste Europäer, der tatsächlich die Küste Japans sah, war Mitte des 16. Jahrhunderts der portugiesische Entdecker Mendez Pinto. Wie überall in der Welt, wo europäische Seefahrer ihren Fuß auf neu entdecktes Land gesetzt hatten, begannen auch hier bald Missionare mit ihrem Werk. Vor allem im Süden Japans bekehrten Portugiesen und Spanier mit Erfolg. Sie profitierten von der Schwäche der japanischen Gesellschaft, entstanden aus den jahrzehntelangen Kämpfen verschiedener Kriegsherren.

Erst zu Beginn des 17. Jahrhunderts gelang es dem Feldherrn Tokugawa Ieyasu, Japan zu einen. Als Schogun, als großer Kriegerfürst und Anführer der Samurai, herrschte er nun über das Inselreich, und während der nächsten zweieinhalb Jahrhunderte gaben die Schogune aus der Familie Tokugawa diese Macht nicht mehr aus den Händen. Dem Kaiser blieb nur noch die Rolle eines spirituellen Führers. Als Edo-Zeit ging diese Epoche in die japanische Geschichte ein, denn Tokugawa Ieyasu machte den Fischerort Edo zu seiner Hauptstadt, aus der über die Jahrhunderte das heutige Tokio wuchs.

Um ihr Schogunat auf Dauer zu sichern, galt es für die Tokugawa, die Macht der lokalen Kriegsherren, der Daimyo, zu brechen. Dazu gehörte auch, den Außenhandel unter Kontrolle zu bekommen, von dem viele von ihnen profitierten. So kappten die Tokugawa nach und nach nahezu alle Verbindungen des Landes zur Außenwelt. Dazu gehörte auch das konsequente Herausdrängen der Europäer. Der Handel mit ihnen hatte nicht die erhofften Erfolge gebracht und die Missionierung durch Spanier und Portugiesen störte die Harmonie, das klare Gefüge der Herrschaft und die Unterordnung der japanischen Gesellschaft.

Bereits 1614 hatte Tokugawa Ieyasu das Christentum in Japan verboten. Nun brach 1639 im bereits stark missionierten Süden eine Bauernrebellion gegen den Schogun aus. Mit Hilfe niederländischer Kanonen konnte Tokugawa den Aufstand niederschlagen. Danach durften Ausländer Japan nicht mehr betreten und Japaner nicht ins Ausland reisen. Jedem, der dem zuwiderhandelte, drohte die Hinrichtung. Wer Kontakt mit Fremden hatte, selbst wenn er nur als Schiffbrüchiger von Europäern aus dem Meer gefischt worden war, den erwartete bei der Rückkehr in die Heimat ebenfalls die Todesstrafe.

Die einzigen Europäer, die schließlich noch die Verbindung zu dem isolierten Reich halten konnten, waren Niederländer. Eines ihrer Schiffe war im Jahr 1600 an der japanischen Küste gelandet. William Adams, der englische Navigator an Bord, hatte Zugang zum Hof des Schoguns bekommen. Adams baute Schiffe für den Herrscher und erhielt die Erlaubnis, dass jedes Jahr ein oder zwei niederländische Handelsschiffe in Japan landen durften. Für die Niederländer sprach, dass sie nicht missionierten und spanische und portugiesische Schiffe angriffen und kaperten.

Für ihre Handelsprivilegien mussten die Niederländer jedoch einige Opfer bringen. Zu den äußerst eigentümlichen Bedingungen gehörte ab 1609 auch die Pflicht, dem Schogun in Edo einmal im Jahr einen nach strengem Ritual vorbestimmten Besuch abzustatten.

Waren sie nach komplizierter Anreise am Hof eingetroffen, hatten sie dem Schogun ihre Aufwartung zu machen und ihre Dankbarkeit zu zeigen. Auf allen vieren mussten sie mit der Stirn auf dem Boden zum Schogun kriechen, außerdem hatten sie zu tanzen und Faxen zu machen, dies zur Belustigung der Höflinge, denen durch die steife Etikette des Hofes Ähnliches zu tun strengstens verboten war. Danach überreichten die Niederländer die bestellten Geschenke und Güter. Uhren, Schmuck, Mikroskope, Tiere, Fernrohre, Brillen, Arzneimittel, Waffen, Bücher, Karten, Globen und dergleichen. Zudem mussten die Gäste aus dem fernen Europa schriftliche Berichte über die Ereignisse in der Welt übergeben. In Zusammenkünften während der nächsten Tage erfuhr der japanische Hof trotz aller Abkapselung einiges von der übrigen Welt. Aus diesem Austausch entwickelte sich in Japan das wissenschaftliche Fach der »Hollandkunde« (Rangaku), das die gesamte Auseinandersetzung mit europäischem Wissen umfasste, vor allem auf den Gebieten der Landwirtschaft, der Medizin, des Militärwesens und der Naturwissenschaften.

In Edo logierten die Niederländer in der Herberge Nagasaki-Haus (Nagasaki-ya). Der berühmteste Maler Japans Katsushika Hokusai (um 1760 bis 1849) hielt eine Szene fest, wie Japaner Niederländer in ihrer Herberge bestaunen.

Hokusais Werke, über 30.000 schuf er, anfangs oft geschmuggelt, später mit großem Erfolg exportiert, trugen wesentlich zur Popularisierung japanischer Holzschnitte und japanischer Kunst in der Welt bei. Meister der frühen Moderne wie Vincent van Gogh, Paul Gauguin und Egon Schiele ließen sich von seiner Bildgestaltung beeinflussen. Berühmt ist die Serie von Holzschnittmotiven unter dem Titel ›36 Ansichten des Berges Fuji‹. Dazu gehört eines der bekanntesten Bilder der Welt: *Die große Welle*

Japans Abschottung endete unfreiwillig. Die wirtschaftlich aufstrebenden USA suchte neue Handelspartner und Absatzmärkte und Japans Selbstverweigerung mochten sie nicht mehr hinnehmen. So liefen im Jahr 1853 vier amerikanische Kriegsschiffe unter dem Befehl von Kommodore Matthew Perry in die Bucht von Tokio ein und drohten mit dem Erscheinen weiterer Schiffe, würde man die »äußerst angemessenen und friedfertigen Annäherungsversuche« nicht erwidern. So öffnete sich Japan notgedrungen und erkannte, wie groß sein Rückstand in vielen Bereichen zu anderen hoch entwickelten Gesellschaften war. Doch es griff rasch die Möglichkeiten der neu geknüpften Beziehungen auf und nutzte sie konsequent zur eigenen Modernisierung und Weiterentwicklung hin zu einer Industrienation. Ein Jahrhundert später waren es Europäer und Amerikaner, die staunend die Japaner betrachteten, die in den Herbergen Europas und der USA abstiegen, um Handel zu treiben.

ADOLPH NORTHEN

NAPOLEONS RÜCKZUG AUS RUSSLAND

Öl auf Leinwand
1866
29 x 41,5 cm
Privatsammlung

Napoleons Araberhengst Marengo stammte aus dem heißen Ägypten, wo er vermutlich während des französischen Feldzugs gefangen worden war. Nun trug das treue Pferd den Feldherrn durch den eisigen Wind Russlands.

Im Jahr 1800 war Napoleon nahe des italienischen Dorfes Marengo erstmals auf dem Tier in eine Schlacht geritten und hatte dort den entscheidenden Erfolg über Österreich im Italienfeldzug errungen. In Erinnerung an den Triumph benannte er den Hengst nach dem Ort des Sieges.

Von den nahezu hundert Pferden, die Napoleon besaß und ständig zu seiner Verfügung hielt, war Marengo das bevorzugte Pferd des Kaisers. Zäh, tapfer, ausdauernd und schnell trug es seinen Herrn in den Schlachten bei Austerlitz, Jena, Wagram und im Russlandfeldzug.

Natürlich ritt Napoleon in seinen Kriegen nie nur ein Pferd. Im Russlandfeldzug führte der Tross gleich mehrere Dutzend Rösser für ihn mit. Sie hießen Desirée, Marie, Jaffa oder Ali. Meist waren es Araberschimmel und einige wurden selbst zu Berühmtheiten. Jean Louis Théodore Géricault malte Napoleons Hengst Tamerlan. Ein ausgestopfter Araberhengst namens Le Vizir ist im Musée de l'armée in Paris zu betrachten.

Neunzehn der von Napoleon gerittenen Pferde fanden in Schlachten den Tod. Marengo, das berühmteste seiner Schlachtrösser, wurde achtmal verwundet. Doch das zähe Tier erholte sich immer wieder. Marengo war nicht groß. Nur 1 Meter 43 war sein Stockmaß. Gerade richtig für den Kaiser, wird mancher sagen, denn Napoleon sei ja nicht groß gewesen. Ein Riese war Napoleon zwar nicht, aber auch nicht so klein, wie es oft kolportiert wird. Mit knapp unter 1 Meter 70 war er sogar etwas größer als der Durchschnitt der Männer jener Tage. Dass Marengo handlich war, kam dem Kaiser aus anderem Grund entgegen: Er war kein besonders guter Reiter.

Zeitgenössische Abbildungen von Marengo zeigen ein Pferd mit weißer Mähne und weißem Schweif, etwas dunkleren Beinen und zarten Flecken an der Flanke. Daher liegt es nahe, in dem Pferd, das Napoleon auf dem Gemälde des deutschen Malers Adolph

Northen (1828 bis 1876) reitet, Marengo zu vermuten. Northen hatte zu Lebzeiten einigen Erfolg mit Szenen aus den Napoleonischen Kriegen, stieg aber nie in die Riege bedeutender Historienmaler auf. Dieses wohl bekannteste Bild von ihm zeigt eine Szene des tragischen Rückzugs des französischen Kaisers aus Russland.

Um das Zarenreich zu erobern, war Napoleon im Juni 1812 dorthin aufgebrochen. Dank seiner Feldherrnkunst und der Kampfkraft seines Heeres, das er mittlerweile die Grande Armée nannte, war er in jenen Tagen Herrscher über den größten Teil Europas. Doch seine Macht bekam Risse. In den Ländern, über die Napoleon seine Hegemonie ausübte, erwachte nationales Bewusstsein und damit Widerstand. Die Wirtschaftsblockade, die Napoleon gegen den letzten noch verbliebenen ernsthaften Gegner Großbritannien verhängt hatte, begann ihm selbst zu schaden. Der französische Handel litt, das Volk begann zu murren, die Unterstützung der Verbündeten schwand. Als der Zar in Russland sich nicht mehr an der Blockade beteiligen mochte, auch weil Napoleon aggressiv an Russlands Grenzen vorging, bereiteten sich beide Seiten auf einen Krieg vor. Napoleon glaubte, anders als die meisten seiner Generäle, Russland rasch erobern zu können. Doch schon am ersten Tag des Feldzugs fiel er vor den Augen seiner Männer vom Pferd. Es hatte vor einem Hasen gescheut. Napoleons Männer sahen es als böses Omen. Ob das Pferd Marengo war, weiß man nicht. Mit einer Armee, die über 600.000 Köpfe zählte und in der Soldaten aus 20 Nationen marschierten, drang Napoleon in die Weiten des Zarenreiches ein. Vormarsch und Versorgung der Grande Armée erwies sich als äußerst schwierig. Einer großen Schlacht wich die russische Armee zunächst aus.

Nach dem ersten größeren Gefecht bei Smolensk, das Napoleon für sich entschied, stellten sich ihm die Russen bei dem Dorf Borodino entgegen. Den Befehl führte der gerade neu ernannte Oberbefehlshaber, der bereits 67-jährige General Michail Kutusow. In einer der blutigsten Schlachten des 19. Jahrhunderts mit etwa 80.000 Toten siegte Napoleon, hatte aber schwere Verluste zu beklagen. Der Weg nach Moskau aber war frei.

Mitte September zog Napoleon in die Stadt ein. Bald loderten erste Brände auf. Warum, ist bis heute nicht geklärt. Vielleicht waren es Brandstiftungen der Russen. Drei Viertel der Stadt, die zu einem großen Teil aus Holz gebaut war, fielen den Flammen zum Opfer. Napoleon machte den Feind verantwortlich und ließ 400 angebliche Brandstifter erschießen. Sein Versuch, zu verhandeln, blieb erfolglos. Der Zar verbot Kutusow jegliche Gespräche.

So wurde Moskau für Napoleon allmählich zur Falle. Längst hatte er auch erkannt, dass in der Weite des Landes ein endgültiger Sieg nicht möglich war. Nun stand der Winter vor der Tür und die Verpflegung der Armee war nicht gesichert.

So brach Napoleon Mitte Oktober mit seiner Armee zum Rückzug auf. Zu spät. Zwar setzte die Kälte erst allmählich ein, aber am Ende sprachen die Chronisten von einem Marsch durch eine winterliche Hölle. Die Soldaten froren in ihren Sommeruniformen und viele von ihnen verlangsamten den Zug, weil sie ihre Beutestücke aus Moskau nicht zurücklassen mochten. Die Nachhut zermürbte sich in Rückzugsgefechten. Unter den Erschöpften, Hungernden und Frierenden hatten Läuse und Fleckfieber leichtes Spiel. Ende November beim Übergang über den Fluss Beresina erreichten unter heftigen Angriffen der Russen nur etwas mehr als die Hälfte von etwa 70.000 Soldaten das andere Ufer.

Napoleon verließ seine Armee am 5. Dezember und hastete nach Paris. Dort hatte es einen Putschversuch gegeben. In Paris eingetroffen, konnte er seine Herrschaft wieder stabilisieren. Doch im Oktober 1813 kostete ihn die Niederlage in der Völkerschlacht bei Leipzig gegen die Allianz aus Österreich, Russland und Preußen die Regentschaft. Als er zwei Jahre später aus dem Exil auf Elba noch einmal nach Frankreich zurückkehrte und erneut die Macht ergriff, war es ein Heer von vornehmlich britischen und preußischen Kräften, das ihn bei dem kleinen belgischen Ort Waterloo endgültig besiegte. Streng bewacht starb er 1821 auf der weit abgelegenen Atlantikinsel St. Helena.

Marengo überlebte seinen Herrn. Bei Waterloo wurde der Hengst eine Beute der Briten. Sie brachten ihn nach England, wo er im hohen Pferdealter von 38 Jahren starb. Sein Skelett steht heute in einer Glasvitrine des National Army Museum in London.

WILLIAM TURNER

REGEN, DAMPF, GESCHWINDIGKEIT

Rain, Steam, and Speed – The Great Western Railway

Öl auf Leinwand
1844
91 x 121,8 cm
National Gallery, London

Über die Maidenhead Railway Bridge, die die Themse zwischen Taplow und Maidenhead quert, stampft um 1840 ein Zug. Der Blick des Betrachters geht nach Osten, nach London. Dies ist die Perspektive, die der große britische Maler William Turner (1775 bis 1851) dem Betrachter in seinem Gemälde *Regen, Dampf, Geschwindigkeit* bietet.

Nachdem es James Watt in der zweiten Hälfte des 18. Jahrhunderts gelungen war, die Dampfmaschine zu verbessern, war die Kraft des Pferdes zunächst noch immer das Maß aller Dinge. Watt wusste das und führte den Begriff der Pferdestärke ein, um zu zeigen, wie viele Male seine Maschinen die Kraft des Pferdes überstiegen. Über Jahrtausende war das Pferd nicht nur ein zuverlässiges Zugtier, sondern auch das schnellste Fortbewegungsmittel gewesen. Goethe reiste nicht schneller als ein Römer etwa 2000 Jahre zuvor. Vielleicht war der Römer aufgrund der besseren Straßen zu jener Zeit sogar oft schneller vorangekommen.

Wenige Jahrzehnte nach Watt gelang zu Beginn des 19. Jahrhunderts George Stephenson der Durchbruch bei der Entwicklung eines neuen Verkehrsmittels: der Eisenbahn. Sie erhöhte nicht nur drastisch die Reisegeschwindigkeit, sondern brachte die wirtschaftliche und gesellschaftliche Entwicklung entscheidende Schritte voran, veränderte aber auch Landschaften weltweit.

Wenn man ein Geburtsdatum der Eisenbahn nennen soll, dann bietet sich am ehesten der Tag der Einweihung der Strecke von Stockton nach Darlington in England an. An diesem 27. September des Jahres 1825 zog Stephensons Lokomotive *Locomotion* 36 Wagen mit Gütern und Personen über die extra dafür verlegten Schienen. Weitere Strecken wurden nun im Land in Angriff genommen. Um sie zu finanzieren, gründete man Eisenbahngesellschaften wie etwa 1833 die Great Western Railway (GWR). Hinter ihr stand das Interesse von Kaufleuten der Hafenstadt Bristol, eine Strecke von London in ihre Stadt zu bauen. Bristol, so ihr Wunsch, sollte die nach Liverpool zweitwichtigste Hafenstadt bleiben.

Zum Chefingenieur für den Bau der Great Western Railway ernannte man den erst 27-jährigen Isambard Kingdom Brunel.

In den nächsten Jahren schuf er Brücken, Viadukte und Bahnstationen, die für ihre Architektur gerühmt wurden und die das Bild des technischen Fortschritts im Großbritannien des viktorianischen Zeitalters prägten.

Fotos von Brunel zeigen ihn meist mit dem für die Zeit typischen, nahezu schornsteinhohen Zylinderhut, einer Zigarre im Mundwinkel, zerknautschter Hose und Jacke, dazu in matschbeschmutzten Schuhen. Mal steht er in einer Gruppe von Honoratioren oder lehnt vor riesigen Eisenketten des von ihm konstruierten Segeldampfschiffes *Great Eastern*. Als dieses 1858 vom Stapel lief, war es das größte Schiff der Welt und technisch seiner Zeit um Jahrzehnte voraus. Mit 4000 Passagieren an Bord sollte es die Welt umrunden können, ohne einmal Kohle nachladen zu müssen. Die *Great Eastern* erwies sich aber als unwirtschaftlich und kam als Unglücksschiff in Verruf, auf dem ein Unfall nach dem andern geschah. Brunel selbst erlitt am Tag der Jungfernfahrt einen Schlaganfall, von dem er sich nicht mehr erholte. Er starb wenig später.

Nicht nur Brunels Bauten sind zeitlose Meisterwerke der Ingenieurskunst, auch seine *Great Eastern* schrieb noch ein bedeutendes Kapitel des Fortschritts. 1866 verlegte man mit ihr das erste funktionstüchtige Kabel im Atlantik zwischen Europa und den USA. Als die BBC im Jahr 2005 den größten Briten aller Zeiten wählen ließ, kam Brunel nach Winston Churchill auf Platz 2.

Brunel war es auch zu verdanken, dass 1838 der Abschnitt zwischen dem Londoner Bahnhof Paddington und Taplow bei Maidenhead eröffnet werden konnte. Die Brücke, über die der Zug auf William Turners Gemälde fährt, war von Brunel in zwei weit geschwungenen Backsteinbögen über den Fluss entworfen worden.

Die Widersprüche aus Technikbegeisterung und Verbundenheit mit der Natur spiegeln sich im Werk William Turners und sie vereinen sich dort. In Turner selbst und dadurch letztlich in seinem umfangreichen Werk verschmolzen die beiden Antipoden der Zeit: Fortschritt und Sehnsucht nach vergangenen Zeiten, in der vor allem die Kräfte der Natur und nicht Maschinen das Leben bestimmten. Aus dem Wunsch, zur Natur zurückzufinden, begründeten Künstler und Intellektuelle daher in der Literatur, Musik und Malerei die Epoche der Romantik.

Turner wird mit seinem Werk dazu gezählt. Er war ergriffen von der Natur und feierte ihre ewige, zeitlose Kraft und Gewalt. Er war aber auch fasziniert von Fortschritt und Geschwindigkeit.

Doch es war die Natur, die Turner meist in den Mittelpunkt seiner Bilder rückte, und er ging meist so weit, dass er ein dargestelltes historisches Ereignis fast zur Randbemerkung des Bildraums machte. Dies galt auch zuweilen für die Betitelung eines Gemäldes. Dort setzte er dann das Naturereignis vor das historische. So geschah es nicht nur bei *Regen, Dampf, Geschwindigkeit*, das *Die große Western Railroad* nur im Untertitel trägt, sondern auch bei *Schneesturm – Hannibal und seine Armee überqueren die Alpen*. Das gewaltige Farbereignis aus Schneesturm und Bergen beherrscht das Bild. Die Armee Hannibals ist nur am unteren Bildrand schemenhaft zu sehen.

Bei *Regen, Dampf, Geschwindigkeit* erscheint die Lok, die für das historische Ereignis steht, über das darin berichtet wird, fast wie ein Schemen. Eigentliche Hauptdarsteller scheinen die Naturgewalten zu sein, die Wirbel aus Dampf und Regen. Die Lok selbst – eine Firefly-Lokomotive, die bereits Geschwindigkeiten um 80 Stundenkilometer erreichte – wirkt zwar wie das einzige Widerständige, das einzig Körperliche, ist aber in ihren Umrissen nur schwer auszumachen. Letzten Endes aber scheint die Lok in ihrer Geschwindigkeit nur etwas im wahrsten Sinne des Wortes Vorübergehendes zu sein, etwas, das nur einen Moment lang Aufmerksamkeit erregt. Mit ihr verhält es sich wie mit der Armee Hannibals in den Alpen, die nur kurz durchzog und nie wieder zurückkehrte, wie auch mit dem Hasen, der als einziges Lebewesen auf *Regen, Dampf, Geschwindigkeit*, für das Auge kaum zu sehen, vorne vor der Lok davonrennt. Jedes Leben vergeht, ebenso jeder Moment und damit jedes Ereignis in der Geschichte. Was bleibt, ist die Natur.

ELIZABETH THOMPSON

ÜBERRESTE EINER ARMEE

Remnants of an Army

Öl auf Leinwand
1842
132,1 x 233,7 cm
Tate Gallery, London

Der britische General Elphinstone war als junger Soldat in der Schlacht von Waterloo ausgezeichnet worden. Nun, fast drei Jahrzehnte später, übernahm er in Kabul im fernen Afghanistan das Kommando der britischen Garnison. Die Briten fochten dort seit 1839 den Ersten Anglo-Afghanischen Krieg. Sie wollten ihre Vormacht in der Region sichern und der Expansion Russlands entgegentreten. Die afghanische Hauptstadt war ihnen gleich nach Beginn des Krieges kampflos in die Hände gefallen. Doch in der Bevölkerung regte sich bald Widerstand gegen die Besatzung.

Während die Gefahr für die Briten vor Ort wuchs, unterschätzte Elphinstone die Bedrohung. Er kümmerte sich wenig um die Disziplin in seiner Truppe und war lax bei der Durchsetzung der Sicherheit in der Stadt. Als eines Tages ein hoher britischer Vertreter ermordet wurde, mahnte der Kolonialbeamte William Macnaghten bei Elphinstone Taten an, doch ohne Erfolg. So machte sich Macnaghten selbst auf, um mit den afghanischen Aufständischen unter der Führung des Clanchefs Mohammed Akbar zu verhandeln. Doch als er in dessen Lager eintraf, setzte der ihm einen Pistolenlauf in den Mund, drückte ab und ließ Macnaghtens Leiche kurz darauf durch Kabul schleifen.

Elphinstones Lage war nun fatal. Die Aufständischen witterten ihre Chance, während die Moral seiner Truppe einen neuen Tiefpunkt erreichte. Zum Entsetzen seiner Offiziere, die in der Ermordung Macnaghtens das sahen, was ihnen drohte, ob sie verhandelten oder nicht, verständigte Elphinstone sich nun mit Mohammed Akbar über die Bedingungen eines Rückzugs. Diese sahen unter anderem vor, dass die Briten für freies Geleit ihre neuesten Musketen und die meisten Kanonen mitsamt Schießpulver zurückließen.

So brachen knapp 700 britische und 3000 indische Soldaten mit 12.000 Zivilisten, darunter Frauen und Kinder, von Kabul aus unter der Führung Elphinstones auf. Ziel war die nächste Garnison im 140 Kilometer entfernten Dschalalabad. Dazu aber musste man die verschneiten Bergpässe Afghanistans überwinden.

Kaum hatten die Letzten des Zuges die Stadt verlassen, griffen schon die Krieger Mohammed Akbars an. Von dem Abzugsvertrag war keine Rede mehr. Während die Afghanen ihre Attacken in den nächsten Tagen erbarmungslos fortsetzten, führte Elphinstone den Rückzug mit ähnlicher Trägheit wie zuvor die Garnison in Kabul. Er versäumte es, Pässe vorab zu sichern, und soll die meiste Zeit still auf seinem Pferd gesessen haben, während sich die Armee und der Tross, für den er die Verantwortung trug, aufzulösen begann. Manche desertierten, versuchten sogar, zurück nach Kabul zu gelangen, andere stellten sich verzweifelt dem Kampf. Gnade aber gewährten die Afghanen kaum. Ob Soldaten, Frauen, Bedienstete, Kinder – auf nahezu alle von ihnen wartete ein gewaltsamer Tod. Die Selbstmorde in Elphinstones Zug häuften sich.

Auf ihrem tragischen Weg durch die Kälte, mit Kranken, Verletzten und Sterbenden, die man zurücklassen musste, durch reißende Bergflüsse watend, über steile Bergpässe kletternd, versuchten die Briten immer wieder, durch Verhandlungen die Afghanen von ihren Attacken abzubringen. Wiederholt stellten sie Geiseln. Vor allem Briten waren den Afghanen willkommen, denn sie versprachen hohes Lösegeld. Zu ihnen gehörten auch Lady Florentia Sale und ihre Tochter. Sie zählten zu den wenigen, die überlebten und schließlich freikamen. Gerieten Nichtbriten wie indische Diener und Dienerinnen in die Gewalt der afghanischen Angreifer, wurden sie meist sofort getötet. Für sie war kein Lösegeld zu erwarten. Lady Sale veröffentlichte später einen Bericht ihrer Erlebnisse.

In der langen Agonie des Zuges erreichte Elphinstones Versagen seinen Gipfel in einem in der Militärgeschichte außergewöhnlichen Vorfall. Er und einige seiner Offiziere gingen selbst in Geiselhaft und ließen als Kommandeure ihre bedrohte und verzweifelte Truppe im Stich, dies vermutlich nur, um ihr eigenes Leben zu retten.

Nach nur einer Woche verzweifelten Vorwärtskämpfens durch die afghanischen Berge mussten sich die letzten Überreste der Armee auf einem Steinhügel beim Dorf Gandamak zum Kampf stellen. Nur noch etwa 60 Mann waren übrig geblieben. Dschalalabad war noch 56 Kilometer entfernt. Die afghanischen Krieger näherten sich den Briten unter dem Vorwand, verhandeln zu wollen. Längst aber wussten die, dass die Versprechen und Zusagen ihrer Gegner nichts galten, und so kämpften die Briten bis zum letzten Mann. Als sich der aussichtslose Kampf seinem Ende zuneigte, versuchten einige Soldaten zu fliehen, wurden aber getötet.

Wenige Tage später erblickten die Wachen an den Stadtmauern der britischen Garnison in Dschalalabad einen einsamen Reiter. Das erschöpfte Pferd rang um jeden Schritt. Der Mann, den es trug, schwankte und drohte jeden Moment vom Rücken des Tiers zu gleiten. Der Reiter war der Assistenzarzt William Brydon. Als Einziger von 16.000 Menschen, die in Kabul aufgebrochen waren, hatte er das Ziel Dschalalabad erreicht.

Das Pferd erreichte mit letzten Kräften die Stadt, dann brach es tot zusammen. Auch der von ihm getragene Brydon war eher tot als lebendig. Man fragte ihn, wo die Armee sei. Er soll geantwortet haben: »Ich *bin* die Armee.«

Brydons Schädel war aufgerissen durch den Hieb eines Schwerts. Dass er schließlich überlebte, verdankte er der Tatsache, dass er, um sich vor der Kälte zu schützen, seinen Hut mit einer Zeitschrift ausgestopft und so entscheidend verstärkt hatte. Später erreichte noch ein weiterer Überlebender Dschalalabad, starb aber am nächsten Tag.

Die britische Schlachtenmalerin Elizabeth Thompson (1846 bis 1933) oder Elizabeth Butler, wie sie nach ihrer Heirat mit dem General und Autor William Francis Butler hieß, war in Italien aufgewachsen und hatte dort auch ihre künstlerische Ausbildung erfahren. Große allgemeine Anerkennung erwarb sie sich vor allem durch ihre Kriegsgemälde. Trotz ihrer großen Reputation verwehrte man ihr aber als Frau zeit ihres Lebens die Aufnahme in die Royal Academy of Art.

Brydon diente nach seiner Genesung wieder den britischen Interessen in Asien und kämpfte in weiteren Kolonialkriegen. So war er 1857 mit seiner Familie bei der Belagerung von Lucknow vor Ort und wurde schwer verletzt. Wie einst Lady Sale über den Rückzug aus Kabul berichtete, war es diesmal seine Frau, die ihre Erlebnisse veröffentlichte.

JOSIAH WOOD WHYMPER

SKLAVENZUG, GESEHEN BEI MBAMES DORF AUF SEINEM WEG NACH TETE

Gang of Captives Met at Mbame's on their Way to Tete

Radierung
Privatsammlung

Männer, Frauen und Kinder gehen irgendwo in der Weite Afrikas fürchterlichen Zeiten entgegen. Vermutlich liegt schon Schreckliches hinter ihnen. Bewaffnete Fremde – mal Araber, mal Afrikaner – waren in ihr Dorf gekommen und hatten alle ergriffen, die zu irgendeiner Arbeit zu taugen schienen. Diejenigen, die fliehen wollten, hatten sie getötet. Mit ihrer Beute machten sich die Fremden auf den Weg in die nächste größere Stadt, um sie dort zu verkaufen.

Vielleicht aber schlugen sie gleich den Weg in einen der Häfen an der Küste ein. Dort, oft Wochen unter schlimmsten Bedingungen eingepfercht, starben viele, bis die Überlebenden in den Bauch eines Schiffes getrieben und dort Körper an Körper in stickiger Hitze aneinandergekettet wurden. Das Schiff machte sich auf den weiten Weg über den Atlantik nach Amerika. Die Fahrt kostete weitere Menschenleben. Die Unglücklichen starben an Hunger, an Durst, an Krankheiten. Die Toten warf man über Bord. Man tat es auch mit denen, von denen man glaubte, dass sie Amerika nicht lebend erreichen konnten oder keinen annehmbaren Preis mehr erzielen würden. Nur wer bei der Ankunft noch einen Verkaufswert besaß, der wurde auf den Sklavenmärkten der Karibik angeboten.

Die in Schwarzweiß gehaltene Radierung des britischen Malers und Illustrators Josiah Wood Whymper (1813 bis 1903) zeigt eine Gruppe, wie sie zu Tausenden zu sehen gewesen ist und der der schottische Missionar und Afrikaforscher David Livingstone im Juli 1861 begegnete. Er war mit seinem Bruder Charles und anderen Europäern unterwegs auf seiner Reise den Sambesi entlang.

Die dargestellte Szene ist typisch für die Sklavenzüge. Nicht nur Männer, sondern auch Frauen und Kinder wurden verschleppt. Dort, wo die Sklaven gebraucht wurden, im Süden der USA, in der Karibik, in Brasilien, wollte man, dass diese sich fortpflanzten. Der Bedarf an Arbeitssklaven auf den sich ausdehnenden Plantagen war groß und die Schwarzafrikaner waren widerstandsfähig gegen die Seuchen der Europäer, denen die ursprüngliche Bevölkerung in Amerika wenig entgegenzusetzen gehabt hatte und vor allem von den Pocken dahingerafft wurde. Große Teile der heutigen Bevölkerung von Brasilien oder Haiti sind Nachkommen von Sklaven.

Auf seinen Reisen durch das Innere Afrikas machte Livingstone wichtige geografische Entdeckungen und trug wesentlich zur Erforschung des Kontinents bei. Sein eigentliches Ziel aber, als Christ entscheidende Schritte gegen den Sklavenhandel einleiten zu können, verfehlte er.

Zu Hause in Großbritannien verfasste er mit seinem Bruder einen Bericht über seine Sambesi-Expedition. Darin und später in einer Zusammenfassung in einer Zeitschrift erschien als Illustration die Radierung Whympers. Dass Bilder von Sklavenhaltung und Sklavenhandel dieser Zeit meist in vergleichsweise schmucklosem Schwarzweiß von Zeichnungen und Radierungen festgehalten wurden, zeigt, dass sich dieser dunkle Abschnitt der Geschichte kaum für große bunte und repräsentative Bilder eignete, für die sich ein Käufer hätte finden lassen.

Die in Whympers Radierung festgehaltene Szene spielte sich in der Nähe des Dorfes des Häuptlings Mbame ab, der Livingstone und seiner Expedition freundlich gesonnen war. Die Stadt Tete, die Ziel des Sklavenzugs war, liegt am Sambesi und ist heute eine Großstadt in Mosambik. Damals war sie ein bedeutender Markt für den Sklavenhandel, den es in Afrika schon seit Jahrhunderten gab. Schwarzafrikaner versklavten sich untereinander, arabische Sklavenjäger und -händler trieben ausgedehnten Handel bis nach Indien.

Eine neue Dimension erreichte der Menschenhandel mit dem Beginn des atlantischen Sklavenhandels gegen Ende des 17. Jahrhunderts. Alle großen europäischen Kolonialmächte beteiligten sich über ihre Handelsgesellschaften daran: Frankreich, Großbritannien, Spanien, Portugal, die Niederlande. Sogar eine brandenburgisch-afrikanische Compagnie mischte mit.

Der Atlantische Dreieckshandel war das Ergebnis geografischer Gegebenheiten und ist ein Paradebeispiel, wie Geografie die Geschicke der Welt bestimmen kann. Die Meeresströmungen als auch jeweils Angebot und Nachfrage vor Ort ausnutzend, entstand ein sich über den Atlantik spannendes Handelsdreieck. Schiffe fuhren mit Waffen und Stoffen nach Afrika, tauschten diese dort gegen Sklaven ein, fuhren mit diesen nach Amerika, verkauften sie dort und segelten anschließend mit Gold, Baumwolle und Gewürzen nach Europa. Meist jedoch bediente ein Schiff nicht alle Routen, sondern war in seinem Bau auf die Fracht eines Streckenabschnitts spezialisiert.

Die Zahlen der aus Afrika über den Atlantik verschleppten Menschen schwanken zwischen 11 und 20 Millionen. Zwischen 1,2 und 2,4 Millionen starben auf dem Weg auf den Sklavenschiffen. Viele weitere fanden nach ihrer Ankunft durch Entkräftung und Krankheit den Tod. In Afrika selbst starben vermutlich noch einmal 10 Millionen bei den Sklavenraubzügen.

In den Vereinigten Staaten von Amerika begann schließlich eine weitere Phase der Ausdehnung von Sklaverei. In der Unabhängigkeitserklärung waren alle Menschen als gleich betrachtet worden, das Thema Sklaverei hatte man ausgespart, da man nur auf diese Weise alle Kolonien für das Dokument hatte gewinnen können. Denn die Sklavenfrage trennte schon damals die Staaten des Nordens, in denen Gegner der Sklaverei zunehmend Einfluss gewannen, und die des Südens, deren Wirtschaft hauptsächlich auf Sklavenarbeit gründete. Als vor allem aufgrund der Frage der Sklaverei der Amerikanische Bürgerkrieg ausbrach, lebten vier Millionen Sklaven in den USA, vornehmlich in den Staaten des Südens.

ROBERT KOEHLER

DER STREIK

Öl auf Leinwand
1886
181,6 x 275,6 cm
Deutsches Historisches Museum, Berlin

Robert Koehler (1850 bis 1917) war in Deutschland zur Welt gekommen, aber als Kind mit seinen Eltern in die USA ausgewandert. Er studierte in Milwaukee Malerei, arbeitete in Pittsburgh und New York und ging dann nach München, wo er seine Studien fortsetzte. Als er Anfang 1886 sein Gemälde *Der Streik* beendete, kannte Koehler die Lage der Arbeiter auf beiden Seiten des Atlantiks. Kurz nach Fertigstellung des Bildes präsentierte er es in New York und lieferte damit den Kommentar zur Zeit.

Die USA wurden in jenen Tagen von zahlreichen Arbeitsniederlegungen und Aufständen erschüttert, die in Unruhen und dem sogenannten Haymarket-Massaker mit mehreren toten Arbeitern und Polizisten gipfelten. Deshalb wurde Robert Koehlers kurz darauf gezeigtes Bild, auf dem Arbeiter aus den Fabriken zur Villa des Fabrikanten hinübergehen, um dort ihren Wortführer zu unterstützen, der an der Spitze einer bereits versammelten Gruppe ihre Beschwerden und Forderungen vorträgt, sofort als ein bedeutendes Werk wahrgenommen, das die gesellschaftliche Situation wiedergab.

Inspiriert worden war Koehler nach eigenen Aussagen vor allem von dem damals bereits neun Jahre zurückliegenden großen landesweiten Eisenbahnstreik von 1877, insbesondere von den Ereignissen in Pittsburgh, wo es bei Auseinandersetzungen mit Sicherheitskräften zu zahlreichen Toten unter den Streikenden gekommen war. US-Präsident Hayes musste sogar Truppen senden.

Koehler malte das Bild in München. In die Gestaltung flossen seine Eindrücke von Fabrikbesuchen in England und Belgien ein. Auch wenn das Gemälde keine konkrete historische Situation abbildet, ist es aufgrund seiner eindringlich authentischen und dadurch beispielhaften Darstellung des großen seinerzeit schwelenden sozialen Konfliktes ein bedeutendes zeitgenössisches Zeugnis. In den nächsten Jahren wurde es durch zahlreiche Reproduktionen, insbesondere als Holzschnitt, zu einer Ikone der Arbeiterbewegung. Zeitweise machte es auch Karriere als angebliche Darstellung eines Streiks in der Gegend des belgischen Ortes Charleroi und wurde als Druck mit dem Titel *La grève au pays de Charleroi* verbreitet.

Durch die Industrialisierung war eine neue breite Gesellschaftsschicht entstanden. Die Arbeiterschicht schuftete zu Millionen in den Fabriken. Nicht nur die Männer, sondern auch die Frauen und Kinder. Arbeiterfamilien lebten unter oft jämmerlichen Bedingungen und waren dem Wohl und Wehe der Fabrikeigentümer ausgeliefert. Strenge Regeln, Kinderarbeit, Zwölfstundentage bestimmten das Leben. Nur an Sonntagen hatte man frei. Die Löhne reichten meist gerade einmal aus, um sich halbwegs zu ernähren. Der Widerstand und Protest gegen die Macht der Fabrikinhaber und auch Wut über die eigene Ohnmacht entluden sich in Streik und Boykott. Weil zudem immer mehr Maschinen die ungeliebten, aber zum Überleben so wichtigen Arbeitsplätze bedrohten, versuchten sich Arbeiter immer wieder mit dem Zerstören von Maschinen dieser Konkurrenz zu entledigen.

Not und Elend der Arbeiter fanden Einzug in Literatur und Kunst des 19. Jahrhunderts. In England schrieb Elisabeth Gaskell den Roman ›North and South‹. Es war ein Auftrag des großen Sozialkritikers und Romanciers Charles Dickens. Heinrich Heine veröffentlichte vor dem Hintergrund des Schlesischen Weberaufstands von 1844 das Gedicht ›Die schlesischen Weber‹. Das Drama ›Die Weber‹ von Gerhart Hauptmann griff dieses Thema ebenso auf wie Käthe Kollwitz mit einer Serie von Lithographien.

Um die eigene Ohnmacht zu überwinden, wuchs allmählich eine zunächst noch diffuse Arbeiterbewegung heran. Ihre Anfänge hatte sie in den sogenannten Hilfskassen, die von den Arbeitern eingerichtet worden waren, um in Not geratene Familien zu unterstützen. Sie eigneten sich aber auch, um in ihrem Schutz weitere Aktivitäten zu planen. Denn die Herausforderungen, mit denen sich die Arbeiter konfrontiert sahen, waren umfassend.

Es galt nicht nur, um bessere Löhne und bessere soziale Sicherheit zu kämpfen, sondern auch um die Bedingungen der Arbeit selbst. Im Arbeitsprozess waren die Arbeiter das schwächste Glied. Ihre Arbeit war streng durch die Schichten der Fabriken geregelt und wurde aufgrund immer weitreichenderer Arbeitsteilung oftmals mehr und mehr zerhackt. Oft blieb einem Arbeiter im Produktionsprozess, nicht zuletzt durch die Einführung des Fließbands, nur noch die Aufgabe, einzelne kleine Handreichungen durchzuführen. Diese dann aber hundert Male im Akkord. Der eine stanzte den ganzen Arbeitstag lang vielleicht eine Platte, der andere drehte bestimmte Schrauben ein. Es kam zu jener Entfremdung der Arbeit, die Karl Marx anprangern sollte und die Charlie Chaplin später in seinem Film ›Modern Times‹ verdeutlichte, indem er den von ihm dargestellten kleinen Arbeiter in jedem annähernd ähnlichen Gegenstand nur noch Bolzen sehen ließ, die er glaubte festschrauben zu müssen.

Neben niedrigen Löhnen, die nicht nur wegen des Wachstums der Bevölkerung, sondern auch aufgrund von Kinder- und Frauenarbeit weiter sanken, hatten Arbeiter keinerlei Unterstützung in den etablierten politischen Parteien. Erst ab Mitte des 19. Jahrhunderts gründeten sie eigene Arbeiterparteien. Aus ihnen entstanden die sozialistischen und sozialdemokratischen Parteien und die radikalere kommunistische Bewegung. Nun erst, durch die Organisierung in Gewerkschaften und Parteien, erkämpfte sich die Arbeiterschicht politische Macht. Der durch sie ausgeübte Druck mündete gegen Ende des 19. Jahrhunderts in Sozialgesetzgebungen, wie die durch Kanzler Otto von Bismarck im Deutschen Reich eingeführte Kranken-, Unfall- und schließlich auch Rentenversicherung. Entsprechende Gesetze in Großbritannien und den USA folgten.

Bis weit in das 20. Jahrhundert hinein sollten Parteien, die ihre Wurzeln in der Arbeiterbewegung hatten, in den industrialisierten Demokratien des Westens wesentlich zur Durchsetzung wirtschaftlicher und sozialer Konzepte beitragen, die der Grundidee der freien Marktwirtschaft eine Komponente sozialer Fairness verlieh. Dies vor allem durch den Versuch, möglichst alle am wachsenden Reichtum durch Produktion zu beteiligen. Man war einen weiten Weg gegangen, seit Robert Koehler das Bild *Der Streik* gemalt hatte.

DIE EINNAHME VON FORT MALAKOW

La prise de Malakoff

Öl auf Leinwand
1858
219,5 x 144 cm
Musée Rolin, Autun, Frankreich

Das Osmanische Reich war Mitte des 19. Jahrhunderts zum »kranken Mann am Bosporus« geworden. Den Begriff prägte Zar Nikolaus I. von Russland, der prompt darüber nachdachte, wie er aus der Schwäche seines Nachbarn Kapital schlagen konnte. Eine entsprechende Idee ließ nicht allzu lange auf sich warten.

Nikolaus entschied sich, über das Schwarze Meer Zugriff auf den Balkan, den Bosporus und das Mittelmeer, im besten Fall zu den Weltmeeren zu bekommen. 1853 besetzten seine Truppen die Fürstentümer Moldau und Walachei. Es begann der Krieg zwischen dem Osmanischem Reich und Russland, der zu Beginn »nur« der zehnte russisch-türkische Krieg war.

Das russische Machtstreben rief die damaligen Weltmächte Frankreich und England auf den Plan. Sie wollten keinen weiteren Konkurrenten in Europa, sprangen dem Osmanischen Reich bei und sandten Truppen, die im Herbst 1854 auf der Krim landeten. Die Halbinsel im Süden der heutigen Ukraine sollte dem weiteren Krieg seinen Namen geben.

Schon nach wenigen Wochen kesselten die Briten die wichtige Hafenstadt Sewastopol ein, wo die Russen unter Leitung des deutsch-baltischen Militäringenieurs Eduard Iwanowitsch Totleben ein schwer zu durchdringendes Schanzsystem errichteten. Die Angreifer hingegen krallten sich in die Landschaft vor der Stadt und buddelten kilometerlange Laufgräben. In zwei Schlachten, der von Baklawa und der von Inkerman versuchten die Russen, den Ring der Belagerung zu durchbrechen. Vergeblich.

Im Krimkrieg zeigte sich rasch, dass sich das Kriegshandwerk dramatisch verändert hatte. Manche Stimmen nennen den Krimkrieg sogar den ersten modernen Krieg. Auf beiden Seiten aber zogen Kommandeure in den Kampf, die bereits in den napoleonischen Kriegen zum Einsatz gekommen waren. Ihre Erfahrung nutzte ihnen kaum, da bessere Gewehre und Geschütze zu einer vollkommen neuen Taktik zwangen. Deren Feuerkraft begünstigte diejenigen, die sich verschanzten. Folge war, dass die Gegner bald nicht mehr auf freiem Feld aufeinander losgingen, sondern sich hinter Schanzen und in Gräben gegenüberstanden. Monatelang trommelten Artilleriefeuer, Bombardements und Kugelhagel auf die Soldaten herab. Beide Seiten feuerten bei Sewastopol Zehntausende von Granaten ab, womit die Belagerung der Stadt ein Vorbote der Materialschlachten und Stellungskämpfe des Amerikanischen Bürgerkriegs und des Ersten Weltkriegs wurde.

Auch für den Krieg auf See brach eine neue Zeit an. Die Marine des Zaren bekam es schmerzlich zu spüren. Ihre noch unter Segeln kreuzenden Kriegsschiffe aus Holz waren den Dampf- und Panzerschiffen des Gegners hoffnungslos unterlegen. Auch beim Nachschub geschah Revolutionäres: Es waren die Briten, die im Krimkrieg erstmals in der Geschichte aus strategischen Gründen eine Eisenbahnstrecke bauten.

Trotz aller Neuerungen waren die Bedingungen für die Soldaten katastrophal. Hygiene fehlte, Seuchen grassierten. Die Cholera raffte sogar die Oberkommandierenden dahin. Doch aufgrund der verheerenden Verluste durch Krankheiten entstand im Krimkrieg erstmals ein Bewusstsein für die Bedeutung von medizinischer und hygienischer Versorgung der Soldaten. Dazu trug auch der berühmt gewordene Einsatz der britischen Krankenpflegerin Florence Nightingale bei, die Soldaten in einem Lazarett pflegte und die Bedingungen anprangerte. Ihr Engagement führte schließlich zu einer Reform des Lazarettwesens.

Auch die Berichterstattung ging im Krimkrieg neue Wege. Erstmals konnten Journalisten mittels der Telegrafie Berichte nahezu ohne Zeitverlust an die Zeitungen in der Heimat senden. Auch erste Fotoreportagen gab es. Allerdings ließen die damals noch langen Belichtungszeiten nur Bilder von Motiven zu, die sich während der Aufnahme für einige Sekunden nicht bewegten.

So konkurrierte der französische Militär- und Historienmaler Horace Vernet (1789 bis 1863) nur bedingt mit dem neuen Medium der Fotografie. Er war bereits Jahre zuvor in Russland gewesen und hatte die Zarenfamilie porträtiert. Während des Krimkriegs wurde er auf Seiten der französischen Truppen Zeuge der Kämpfe. Vernet legte in seinen Gemälden großen Wert auf historische Genauigkeit. Als ihn der französische Kaiser Napoleon III. einmal bat, einen missliebigen General von einem Gemälde zu entfernen, soll er geantwortet haben: »Ich bin ein Geschichtsmaler, Sire, und ich werde die Wahrheit nicht verletzen.«

Auf der Krim fertigte Vernet zahlreiche Zeichnungen und Skizzen an, die ihm später als Vorlagen zu mehreren Gemälden dienten. Sein Bild von der Einnahme von Fort Malakow ist eines davon. Die behelfsmäßige Befestigung dieser Schanzanlage war immer weiter verstärkt worden und zu einer Schlüsselstelle bei der Belagerung Sewastopols geworden. Die wiederum war von großer strategischer Bedeutung für den gesamten Ausgang des Krieges. Am 8. September 1855 gelang es französischen Truppen nach monatelanger Belagerung unter dem Befehl von Marschall Aimable Pélissier und General Patrice de MacMahon, in das Fort einzudringen und es zu erobern. Die Franzosen hatten in vier Stunden 7567 Mann verloren. Fünf Generäle waren gefallen. MacMahon hatte bei der letzten siegreichen Attacke mit dem 1. französischen Zuavenregiment über die Hälfte der ursprünglich 600 Männer verloren.

Zuavenregimenter waren nach der Eroberung von Algier im Jahr 1830 in Mode gekommen. Sie wurden meist aus nordafrikanischen Söldnern gebildet. Charakteristisch waren vor allem die meist roten Pluderhosen der Soldaten. Auf Vernets Bild ist zu sehen, wie ein Zuave die französische Fahne auf der Spitze des Hügels platziert. Hinter ihm steht MacMahon. Ein britischer Offizier salutiert.

Die Erstürmung des Forts Malakow war der Anfang der Niederlage der russischen Armee. Die Streitkräfte des Zaren räumten Sewastopol und damit den wichtigsten Schwarzmeerhafen. Wenige Monate später besiegelte der Frieden von Paris das Ende des Krieges. Der Name des Forts, dessen Erstürmung die Entscheidung gebracht hatte, drang in die europäische Kultur. Massive Bauwerke wurden nach dem Fort benannt, im Ruhrgebiet nannte man Fördertürme für Kohle Malakow-Türme. Der siegreiche Marschall Pélissier wurde zum Herzog von Malakow erhoben. Nach wie vor bekannt ist auch die Malakofftorte.

Der wohl letzte Zeuge der Belagerung der Stadt Sewastopol starb am 4. April 2004 im biblischen Alter von 160 Jahren. Er hieß Timothy, war eine Schildkröte und Bordmaskottchen des britischen Kriegsschiffs *HMS Queen* gewesen.

EASTMAN JOHNSON

RITT IN DIE FREIHEIT

A Ride for Liberty – The Fugitive Slaves

Öl auf Pappe
1862
55,8 x 66,4 cm
Brooklyn Museum, New York

Der amerikanische Maler Eastman Johnson (1824 bis 1906) wartete in den Wiesen und Feldern zwischen Manassas und Centreville bei Einbruch des Tages darauf, was geschehen würde. Er hatte Zeichenblock und Stift im Gepäck und wollte die Ereignisse dokumentieren.

Johnson hatte an der Kunstakademie in Düsseldorf studiert. Zurück in den USA machte ihn sein Bild *Negro Life at the South* über das Leben der Schwarzen in seinem Land berühmt. Er ahnte nicht, dass ihm auch an diesem Tag Schwarze ein besonderes Motiv liefern sollten.

Der Flecken Manassas war zu jener Zeit eigentlich nicht mehr als eine Kreuzung von zwei Eisenbahnlinien. Doch genau die verliehen dem Ort seine strategische Bedeutung. Von hier war es nicht mehr weit bis nach Washington, der Hauptstadt der Unionsstaaten.

Seit fast einem Jahr standen die in der Union verbliebenen Staaten des Nordens der USA und die ausgetretenen Staaten im Süden im Krieg. Ziel der Nordstaaten war, die Nation als Einheit zu erhalten und die abtrünnigen Staaten wieder einzugliedern. Die Südstaaten, sie nannten sich die Konföderierten, hatten die Union verlassen, weil sie befürchteten, dass es Weißen bald nicht mehr erlaubt sein sollte, Sklaven zu halten.

Nun, am 2. März 1862, bereiteten sich Zehntausende Soldaten hier im Norden Virginias an der Grenze zwischen beiden Parteien auf eine weitere große Schlacht vor. Im Jahr zuvor hatte hier der Süden das erste große Gefecht des Amerikanischen Bürgerkriegs gewonnen und die Hoffnungen des Nordens auf einen raschen Sieg zunichtegemacht. Die Trennung des Landes zeigte sich selbst darin, wie man Schlachten benannte. Die Chronisten in den Südstaaten nannten sie nach Orten, so hieß die Schlacht dort Battle of Manassas. Im Norden bevorzugte man die Namen nahe gelegener Flüsse und sprach von der Battle of Bull Run.

Am Morgen, als Eastman Johnson auf der Suche nach einem zu skizzierenden Motiv auf der Lauer lag, standen sich große Truppenkontingente gegenüber. Schon lange drängte US-Präsident Abraham Lincoln seinen Oberbefehlshaber General George B. McClellan zum Angriff. Der hatte nach der verheerenden Niederlage der Union in der Schlacht am Bull Run mit der Potomac-Armee eine hervorragend ausgebildete und ausgestattete Armee aufgebaut. Allerdings zögerte er, sie einzusetzen. Doch vielleicht kam es nun endlich zu der von Lincoln herbeigesehnten Offensive.

Auf dem möglichen Schlachtfeld hatten sich auch andere Berichterstatter wie George N. Barnard und Alexander Gardner eingefunden. Sie gehörten zu einem Stab von Bildreportern, die der Fotograf Matthew B. Brady angestellt hatte, und trugen Fotoapparate im Gepäck. Der Amerikanische Bürgerkrieg war zwar nicht der erste Krieg, der mit Fotografien dokumentiert wurde, aber hier entstanden sie erstmals in großem Umfang. Barnard und Gardner gelangen berühmt gewordene Fotos von der zerstörten Eisenbahnstation Manassas Junction, von niedergerissenen Bäumen und eingestürzten Brücken.

Das jedoch, was Eastman Johnson an diesem 2. März sah, konnten sie mit ihren Kameras noch nicht festhalten. Zu lange waren die Verschlusszeiten. Die Bewegungen der Szene wären auf einem Foto, wenn überhaupt, wie ein verschwommener, lang gezogener Geist von rechts nach links zu erahnen gewesen. Johnson hingegen konnte sich auf die Augen des jahrelang im Skizzieren geübten Malers verlassen, als er aus dem Gebiet der konföderierten Truppen kommend ein einzelnes Pferd in der Morgendämmerung an ihm vorbei in Richtung der Unionslinien galoppieren sah. Es trug gleich mehrere Menschen: einen Mann, eine Frau, einen Jungen und einen Säugling. Der Mann, der die Zügel in der Hand hielt, war schwarz, wie auch der Junge der vor ihm saß und sich an der Mähne des Pferdes festhielt. Die Frau, den Säugling in den Armen haltend, schaute nach hinten, als wolle sie sich vergewissern, ob sie verfolgt würden.

Schon seit Jahren flohen viele Sklaven in Richtung Norden. Nach Beginn des Bürgerkriegs sickerte unter den Schwarzen des Südens rasch durch, dass der Unionsgeneral Benjamin Butler entschieden hatte, nach Norden geflohene Sklaven nicht zurück in den Süden zu schicken. Sie seien als »Kontrabande«, als Kriegsbeute, zu betrachten. Die Schwarzen wussten, obwohl sie auch im Norden nicht richtig frei waren, Sklaven würden sie dort nicht mehr sein.

Als Johnson noch im gleichen Jahr die Szene der flüchtenden Sklaven auf dem Pferd in seinem Gemälde *A Ride for Liberty* festhielt, vermerkte er auf der Rückseite: »Eine wahre Begebenheit im Bürgerkrieg, von mir selbst beobachtet bei Centreville am Morgen von McClellans Vorrücken nach Manassas.«

Wie viele von Johnsons Bildern ist auch dieses mehrdeutig. Während der Junge und der Mann vorne unverkennbar schwarzer Hautfarbe sind, scheint die Frau hinter ihnen von ihrem Profil her eher eine Weiße zu sein. Es wird viel gerätselt, was Johnson zeigen wollte. Vielleicht wollte er die Flüchtenden auf dem Pferd absichtlich nicht alle als Schwarze darstellen. Womöglich wollte er unterstreichen, wie verschieden und damit individuell Schwarze aussehen.

Auf jeden Fall waren Motiv und Komposition des Bildes für jene Zeit etwas Revolutionäres. Denn einen Schwarzen platzierte man in jenen Tagen nicht im Mittelpunkt eines Bildes. Man setzte ihn, wenn er überhaupt abgebildet wurde, an den Bildrand. Johnson hat, vielleicht weil er um die Kühnheit seines Gemäldes wusste, *A Ride for Liberty* nie öffentlich ausgestellt.

In den Tagen dieser Szene kam es noch nicht zur Schlacht, obwohl im Dunst des Hügels am linken Rand des Bildes schemenhaft die Unionsarmee unter McClellan mit ihren blinkenden Bajonetten zu sehen ist. Die Konföderierten zogen sich eine Woche später aus ihren Stellungen zurück und überließen sie den nachrückenden Truppen der Union. Nun stellte sich heraus, dass das von McClellan als weit überlegen deklarierte Südstaatenkontingent seiner Armee nicht im Geringsten ebenbürtig gewesen war. Stellungen, aus denen er Geschützläufe hatte ragen sehen, waren in Wahrheit mit schwarz gestrichenen Baumstämmen bestückt worden. Lincoln enthob McClellan des Oberkommandos. Die von McClellan so ausgezeichnet ausgebildete Potomac-Armee sollte spätestens auf dem Schlachtfeld von Gettysburg zeigen, wozu sie fähig war.

EDWARD HOPPER

LEICHTE GESCHÜTZE IN GETTYSBURG

Light Battery at Gettysburg

Öl auf Leinwand
1940
45,7 x 68,6 cm
Nelson Gallery, Atkins Museum, Kansas City, Missouri

Zwei Jahre dauerte der Amerikanische Bürgerkrieg schon. Viele Schlachten waren bereits geschlagen worden. Trotz ihrer Unterlegenheit an Männern, Waffen und Gütern leisteten die Soldaten der konföderierten Südstaaten den Staaten der Union im Norden nicht nur tapferen Widerstand, sondern brachten vor allem dank der brillanten Führungskunst ihres Generals Robert E. Lee den Feind immer wieder in Bedrängnis. Zeitweise gewann Lee eine Schlacht nach der anderen, zog mit seinem zerlumpten Heer durch das Territorium der Union und bedrohte immer wieder deren Hauptstadt Washington.

Nun war Lee mit seiner Armee in diesen Sommerwochen des Jahres 1863 in weitem Bogen in den Norden marschiert. Dort wollte er seine Männer versorgen und gleichzeitig den richtigen Ort für ein Schlachtfeld finden, das seiner Schlachtführung entgegenkam. Lee kämpfte gerne aus einer sicheren, eher defensiven Stellung heraus. Geboren war das aus der Not, nahezu immer dem Gegner an Waffen und Soldaten unterlegen zu sein. Lees Gegner, die weit besser ausgerüstete Potomac-Armee der Union, hatte ihre Überlegenheit bislang kaum ausspielen können. Erst seit wenigen Tagen war General George Meade ihr neuer Oberbefehlshaber. Der hatte sich, kaum dass er sein Kommando übernommen hatte, auf die Suche nach Lee gemacht.

So groß der Kampfgeist von Lees Männern war, die Ausrüstung war erbärmlich. Es fehlte nahezu an allem. Auch an Schuhen. Manche Männer gingen barfuß. Nun, da sie durch die wohlhabenden Gegenden Marylands und Pennsylvanias zogen, konnten sie sich verpflegen. Lees Männer plünderten nicht offen, sondern »bezahlten« mit der wertlosen Konföderierten-Währung.

Am Abend des 30. Juni 1863 wollte der Kommandeur einer Brigade der Konföderierten etwa 30.000 Schuhe aus einem Depot in Pennsylvania requirieren. Weil die Soldaten auf ihrem Weg dorthin auf eine Einheit der Union trafen, wurde das Örtchen Gettysburg durch ein zufälliges Zusammentreffen zum Schauplatz der entscheidenden Schlacht des Amerikanischen Bürgerkriegs.

Zwischen der Brigade der Konföderierten, die ja eigentlich nur Schuhe besorgen wollte, und den Unionssoldaten entspann sich am Morgen des 1. Juli, ein heißer Sommertag unter strahlend schönem Himmel, ein zunächst nur kleines Gefecht. Das Aufeinandertreffen war noch immer nur eine mittlere Schießerei, als der Unionsgeneral John Buford mit seiner Einheit in Gettysburg eintraf. Er erkannte sofort die Bedeutung der Höhenzüge, zwischen denen der Ort lag, und befahl seinen Männern, den höchsten Hügel zu besetzen.

Nach und nach trafen auf beiden Seiten weitere Truppen ein. Keiner der Kommandeure vermochte das Geschehen richtig zu lesen, doch die Auseinandersetzung artete allmählich zur Schlacht aus. Als Lee am Mittag eintraf, nahm er das Heft in die Hand. Rasch sah er in dem Gelände die Chance, seine bevorzugte Taktik anzuwenden. Auf seinen Befehl begannen die Konföderierten die noch ungeordneten Flanken der Union zu attackieren und nahmen Gettysburg und einige Höhenzüge ein.

Ein Angriff auf die wichtigste Anhöhe aber blieb aus. Lee hatte die Order zur Attacke nicht entschieden genug vorgetragen und dem zuständigen Kommandeur einen Ermessensspielraum gelassen. Der hatte ihn genutzt und beschlossen, nicht anzugreifen. So hatte Lee vermutlich schon am ersten der letztlich drei Tage dauernden Schlacht die Chance auf den Sieg vertan. Die Unionstruppen befestigten die Anhöhe immer stärker.

Am zweiten Tag rannten die Männer Lees auf beiden Flanken gegen die Stellungen der Union auf den Hügeln an. Zufälle und mangelnde Abstimmung machten jeden hart erkämpften Vorteil später wieder zunichte.

Am nächsten Tag wagte Lee mit weiteren auf dem Schlachtfeld eingetroffenen Einheiten die Entscheidung. Nach einer massiven Kanonade auf die Mitte der Unionslinien ließ er 15.000 Mann auf einer Linie von einer Meile Länge vorrücken. Um die Stellungen der Union zu erreichen, mussten sie zu Fuß unter schwerem Beschuss ein freies Feld überqueren. Nur einem Drittel von ihnen gelang es. Dann wurden auch sie zurückgedrängt.

Der aberwitzige Angriff über ein offenes Gelände hatte die Schlacht entschieden. Lee hatte endlich eine Offensive gewagt, aber er hatte verloren. Seinen Männern sagte er: »Es ist alles meine Schuld.«

Nach der Niederlage von Gettysburg sollte sich die Südstaatenarmee nie wieder erholen. Der siegreiche Meade nutzte die Schwächung Lees an diesem Tag nicht aus, wagte nicht nachzusetzen und ließ den Südstaatengeneral mit den Resten seiner Armee entkommen. Viele, auch Unionspräsident Lincoln, waren entsetzt. Sie waren überzeugt, der Krieg hätte mit entschlossenem Handeln unmittelbar nach dem Sieg von Gettysburg binnen weniger Wochen entschieden werden können. So zogen noch weitere zwei Jahre ins Land, bis die Südstaaten endlich kapitulierten.

Im Werk Edward Hoppers, des großen Malers nüchternstimmungsvoller Bilder von der Einsamkeit des Menschen in der Moderne, ist das Gemälde einer leichten Artillerie der Union vor Gettysburg ein Kuriosum. Zwei Ölgemälde Hoppers mit historischen Motiven sind bekannt. Das eine mit dem Titel *Abenddämmerung vor Gettysburg* zeigt in gleicher Stimmung wie das von der Artillerie auf dem Weg nach Gettysburg Unionsinfanteristen vor einem weißen Haus. Es könnte an der gleichen Straße liegen wie jenes, vor dem die Artilleristen haltgemacht haben. Auf beiden Bildern sind die Männer vermutlich auf dem Weg an die Front und stoßen vielleicht zu jenen Einheiten, die am letzten Tag der Schlacht den entscheidenden Angriff Lees im Zentrum der Unionslinien zurückschlagen.

Das Bild malte Hopper 1940 mitten im Zweiten Weltkrieg, kurz bevor die USA nach langer Weigerung, sich an den Kämpfen zu beteiligen, durch den japanischen Angriff auf Pearl Harbor doch noch zur Kriegspartei wurden.

Ähnlich wie die Menschen in Hoppers Stadtbildern des 20. Jahrhunderts sehen wir auch die Soldaten in einem Moment der Ruhe, vielleicht des Nachdenkens. Die Artilleristen sind dem Betrachter abgewandt. Sie wissen, sie werden dem Tod begegnen. Im Licht der Dämmerung eines Sommertags hat der Zug haltgemacht. Die Natur steht in üppigem Grün. Man ist nicht abgesessen, wartet, dass es weitergeht. Keiner redet ein Wort, jeder scheint mit seinen Gedanken allein zu sein.

ALPHONSE DE NEUVILLE

DIE LETZTEN PATRONEN

Les dernières cartouches

Öl auf Leinwand
1873
109 x 165 cm
Musée de la dernière cartouche, Bazeilles

Im Schutz der Dunkelheit hatten deutsche Soldaten Pontonbrücken über die Maas gelegt. Um vier Uhr am Morgen des 1. September 1870 begannen auf Befehl des Kommandeurs des 1. Königlich Bayrischen Armeekorps mehrere Soldaten in die kleine Stadt Bazailles einzurücken. Es war der Auftakt der Schlacht von Sedan.

Auch dies ist einer der zahlreichen Kriege der zweiten Hälfte des 19. Jahrhunderts. Dieser, der als Deutsch-Französischer Krieg von 1870/71 in die Geschichte einging, hatte erst sechs Wochen zuvor begonnen. Der preußische Ministerpräsident Fürst Otto von Bismarck hatte ihn gewollt und geschickt herbeigeführt. Die Spannungen mit Frankreich nutzend, hatte er einen Brief des preußischen Königs so umformuliert, dass der französische Kaiser Napoleon III. ihn als Beleidigung auffassen musste, und der hatte, wie von Bismarck gewünscht, nach Erhalt der berühmt-berüchtigten »Emser Depesche« Preußen den Krieg erklärt.

Für Bismarck war dieser Krieg die Gelegenheit, das nach wie vor in mehrere Kleinstaaten zersplitterte Deutschland in einem Militärbündnis unter preußischer Führung zu vereinen und gleichzeitig den alten Gegner Frankreich auszuschalten. Unter dem Oberbefehl des Feldmarschalls Helmuth Graf von Moltke gewannen die deutschen Truppen rasch die Oberhand. Sie drangen tief nach Frankreich ein und schlossen nach mehreren erfolgreichen Schlachten die französische Rheinarmee in der Stadt Metz ein. Der französische Marschall Patrice de MacMahon, einst Held im Krimkrieg, versuchte, der Stadt mit einer rasch, vor allem aus Reservetruppen und Freiwilligen zusammengestellten Armee, zu Hilfe zu eilen. Bei Sedan kam es zur Schlacht gegen die von Moltke in Eilmärschen zusammengezogenen deutschen Verbände. Sie begann in dem Örtchen Bazeilles.

Dort schienen alle zu schlafen, als die bayrischen Soldaten die Straßen mit zum Schuss bereiten Gewehren vorsichtig betraten. Doch Marineinfanteristen der französischen Blauen Division hatten sich in den Häusern verschanzt. Sie gehörten zu den besten Soldaten der französischen Armee. Nach einigen Minuten des Abwartens nahmen sie die bayerische Vorhut unter Feuer. Die Bayern zogen sich zurück. Sie hatten die Hälfte ihrer

Männer verloren. Mit verstärkten Kräften kehrten sie zurück. Ein gnadenloser Häuserkampf begann.

Während außerhalb von Bazeilles bayerische Truppen das Städtchen allmählich von den französischen Verbänden abschnitten, begannen andere bayerische Verbände im Ort selbst durch gezielt gelegte Brände ganze Straßenzüge in Schutt und Asche zu legen. Weil auch irreguläre Kämpfer, sogenannte Franc-tireurs, und andere Zivilisten aus den Fenstern auf die Deutschen schossen, gingen die dazu über, Zivilisten, darunter auch Greise und Frauen, standrechtlich zu erschießen. Auch nach damaligen Maßstäben war das ein Kriegsverbrechen.

Die französischen Marineinfanteristen in Bazeilles hatten den Befehl bekommen, den Rückzug ihrer Kameraden zu decken und den Ort bis zum letzten Schuss zu halten. Als sie merkten, dass die Stadt nicht mehr zu halten war, verschanzte sich der Kommandeur Arsène Lambert mit einer Gruppe von etwa 40 Soldaten in der *Auberge Bougeri*, einem Landgasthaus an der Straße nach Sedan. Weil sie kaum noch Munition hatten, durchsuchten sie die Toten und Verwundeten. Sie fanden nur noch etwa 30 Patronen.

Das Gemälde von Alphonse de Neuville (1836 bis 1885), einem bedeutenden französischen Schlachtenmaler des 19. Jahrhunderts, zeigt, wie Hauptmann Lambert die letzte verbliebene Patrone abfeuert. Danach ging er mit seinen Männern in Kriegsgefangenschaft. Lambert machte nach dem Krieg im Militär weiter Karriere und wurde 1890 Brigadegeneral.

In Bazeilles fielen über zweieinhalbtausend französische Soldaten. Die Bayern verloren doppelt so viele. Doch die französischen Verteidigungslinien brachen zusammen. Unter schwerem Kanonenbeschuss zogen sich die verbliebenen Kämpfer in die Festung Sedan zurück, die von deutschen Verbänden mittlerweile eingekesselt worden war. Der französische General Ducrot sagte: »Wir sitzen in einem Nachttopf, und wir werden darin zugeschissen werden.«

Die veralteten Befestigungsanlagen waren der deutschen Artillerie mehr oder minder schutzlos ausgeliefert. Ausbruchversuche scheiterten. Die Franzosen hissten die weiße Flagge.

Als die Deutschen Parlamentäre in die Festung schickten, um über eine französische Kapitulation zu verhandeln, wurden sie zu ihrer Überraschung zu Kaiser Napoleon III. geführt. Sie hatten nicht damit gerechnet, dass er vor Ort war. Am Tag darauf ging er zusammen mit über 80.000 seiner Soldaten in Kriegsgefangenschaft.

Die Schlacht von Sedan, in der der Kampf um Bazeilles nur eine, wenn auch extrem blutige, Episode war, entschied den Ausgang des Krieges. Die vereinten Truppen deutscher Staaten hatten den französischen Erbfeind besiegt und Bismarck sein Ziel erreicht, das Deutsche Reich aus »Eisen und Blut« zu schmieden. Im Spiegelsaal von Versailles wurde im Januar des nachfolgenden Jahres der preußische König Wilhelm zum Kaiser des neu gegründeten Deutschen Reiches ausgerufen.

Das Haus, in dem einst Arsène Lambert mit seinen Männern bis zur letzten Patrone gekämpft hatte, ist heute ein Museum. Auch der Raum, den Alphonse de Neuville zur Kulisse seines Bildes machte, ist dort zu besichtigen. Einschüsse in den Decken, Wänden und Fensterrahmen sind nicht beseitigt worden. Der Schrank steht noch dort, ebenso das Bett rechts, in dem an diesem Tag Verletzte litten und starben.

Der Besucher kann sich dort selbst überzeugen, wie detailgetreu de Neuville den Ort festgehalten hat. Das Bild hängt in einem Raum daneben.

CARL SALTZMANN

ERSTE ELEKTRISCHE STRASSENBELEUCHTUNG IN BERLIN

Öl auf Leinwand
1884
72,6 x 56,8 cm
Museumsstiftung Post und Telekommunikation,
Frankfurt am Main

Am Abend des 20. September 1882 ging am Potsdamer Platz in Berlin die erste elektrische Straßenbeleuchtung der Stadt und gleichzeitig damit auch eine der ersten der Welt in Betrieb.

Zwei Jahre später malte der deutsche Maler Carl Saltzmann (1847 bis 1923), der sich vor allem als Maler von Marinemotiven einen Namen machte, das Bild von der erleuchteten nächtlichen Großstadt an diesem Ort. Saltzmann gab in jenen Jahren dem späteren Kaiser Wilhelm II. Malunterricht, begleitete ihn dann auf seinen jährlichen Schiffsreisen in das Nordmeer und fertigte außerordentlich lebendige Seestücke an.

Auf den ersten Blick scheint das Gemälde wenig Spektakuläres für eine historische Betrachtung zu bieten. Verweilt man aber ein wenig bei dem, was zu sehen ist, und befragt die Geschichte, erzählt es weit mehr. Von vielem jedoch konnte Carl Saltzmann damals noch nichts wissen.

Nach dem Sieg im Krieg gegen Frankreich und der Gründung des Kaiserreichs 1871 folgten für Deutschland zwei Jahrzehnte des Aufbruchs. Die Inbetriebnahme der elektrischen Straßenbeleuchtung in Berlin fällt mitten in diese Zeit. In dieser Epoche, der sogenannten Gründerzeit, wandelte sich das Land von einem Agrar- zu einem Industriestaat. Das Geld dafür kam zu großen Teilen von den umfangreichen Reparationszahlungen, die man Frankreich aufgezwungen hatte. Die Einführung einer einheitlichen Währung, der Reichsmark, trug zu einer erhöhten Investitionsfreude bei und eine Zollunion schuf in dem einst von zig Zollgrenzen durchzogenen Land nun endlich günstigere Handelsbedingungen.

Doch nicht nur Deutschland selbst war im Wandel. In der zweiten Hälfte des 19. Jahrhunderts änderte sich dank neuer Erfindungen der Alltag der Menschen in allen industrialisierten Staaten rasant. Telegrafenkabel wurden um die Welt gelegt. Um die Zeit, da Carl Saltzmann sein Bild malte, entstanden die ersten Telefonnetze, zunächst in den großen Städten, dann allmählich von Stadt zu Stadt.

In der Mitte des Bildes steht eine Litfaßsäule, benannt nach ihrem Erfinder, dem Berliner Drucker Ernst Litfaß. Die ersten

Säulen dieser Art wurden 1855 in Berlin aufgestellt. Der Stadtverwaltung kamen sie gelegen, um die grassierende wilde Plakatierung zu bekämpfen. Für Litfaß entwickelten sie sich zu einer lukrativen Einnahmequelle, denn mit der Vermietung der Werbefläche verdiente er prächtig. Im Deutsch-Französischen Krieg dienten die Litfaßsäulen auch der Veröffentlichung der ersten Kriegsdepeschen. Später taten sie auch ihren Dienst als Transformatorenstationen und Verteiler bei der Telefonvermittlung.

Die Revolution durch die Elektrizität zeigte sich anfangs gerade darin, dass sie Beleuchtung in Häusern und auf Straßen einfacher, besser und kostengünstiger machte. Der Amerikaner Thomas Alva Edison entwickelte die erste dauerhaft leuchtende Glühbirne, der Deutsche Werner Siemens den Dynamo.

Bereits in der Antike war mit Kienspänen und Öllampen etwas Licht in nächtliche Straßen gebracht worden. Über Jahrhunderte blieb das auch so, und meist beschränkte man sich darauf, nur wichtige Plätze und Straßen zu beleuchten. Erst im Paris des 17. Jahrhunderts ließ König Ludwig XIV. eine umfassende Beleuchtung der Straßen und Gassen installieren. Nicht etwa, um seinem Namen als Sonnenkönig alle Ehre zu machen, sondern weil der argwöhnische Monarch seine Untertanen auch in der Nacht beobachtet wissen wollte. Im 19. Jahrhundert ging man mehr und mehr zu einer Beleuchtung mit Gaslampen über. Die elektrische Straßenbeleuchtung kämpfte anfangs noch mit der Verfügbarkeit und Helligkeit der Leuchtmittel. Doch nach und nach verdrängte sie über die Jahrzehnte das Gaslicht.

Saltzmanns Bild erzählt nicht nur vom Fortschritt, sondern auch von Grenzen, Mauern, Verkehr und Freiheit. Im Bildhintergrund sieht man einen der beiden von Friedrich Schinkel erbauten klassizistischen Bauten des neuen Potsdamer Tors. Einst war es Teil eines Zolltors zwischen zwei an antike Tempel erinnernden Gebäuden. Sie hatten eine Station an einer Akzisemauer (Zollmauer) gebildet, die 1867 mit der Schaffung der Zollunion abgerissen wurde.

Der Potsdamer Platz hatte durch die Gründung eines Fernbahnhofs im Jahr 1838 zunehmend an Bedeutung als städtischer

Verkehrsumschlagsplatz gewonnen. Über die Jahrzehnte verstärkte sich das und erreichte einen Höhepunkt in der Weimarer Republik. Der Potsdamer Platz war einer der verkehrsreichsten Orte Europas. Straßenbahn- und Buslinien kreuzten sich hier, in der Nacht tobte das wilde Leben der sogenannten Goldenen Zwanziger. Eine der ersten Ampelanlagen des Kontinents tat ihren Dienst.

Nach den Zerstörungen durch die verheerenden Bombenangriffe des Zweiten Weltkriegs blieb der Potsdamer Platz als Brache zurück. Vom pulsierenden Leben, den erleuchteten Nächten war nichts mehr geblieben. Nur architektonische Relikte hier und da. Auch von dem einstigen Schinkel'schen Bau standen nur noch Reste. 1961, knapp hundert Jahre nach Beseitigung der Zollmauer, zu der sie gehört hatten, wurden sie endgültig entfernt, ironischerweise um einer neuen Mauer zu weichen: der Berliner Mauer. Jahrzehntelang dämmerte der Potsdamer Platz als leeres Feld dahin, zerschnitten von der Mauer, die Menschen in Ost und West trennte. Der neue Staat im Osten, die DDR, brauchte sie, um sich abzuschotten, um seine Bevölkerung am Verlassen des Landes zu hindern. Es half nichts. Auch die Mauer hatte ihren Anteil, dass dieser Staat zusammenbrach.

Es folgte die deutsche Wiedervereinigung. Sie rückte den Potsdamer Platz ab 1990 wieder in das Herz der Stadt. Zeitweise eine der größten Baustellen Europas, wuchs er zur Wende zum 21. Jahrhundert erneut zu einem neuen städtischen Zentrum heran. An der Stelle, an der einst die Gebäude Schinkels standen, treten heute Menschen aus den pavillonartigen Eingangsgebäuden des neuen S-Bahnhofs hinaus auf einen Platz, der in einer zusammenwachsenden Weltmetropole erneut ein wichtiges Drehkreuz ist.

ILYA REPIN

DEMONSTRATION AM 17. OKTOBER 1905

Öl auf Leinwand
1907, verändert 1911
182,9 x 322,6 cm
Russisches Museum, St. Petersburg

In Moskau läuteten die Glocken. Zehntausende Menschen jeden Alters und aller Schichten hielt es nicht mehr in den Häusern. Sie liefen auf die Straßen und feierten.

Nur allzu gerne griffen sie nach der zarten Hoffnung. Zar Nikolaus II. hatte gerade das Oktobermanifest unterzeichnet. Nach Monaten der Gewalt und Unruhe in Russland würde es nun vielleicht besser werden.

Die Welt veränderte sich seit Jahrzehnten rasant. Auch Russland erlebte einen radikalen Wandel. Fabriken entstanden, Telefon- und Stromnetze wurden verlegt, man begann Autos zu bauen. In den Städten wuchs die Arbeiterschicht.

Doch während die Moderne hereinbrach, verharrte die russische Gesellschaft im Zeitalter des Feudalismus. Die Leibeigenschaft der Bauern, die noch immer den größten Teil der Bevölkerung stellten, war erst 1861 abgeschafft worden, an ihrer Abhängigkeit von den Grundbesitzern aber hatte sich nichts geändert. Der Adel besaß noch immer den größten Teil des Landes und der Zar stand über allem als ein absoluter Herrscher, der sich als Vater des Landes sah, dessen »Kinder«, die Untertanen, zu gehorchen hatten, egal, wie elend ihr Leben war. Dass sie davon genug hatten, zeigten die Ereignisse der nächsten Jahrzehnte des 20. Jahrhunderts, in denen sich die Geschicke Russlands so dramatisch und tragisch veränderten, dass schließlich nichts mehr war wie zuvor.

In den Geschichtsbüchern und im kollektiven Gedächtnis steht die Oktoberrevolution von 1917, die Wladimir Lenin und die Bolschewiki an die Macht brachte, im Mittelpunkt des Erinnerns. Die eigentlichen Umwälzungen aber begannen schon in den ersten Tagen des Jahres 1905.

Den Keim des Wandels legte der im Vorjahr im fernen Asien vom Zarenreich begonnene Krieg gegen Japan, der sich zu einem Desaster entwickelte. Die Armee des Zaren erwies sich als ungeeignet für die moderne Kriegsführung und wurde von den überlegenen Japanern demütigend geschlagen. Während die Moral der geschlagenen Armee erodierte, verschlechterten sich zur gleichen Zeit in Russland selbst die ohnehin kümmerlichen Lebensbedingungen der Bevölkerung dramatisch. Das starre System aus Befehl und Gehorsam, das die russische Gesellschaft seit Jahrhunderten zusammenhielt, wurde von den Unterdrückten, den Bauern, den Arbeitern, den einfachen Soldaten, nicht mehr hingenommen. Ihr Elend zwang sie zum Handeln und die Not war so groß, dass »der Tod willkommener (war) als das Andauern der täglichen Qual«.

So stand es in der Bittschrift, die Zehntausende Arbeiter dem Zaren übergeben wollten, als sie an einem Januartag friedlich zum Winterpalast in Sankt Petersburg zogen. Der jedoch wollte davon nichts wissen, schwieg und ließ seine Soldaten in die Menge feuern. Der Petersburger Blutsonntag kostete vermutlich 200 Zivilisten das Leben, darunter auch Frauen und Kinder. Der Zar hatte die Bande zu seinem Volk zerschnitten. Monatelange Unruhen erfolgten. Hunderttausende von Arbeitern streikten in den Städten, auf dem Land revoltierten die Bauern. Fast 3000 Herrenhäuser gingen in Flammen auf. Soldaten weigerten sich zunehmend, gegen die Aufständischen vorzugehen.

Zu einem weiteren Fanal wurden im Juli die Ereignisse um das Kriegsschiff *Fürst Potjomkin von Taurien*, von denen später der berühmte Film ›Panzerkreuzer Potemkin‹ von Sergej Eisenstein erzählte. Als Matrosen des Schiffes sich über Maden in ihrem Essen beschwerten, ließen Kommandeure einige von ihnen erschießen. Die Besatzung meuterte, und als das Schiff den Hafen von Odessa anlief, wurden die Matrosen Zeugen, wie zaristische Truppen unter Arbeitern, Frauen und Kindern ein Blutbad anrichteten.

Der Zar, eingekapselt in die ferne Welt seines Hofes, ließ sich von allen diesen Ereignissen nicht erschüttern. Nur wenige in seinem Umfeld, wie der Reformer Sergej Witte, erkannten den Ernst der Lage. Witte hatte sich schon große Verdienste um die Modernisierung der russischen Wirtschaft erworben. Als gewiefter Verhandlungsführer war es ihm zudem gelungen, einen relativ günstigen Friedensvertrag mit Japan auszuhandeln. Nun entwarf er ein »Manifest über die Verbesserung der staatlichen Ordnung«. Mit allergrößtem Widerwillen unterzeichnete der Zar dieses als Oktobermanifest berühmt gewordene Papier. Darin erklärte er sich bereit, durch freie Wahlen ein Parlament bestimmen zu lassen. Außerdem garantierte er allen Russen Religions- und Meinungsfreiheit. Der Jubel war groß. Das Land atmete auf. Neue Zeitungen entstanden. Die moderaten politischen Kräfte des Landes schöpften Hoffnung. Vielleicht gelang es mit der so beendeten Revolution von 1905, endlich Anschluss an das übrige Europa zu finden, wo sich mehr und mehr demokratisch-parlamentarische Staatsformen etablierten.

Rasch aber zeigte sich, dass der Zar nicht daran dachte, die Macht im Staat aus den Händen zu geben. Schon im Sommer 1907 entmachtete er das Parlament, die Duma. Er löste sie auf. An die Spitze des Staates setzte er wieder konservative Kräfte. Witte, den er zunächst zum ersten Minister ernannt hatte, war bereits im Jahr zuvor zurückgetreten.

Das 1907 begonnene und 1911 fertig gestellte Gemälde von den Jubelfeiern nach Unterzeichnung des Oktobermanifests ist das Werk eines Malers, der bereits weiß, wie sich die Dinge weiterentwickelt hatten.

Ilya Repin (1844 bis 1930) war mit Tolstoi befreundet, den er mehrfach porträtierte. Gemeinsam kämpften sie gegen die Todesstrafe. Repin war in Russland zur Wende des 19. zum 20. Jahrhundert der vielleicht bedeutendste Maler des Realismus. Seine Bilder fingen die Seele von Land und Menschen ein, waren Porträts von Menschen aller Schichten und jeden Alters. Sie zeigten selbst in Massenszenen, den Einzelnen noch immer als Individuum. Sein Gemälde zum 17. Oktober ist ein Sonderfall in seinem Werk. Hier zeichnete er mit starken Anklängen an den Impressionismus fast zu Masken erstarrte Gesichter. Dominiert wird das Bild von den Farben Russlands, Weiß, Blau und Rot. Es ist noch eine Ölskizze von 1906 erhalten. Dort sind die Gesichter nicht zu erkennen, doch die Szene wirkt weit froher als in diesem fertig ausgeführten Gemälde. Zur Zeit der Skizze wusste Repin noch nicht, dass der Zar nichts gelernt hatte.

Dessen Halsstarrigkeit mündete in die Oktoberrevolution von 1917. Nicht das Volk übernahm die Macht, sondern eine radikale Bewegung, die die nächste Gewaltherrschaft installierte: Wladimir Iljitsch Lenin und seine Bolschewiki.

ÜBER DEN GRABENRAND

Over the Top

Öl auf Leinwand
1918
79,4 x 107,3 cm
Imperial War Museum, London

John Nash zog in den Krieg. Seine Einheit war ein Freiwilligen-Bataillon der britischen leichten Infanterie, die Artist's Rifles. Sie sollten die höchsten Verluste aller Bataillone der britischen Streitkräfte während des Ersten Weltkriegs erleiden.

Was sich schon in den Kriegen der zweiten Hälfte des 19. Jahrhunderts angedeutet hatte, entfaltete sich schon kurz nach Beginn des Ersten Weltkriegs im Sommer 1914 mit einer Wucht, die trotz des Wissens um die vielen Neuerungen in der Kriegstechnik kaum jemand in Tragik und Tragweite vermutet hatte.

Von den Hunderttausenden junger Männer, die sich in ganz Europa freiwillig meldeten, glaubten die meisten, der Krieg würde kurz und reinigend sein. All das würde man jetzt in einem kurzen Gewitter in Ordnung bringen. Ein tragischer Irrtum!

Zu viele Krisen hatten über die Jahre zu viel Wut aufgestaut. Das Deutsche Kaiserreich unter Wilhelm II. war immer rücksichtsloser dem »Platz an der Sonne« entgegengestrebt, den es im Konzert der europäischen Großmächte einforderte. Nahezu jede Gelegenheit hatte es genutzt, um stets so weit zu provozieren, dass bewaffnete Auseinandersetzungen mit Großbritannien, Frankreich oder Russland unmittelbar bevorstanden.

Die Ermordung des österreichischen Thronfolgers durch serbische Attentäter in Sarajevo entfachte schließlich den Sturm. Da es in der aufgeheizten Atmosphäre dieser Jahre auch wesentlich um Stolz ging, nutzte nun Österreich den Moment, um Rache zu fordern. Das rief wieder Russland, Frankreich und Großbritannien auf den Plan. Deutschland stellte ihnen als Österreichs Verbündeter Ultimaten. Sie verstrichen. Dann erklärte Deutschland erst Russland, dann Frankreich den Krieg. Großbritannien sprang den beiden zur Seite. Das Schlachten begann.

An der Front im Westen gruben sich die Armeen beider Seiten an einer Hunderte von Kilometer langen Front in weit verzweigte Schützengrabensysteme ein. Wochen über Wochen, Monate über Monate rissen Granaten die Erde auf und verwandelten grüne Hügel, üppige Wälder und blühende Dörfer in apokalyptische Mondlandschaften.

Der Erste Weltkrieg ist in die Weltgeschichte als Krieg der Schützengräben eingegangen. Mehr noch als in Kriegen zuvor kehrten danach an Leib und Seele zerstörte Menschen in ein Leben zurück, das sie kaum noch zu meistern imstande waren.

Über Jahre waren Hunderttausende Soldaten einer festgefahrenen Front ausgesetzt. In der grauen, matschigen Hölle der Gräben blieb für beide Seiten nur noch das jämmerliche Ziel, in Sturmangriffen mit möglichst wenigen Verlusten durch das Sperrfeuer der gegnerischen Maschinengewehre das zerfurchte Niemandsland zwischen den Grabensystemen zu überwinden. So kämpfte man von Graben zu Graben, von Bombenkrater zu Bombenkrater. Gewann die eine Seite an einem Tag etwas Boden, verlor sie ihn oft tags darauf.

Bei Ausbruch des Krieges war John Nash durch seine Gesundheit zunächst daran gehindert worden, sofort in die Armee einzutreten. Erst zwei Jahre später kam er an die Front. So war er als kämpfender Soldat dabei, als Ende 1917 die Schlacht von Cambrai begann.

Die Deutschen hatten Truppenteile von der West- an die Ostfront verlegt. Dort hofften sie, den Zusammenbruch der russischen Armee beschleunigen zu können. An der Westfront witterten die Briten und Franzosen daher die Chance zu einer erfolgreichen Offensive, zumal die Vereinigten Staaten auf ihrer Seite in den Krieg eingetreten waren.

Die Schlacht von Cambrai dauerte vom 20. November bis zum Nikolaustag. In ihr starteten die Briten mit fast 500 Fahrzeugen die erste große Panzeroffensive der Geschichte. Die Deutschen setzten massiv Giftgas ein. Der spätere Bildhauer Henry Moore, als junger Soldat bei Cambrai dabei, wurde durch Gas verletzt. Der deutsche Ernst Jünger verarbeitete seine Erlebnisse während der Schlacht später in dem Roman ›In Stahlgewittern‹. Die Schlacht endete ohne Sieger, mit hohen Verlusten auf beiden Seiten.

John Nash (1893 bis 1977) suchte für seine Erlebnisse während der Schlacht in dem Gemälde *Über den Grabenrand* (*Over the Top*) ein Ventil. Er malte es drei Monate nach den Ereignissen. Es zeigt, wie Männer seiner Einheit, den 1st Batallion Artist's Rifles, ihre Gräben verlassen. Sie beginnen, ihren Weg durch das Niemandsland zwischen den feindlichen Linien gegen Marcoing bei Cambrai zu nehmen. Obwohl sie auf den ersten Blick als Einheit zu erkennen sind, ist jeder für sich und geht allein seinem Schicksal entgegen.

Von den 80 Männern, die über den Grabenrand geklettert waren, wurden schon in den ersten Minuten 68 getötet oder verwundet. Nash war einer der 12 Männer, die von den Granatsplittern verschont blieben.

Auf den Rat seines älteren Bruders Paul Nash, der ebenfalls ein renommierter Maler war, hatte John Nash nie eine Kunstakademie besucht und im Selbststudium seine Fähigkeiten systematisch ausgebaut. Einen Namen machte er sich vor allem mit seinen Landschaftsbildern. Sie waren sachlich und klar und trafen in der Art ihrer Darstellung immer wieder Aussagen über die menschliche Seele und das Dasein des Menschen an sich, also über das, was man auch Conditio humana nennt. Auch als Holzschnittkünstler trat Nash hervor.

Nash war der Moderne und nicht dem Realismus der Historienmalerei des 19. Jahrhunderts verpflichtet. Daher schöpft sein Gemälde *Über den Grabenrand* seinen Realismus nicht aus dem Malstil, sondern aus der Art der Darstellung und der Haltung. Der Betrachter des Bildes erkennt sie sofort, spürt die Hoffnungslosigkeit und Schicksalsergebenheit der Männer.

1918, im letzten Kriegsjahr, verpflichtete die britische Armee Nash und seinen Bruder als offizielle Kriegsmaler. Später, im Zweiten Weltkrieg, sollte Nash der Royal Navy in gleicher Funktion dienen. Die beiden Brüder waren überzeugt, dass Ironie und abseitige Ideen in der Malerei, insbesondere in der offiziellen Kriegsmalerei, zu Unrecht verworfen wurden. Paul Nash kommentierte beißend: »Mir ist nicht erlaubt, Tote in meine Bilder einzufügen, da sie offensichtlich nicht existieren.« Diese Kritik erkennt man auch in Paul Nashs Gemälde mit dem ironischen Titel *Wir erschaffen eine neue Welt*. Es zeigt eine menschenleere, durch Granaten aufgerissene Kraterlandschaft, in der nur noch zerborstene Baumstümpfe in den Himmel ragen.

GEORGE GROSZ

DIE STÜTZEN DER GESELLSCHAFT

Öl auf Leinwand

1926

200 x 108 cm

Nationalgalerie, Berlin

Der Begriff der verlorenen Generation, den Ernest Hemingway 1926 als Zitat Gertrude Steins seinem Roman ›Fiesta‹ voranstellte, galt für Millionen Gefallene und für die seelisch und körperlich Versehrten des Ersten Weltkriegs. Hoffnungsvolle Künstler waren gefallen, so die deutschen Maler Franz Marc und August Macke. Ernst Ludwig Kirchner erholte sich nie von seinen Kriegserlebnissen.

Die Zurückgekehrten suchten nach einer anderen, neuen Kunst, die der physischen und psychischen Zerstörung Ausdruck gab, einer Kunst, die alte Vorgaben und Regeln nicht mehr akzeptierte. Denn zerstört war nicht nur die Hoffnung auf eine durch Technik und Moderne zu erreichende bessere Welt, sondern auch das Vertrauen in Kultur und schöne Kunst, da kein ästhetischer Impuls das Grauen hatte verhindern können.

Doch vielleicht war es möglich, mit irgendeiner neuen Form des Ausdrucks die Wut in die Welt hinauszuschleudern. In Zürich wurde ein Versuch gestartet. Dort begründete bereits 1916 mitten im Krieg eine Gruppe von Künstlern die Bewegung des Dadaismus. In Berlin schloss sich ihr der deutsche Maler George Grosz (1893 bis 1959) an. Er hieß eigentlich Georg Groß, anglisierte oder besser: amerikanisierte aber seinen Namen. Amerika trug für ihn noch eine Hoffnung, verhieß die Freiheit, die er im obrigkeitshörigen Deutschland nicht fand.

Auch George Grosz war für seine Heimat in den Krieg gezogen. Er hatte sich freiwillig als Infanterist gemeldet, war aber nach einer Operation für diensttauglich erklärt und 1917 endgültig aus dem Militär entlassen worden.

Als 1926, im gleichen Jahr, in dem Hemingways *Fiesta* erschien, das Bild *Die Stützen der Gesellschaft* entstand, tobte sich Berlin als seinerzeit vielleicht turbulenteste, fortschrittlichste, aufregendste Metropole der Welt aus. Das Nachtleben kannte keine Tabus und feilte kräftig mit am späteren Mythos der Epoche der Goldenen Zwanziger. Wie golden sie auch immer waren, Berlin war der Mittelpunkt.

Nach dem Krieg wollte man wieder Mensch sein. Während Dada- und beginnender Surrealismus als eng verwandte Kunstrichtungen die richtungslose Gesellschaft reflektierten, feierte man zur selben Zeit das Leben mit einer Mode, die die Reize der Frau betonte, die Frau aber auf bestimmte Weise auch befreite. Man genoss weltweit die Geschwindigkeit und Freiheit von Autos, die Wildheit und Freude des aufkommenden Jazz und die bewegten Bilder des Films, der schon auf seinem Weg zur Massenkultur war.

Die Demokratien hatten im Ersten Weltkrieg gesiegt. Doch in Russland etablierte sich mit dem Kommunismus ein neues und bedrohliches Gesellschaftssystem, das die Meinungsvielfalt einer Demokratie in Abrede stellte. Der Zeitgeist, noch immer von den polarisierenden Denkmustern des Krieges beherrscht, steuerte auf neue Gegnerschaften zu.

In Deutschland war aus dem Kaiserreich nach dem verlorenen Krieg mit viel Mühe eine Republik gegründet worden. Einige hatten Weimarer Republik begrüßt, die meisten aber lehnten sie ab, vor allem rechte, nationale und kaisertreue Kräfte. Der neue Staat sei aufgezwungen, so wie der Friedensvertrag von Versailles, der Deutschland immense Reparationszahlungen aufbürdete. Außerdem seien jene Kräfte an der Macht, die durch einen »Dolchstoß in den Rücken« der eigenen Armee, die Niederlage erst herbeigeführt hätten. Denn im Feld habe man nicht verloren. Diese abstruse, vom einstigen deutschen Oberbefehlshaber Paul von Hindenburg ins Spiel gebrachte »Dolchstoßlegende«, der wusste, dass der Gegner hoffnungslos überlegen gewesen war, griff auch die neue radikal rechte Partei unter Führung des ehemaligen Frontsoldaten Adolf Hitler auf. Doch nicht nur von der rechten Seite wurde die junge Republik bedroht. Auch von der extremen Linken.

George Grosz beschränkt sich in seinem Bild auf die Gefahr, die der Republik von der extremen Rechten drohte. Tatsächlich war sie es, die schließlich das Ende der Republik besiegelte.

Das Bild ist natürlich kein Historienbild. Erst die Zeit und die Geschichte selbst haben es zu einem solchen gemacht. Grosz selbst sprach gerne von »Kunst als Waffe«, ein Konzept, dessen berühmtestes Beispiel später Pablo Picasso lieferte, als er in dem Gemälde *Guernica* das Grauen des Luftangriffs deutscher Flieger 1937 während des Spanischen Bürgerkriegs auf die gleichnamige baskische Stadt verewigte.

Wie Picasso folgt Grosz in *Die Stützen der Gesellschaft* einem Montageprinzip. Während das Bild des Spaniers aus dem Kubismus schöpfte, erinnert Grosz' Gemälde an die Collagen der Dada-Künstler. Man sucht vergeblich einen einheitlichen Bildraum. Sein Fehlen unterstreicht, dass es keine verlässlichen Werte, keinen eigentlichen Halt mehr gibt. Im Gegenteil: In der Gesellschaft, die Grosz zeigt, beschwört das Pervertieren von Werten neue Katastrophen herauf. Die Anordnung der Figuren zeigt von oben nach unten klare Hierarchien. Von vorn nach hinten sieht man den Weg vom Stammtisch zu den brennenden Häusern des Krieges.

Grosz' nahezu unvergleichlich filigraner Strich zeigt den verdichteten, fast verzweifelten Blick. Es ist wie das Suchen nach einem letzten Halt in den Dingen selbst. Obwohl in Karikatur und Aussage expressiv, ist die Zeichnung detailgenau und thematisiert die Rolle von Klerus, Militär und Bürgertum. Grosz gibt Hinweise und warnt. Schwarz-Rot-Gold war die Fahne der Weimarer Republik. Die Fahne in der Hand des Unternehmers in der rechten Bildmitte ist Schwarz-Weiß-Rot. Hindenburg, nun Reichspräsident einer Republik, die er nie gewollt hatte, hatte sie als Handelsfahne zugelassen, ein Rückgriff auf Kriegsmarine und Kaiserreich, den die rechten Kräfte gerne als Symbol annahmen. Es war auch Hindenburg, der später der Republik den Todesstoß versetzte, indem er Adolf Hitler zum Reichskanzler ernannte.

Grosz bezeichnete sich als Realist, und wegen der Genauigkeit seiner Bilder ordnete man ihn bald der neuen Kunstform der Neuen Sachlichkeit zu. Darin trat die Expressivität zugunsten realistischer und genauer Zeichnung in den Hintergrund. In der Literatur fand die Neue Sachlichkeit ihren Niederschlag in den Werken Erich Kästners, Kurt Tucholskys, Alfred Döblins, Lion Feuchtwangers und Hans Falladas.

Zwei Wochen vor der Machtübernahme Hitlers verließ Grosz mit seiner Frau Berlin. Es folgten Jahre des Exils in den USA. Erst in den 1950er Jahren kehrte er zurück.

XU BEIHONG

LEG DEINE PEITSCHE NIEDER

Öl auf Leinwand
1939
144 cm x 90 cm
Privatsammlung

Was hat Goethe mit dem chinesischen Kampf gegen japanische Besatzung und mit dem teuersten chinesischen Bild zu tun? An einem Tag im Jahr 1939 kam das alles zusammen im Lächeln einer Schauspielerin.

Das chinesische Kaiserreich taumelte gegen Ende des 19. Jahrhunderts durch Zerrissenheit und innere Kämpfe. Fremde Mächte nutzten das aus. Die Russen besetzten Port Arthur, die Briten nahmen sich Hongkong, das Deutsche Reich und Japan besetzten Häfen und Landstriche an der chinesischen Küste.

Während am Hof des Kaisers Reformer scheiterten, die das Land in die Moderne führen wollten, regte sich das Volk. Die Bewegung der sogenannten Boxer stellte sich gegen die europäischen Einflüsse, insbesondere auch gegen die Versuche, die Chinesen christlich zu missionieren. Morde der Boxer an Diplomaten lieferten den europäischen Mächten schließlich zur Wende zum 20. Jahrhundert den willkommenen Anlass, Expeditionstruppen zu senden.

Ein Jahrzehnt später brach das Kaiserreich zusammen. Aus seinen Trümmern entstand am Neujahrstag des Jahres 1912 die Republik China. Die aber litt von ihrer Geburt an unter der Rivalität von Nationalpartei (Kuomintang) und Kommunisten. Jahre des Bürgerkriegs folgten. Japan griff die Gelegenheit beim Schopf, noch größere Gebiete Chinas unter Kontrolle zu bringen. Nach außerordentlich blutigen Schlachten, etwa um Schanghai, besetzten sie weite Teile Ost- und Nordchinas, vor allem die großen Städte.

Die Kuomintang unter General Chiang Kai-shek und die Kommunistische Partei flüchteten sich in einen Guerillakrieg, während die japanische Armee längst einen rücksichtslosen Vernichtungsfeldzug führte, der an Grausamkeit und Ausmaß später nur noch von dem der deutschen Wehrmacht in der Sowjetunion übertroffen werden sollte.

Der Maler Xu Beihong (1895 bis 1953) gehörte zu den vielen Chinesen, die aus ihrer Heimat fliehen mussten. Im Jahr 1939 wurde er auf einer Straße in Singapur Zeuge eines Ereignisses, das ihn tief beeindruckte. An diesem Tag wohnte er der Aufführung einer chinesischen Theatergruppe bei. Mit der Hauptdarstellerin Wang Ching war er befreundet.

Das Stück, das aufgeführt wurde, hieß *Leg deine Peitsche nieder* und war ein bekannter Einakter des chinesischen Straßentheaters. Es stammte in seiner frühesten Fassung von dem Dichter Tian Han, den eine Episode in Goethes Romanen um Wilhelm Meister dazu inspiriert hatte. Tian Han verfasste auch den Text der chinesischen Nationalhymne *Der Marsch der Freiwilligen*. Er fiel während Maos Kulturrevolution in Ungnade und starb 1968 im Alter von 70 Jahren im Gefängnis.

In Goethes ›Wilhelm Meisters Lehrjahre‹ begegnet der Held einem Mädchen namens Mignon, das einer Truppe von Seiltänzern angehört und von deren Chef wie Eigentum behandelt wird. Als dieser Mignon eines Tages auspeitschen will, kauft Wilhelm Meister das Mädchen frei und nimmt sie in seine eigene Theatergruppe auf. Weil sie ihren Befreier leidenschaftlich liebt, der aber ihre Liebe nicht erwidert, stirbt sie. Berühmt wird Mignons Lied: »Kennst du das Land, wo die Zitronen blühen?«

Die Szene mit der Peitsche kehrte in Tian Hans Stück an zentraler Stelle wieder. 1928 fertigte er eine frühe Fassung an unter dem Titel *Miniang* (deutsch sinngemäß: Das verwirrte Mädchen). Nacheinander bearbeiteten mehrere Autoren, wie etwa Zuo Ming, das Stück bis zu seiner endgültigen antijapanischen Fassung.

Als Xu Beihong 1939 das Stück sah, das mittlerweile in China unter dem Titel *Leg deine Peitsche nieder* berühmt geworden war, litten große Teile Chinas unter der Grausamkeit der japanischen Besatzung. Xu Beihong führte in diesen Jahren ein unstetes Leben im Exil. Er bereiste den Südosten Asiens, stellte seine Bilder aus und half mit den Erlösen seinen Landsleuten in der Heimat.

In dem Stück *Leg deine Peitsche nieder* treten auf einer Straße ein alter Mann und eine junge Frau auf. Der alte Mann sagt, er habe die junge Frau einst in China gekauft. Die junge Frau singt ein Lied aus Schanghai. Alle sind entzückt. Dann sagt der alte Mann, er habe ein Lied geschrieben, das sich gegen die japanische Besatzung wende. Der völlig entkräfteten jungen Frau aber gelingt es trotz mehrerer Versuche nicht, das Lied vorzutragen. Wütend greift der alte Mann zur Peitsche. Doch ein als Arbeiter verkleideter Schauspieler ruft nun aus dem Publikum:

»Leg deine Peitsche nieder!« Als er auf den Alten losgehen will, geht die junge Frau dazwischen und beginnt die traurige Geschichte von sich und dem alten Mann zu erzählen:

Sie sind Vater und Tochter und aus ihrer Heimat China vor Unterdrückung und Terror geflohen. Nun fristen sie ein hartes Leben als Straßenkünstler. Ihr Vater sei kein schlechter Mensch gewesen, doch die Umstände hätten ihn hart und bitter gemacht. Nach diesem Bekenntnis der jungen Frau sind alle tief bewegt und der Arbeiter ruft das Publikum zum Widerstand gegen die Unterdrückung durch die Japaner und alle Verräter in der Heimat auf.

Die Stärke des Stücks ist die Überwindung der Grenze zwischen Publikum und Schauspielern. Oft wurde es bewusst so aufgeführt, dass das tatsächliche Publikum nicht merkte, was von dem Dargestellten zum Stück gehörte und was vielleicht doch ein Einwurf der Zuschauer war.

Xu Beihong war von der Aufführung so beeindruckt, dass er sich sofort daranmachte, eine Szene des Stücks in einem Gemälde festzuhalten. In den Mittelpunkt stellte er die mit freundlichem Gesicht kniende und lebensgroß gemalte Wang Ying, die ihm Modell stand und die Tochter des Alten spielte. Wang Ying machte später Karriere, drehte Filme in Hollywood und trat 1940 mit einer englischen Fassung des Stückes sogar im Weißen Haus vor Franklin D. Roosevelt auf.

Auch Xu Beihong wurde im Westen bekannt. Großer Beliebtheit erfreuten sich seine Bilder von galoppierenden Pferden. Vor allem gilt er heute als der bedeutendste chinesische Maler seiner Zeit, insbesondere weil es ihm gelang, die Malerei der westlichen Moderne mit der chinesischen Maltradition zu vereinen.

Das Bild *Leg deine Peitsche nieder* verschwand für Jahre aus der Öffentlichkeit. Xu Beihong hatte es einem Freund gegeben. Nach dessen Tod tauchte es über mehrere Wege wieder auf und wurde 2007 auf einer Auktion für 7 Millionen Euro von einem privaten Sammler ersteigert. Das war Weltrekord für ein chinesisches Gemälde.

DAVID LOW

RENDEZVOUS

Tuschezeichnung
Erschienen 20.9.1939
im *Evening Standard*

Hitler und Stalin machen einen freundlichen Diener über dem gemeuchelten Polen.

Kurz zuvor war dies geschehen: Am 23. August 1939 schlossen das Deutsche Reich und die Sowjetunion einen Nichtangriffspakt. Die zwei Mächte, die mit ihren totalitären Ideen die Freiheit auf dem Kontinent bedrohten und von denen man bislang gehofft hatte, dass ihre Feindschaft sie wechselseitig eindämmen würde, schienen nun zu kooperieren. Der sogenannte Hitler-Stalin-Pakt war ein Schock für Europa. Doch das ganze entsetzliche Ausmaß dieser Kooperation sollte sich erst noch zeigen und war noch weit schockierender als das des bloßen Nichtangriffspakts.

Die beiden Staatsideen, für die Hitler und Stalin standen, waren im Ansatz verschieden, im Ergebnis aber sehr ähnlich. Der Marxismus-Leninismus, den Wladimir Iljitsch Lenin nach der Revolution in Russland eingeführt hatte und auf den Stalin sich berief, wollte die klassenlose Gesellschaft verwirklichen. Deren Kommen hatte Vordenker Karl Marx als unabänderlich prophezeit, Lenin aber wollte nicht warten. Er und spätere Protagonisten wie Stalin, Mao Zedong und der Kambodschaner Pol Pot errichteten in ihren Ländern jeweils Diktaturen selbst ernannter »revolutionärer Eliten«. Wer nicht genehm war, wurde unterdrückt oder gleich beseitigt.

Hitlers Nationalsozialismus hatte seine Wurzeln im Faschismus, der davon ausging, dass bestimmte Völker oder Bevölkerungsgruppen anderen überlegen seien, was die rücksichtslose Unterdrückung der vermeintlich unterlegenen rechtfertige. Zu Beginn der 1920er Jahre trat der Faschismus von Italien aus seinen Siegeszug durch Europa an. Auch hier galt: Wer widersprach oder nicht genehm war, wurde unterdrückt oder gleich beseitigt.

Was in den theoretischen Ansätzen beider Ideen schon zu ahnen war, bewies sich in der Praxis: Sowohl Kommunismus als auch Faschismus waren nur in Diktaturen durchzusetzen. In der Praxis nahmen sich dann beide Gesellschaftsentwürfe nichts, wenn es galt, für die jeweilige Ideologie die Freiheiten und Rechte des Einzelnen zu beseitigen. So spricht man auch in der Konsequenz von den beiden großen totalitären Gesellschaftsentwürfen des beginnenden 20. Jahrhunderts. Sie waren es, die die Welt in Angst und Schrecken versetzten. Beide zusammen verantworten in diesem grausamsten Jahrhundert, das sich die Menschheit angetan hat, zig Millionen von Opfern.

Nach dem Ende des Ersten Weltkriegs 1918 war Europa nach und nach vom Kommunismus und Faschismus eingeschnürt worden. In Russland errichtete Lenin die Herrschaft der Sowjets. In Italien drohte der Faschist Benito Mussolini mit dem Marsch auf Rom und installierte 1922 eine faschistische Diktatur. Elf Jahre später wurde in Deutschland Adolf Hitler zum Reichskanzler ernannt. Mit seiner nationalsozialistischen Partei errichtete er die konsequenteste Form eines faschistischen Regimes. Mit eiserner Hand gelang es den Nationalsozialisten, die deutsche Gesellschaft nahezu vollkommen gleichzuschalten.

Wucht, Dynamik und Erfolg der kommunistischen und faschistischen Diktaturen bedrängten die Demokratien Europas nicht nur von außen, sondern ließen in deren Innern sogar Zweifel an Sinn und Kraft ihres eigenen pluralistischen Gesellschaftsentwurfs aufkommen. Schwach und unentschlossen schienen sie. Den Beweis schien für viele der 1935 ausgebrochene Spanische Bürgerkrieg zu liefern. Hitler, Mussolini und Stalin unterstützten die Parteigänger ihrer Ideologien massiv. Die demokratischen Kräfte hingegen konnten zwar auf freiwillige Kämpfer aus aller Welt zählen, warteten aber, was entschlossene Hilfe aus demokratischen Staaten betraf, vergeblich auf Unterstützung.

In Großbritannien forderte der Zeichner David Low (1891 bis 1963), einer der bedeutendsten Karikaturisten des 20. Jahrhunderts, ein entschlossenes Eingreifen und bekämpfte mit seinen Karikaturen in der Tageszeitung *Evening Standard* vehement die Appeasement-Politik von Premierminister Neville Chamberlain. Low war in Neuseeland geboren und hatte schon als Junge begonnen, Zeichnungen zu veröffentlichen. Über Australien kam er nach London, wo er einer der populärsten und radikalsten Cartoonisten wurde.

Das eigentlich Entsetzliche des Hitler-Stalin-Pakts ahnte zunächst noch nicht einmal Low. Die beiden Diktatoren hatten in einem geheimen Zusatzprotokoll Polen unter sich aufgeteilt. Außerdem sollte die Sowjetunion die unabhängigen baltischen Staaten Estland, Litauen und Lettland erhalten.

Eine Woche nach Abschluss des Paktes marschierten am 1. September 1939 deutsche Truppen in Polen ein. Der Zweite Weltkrieg hatte begonnen. Am 17. des Monats begann die Rote Armee von Osten her, sich ihren Teil am Kuchen zu nehmen.

Drei Tage später erschien im *Evening Standard* Lows Karikatur *Rendezvous*. Die beiden Diktatoren, die im Spanischen Bürgerkrieg massiv eingegriffen hatten und dort als unversöhnliche Feinde aufgetreten waren, stehen sich nun in gespielter Freundlichkeit gegenüber. Zwischen ihnen liegt das niedergestreckte Polen.

Beide tragen Uniformen. Bei Hitler ist das als sogenannter Waffenrock mit Beginn des Krieges Standard. Bei Stalin noch nicht unbedingt. Doch Low zeigt, was sie sind: Kriegsherren.

Rendezvous ist eine der berühmtesten Arbeiten Lows. Später veröffentlichte er eine Karikatur, die die beiden Diktatoren Arm in Arm zeigt. Jeder hält auf dem Rücken eine Pistole. Es ist wie eine Vorahnung des späteren Angriffes der deutschen Wehrmacht auf die Sowjetunion.

Karikaturen gibt es vielleicht aus dem gleichen Grund, warum einst schon in der Chauvet-Höhle gemalt wurde. Sich ein Bild dessen, wovor man Angst hat, zu machen, bannt bereits ein gutes Stück der Angst. In der Karikatur kommt das Lächerlichmachen hinzu. Lachen gehört seit jeher zu den Mitteln, das Böse auszutreiben. Hierin liegt vielleicht auch eine Antwort auf die immer wiederkehrende Frage, ob man mit Hitler Späße machen darf. Man darf nicht nur, man muss. Und wer anderer Meinung ist, sollte sich fragen, warum Diktatoren wie Hitler und Stalin es nicht mögen, dass man Scherze über sie macht.

Karikaturen sind Widerstand, sind auch die Macht des Andersdenkenden. Ihre Angriffe auszuhalten ist eine Messgröße für den Grad der Freiheit einer Gesellschaft.

H. CHARLES MCBARRON

FOLGT MIR!

Follow Me!

Aquarell auf Papier
1944
Army Art Collection, Washington

Zwischen den beiden Hauptinseln der Philippinen Mindanao im Norden und Luzon im Süden liegt mit weißen Stränden und hohen Palmen die Insel Leyte. Nach zwei Tagen massiven Geschützfeuers durch amerikanische Kriegsschiffe auf die Küste landeten dort am 20. Oktober 1944 US-Truppen. Sie gerieten sofort unter Beschuss durch verschanzte japanische Besatzer.

Die Eroberung Leytes war der Auftakt der Befreiung der Philippinen durch die Alliierten. An der Spitze der Truppen stand der amerikanische General Douglas MacArthur. Zwei Jahre zuvor hatte er nach monatelangen Kämpfen den Japanern weichen müssen, die schon einen Tag nach dem Angriff auf den US-Kriegshafen Pearl Harbor vom 7. Dezember 1941 begonnen hatten, die Philippinen zu besetzen. Mit knapper Not konnte er damals entkommen. »Ich kehre zurück«, hatte er geknurrt.

Es dauerte damals einige Zeit, bis die US-Marine zurückschlagen konnte. Beim Angriff auf Pearl Harbor hatten die Japaner einen großen Teil der amerikanischen Pazifikflotte zerstört. Doch obwohl die Japaner zunächst einen Siegeszug im Pazifikraum antraten, sollten sich die Ressourcen der USA bald als weit überlegen erweisen.

Zu den Truppen, die an diesem 20. Oktober auf Leyte an Land gingen, gehörte auch das Infanterieregiment unter dem Kommando von Aubrey Newman. Er und seine Männer gerieten am Strand sofort unter heftiges Feuer. Viele wurden getroffen, die anderen warfen sich, sobald sie die Brandung überwunden hatten, in den Sand.

Newman wusste, er musste handeln, denn die Männer wagten nicht, sich wieder aus dem Sand zu erheben. Kugeln und Granaten sausten an ihren Köpfen vorbei. Ein Kommandeur war bereits gefallen. Newman wusste aber, sie mussten weiter. Würden sie bleiben, wo sie waren, und nicht wagen, den Strand zu überwinden und die japanischen Stellungen anzugreifen, drohten ihnen noch höhere Verluste. Newman merkte auch, er musste vorangehen.

»Zur Hölle, fort vom Strand!«, rief er seinen Leuten zu, »Verdammt, steht auf und bewegt euch! Folgt mir!« Newman lief los, seine Männer fassten Mut, standen auf, rückten vor und sicherten den Strandabschnitt.

Bereits gegen Mittag watete MacArthur mit seinem Stab in der Brandung an den Strand von Leyte und sandte eine Botschaft per Radio an die Menschen der Philippinen: »Ich bin zurückgekehrt! Durch die Gnade des allmächtigen Gottes stehen unsere Streitkräfte erneut auf philippinischem Boden.«

Die Japaner gaben sich jedoch nicht geschlagen. So begann drei Tage nach der Landung die Seeschlacht im Golf von Leyte, deren Kämpfe sich auf vier verschiedene Kampfplätze in der Inselgruppe verteilten. Die Japaner schickten fast alle ihre Marinekräfte in die Seeschlacht, die zur größten der Weltgeschichte wurde. 64 japanische und 218 alliierte Schiffe waren im Einsatz. Unterstützt wurden sie auf beiden Seiten von gewaltigen Luftkräften.

Von japanischer Seite war es das letzte massive Entgegenstemmen gegen den Vormarsch der Alliierten im Pazifik. Sie hatten auch kaum eine Wahl. Die strategisch wichtigen Philippinen mussten sie verteidigen, wollten sie den Zugriff auf die wichtigen Rohstoffe Indonesiens nicht verlieren.

Die Marine des Tenno versuchte die überlegenen alliierten Seestreitkräfte mit einem Ablenkungsmanöver von Leyte fortzulocken, auseinanderzutreiben und so erfolgreicher zu attackieren. Das gelang auch fast, aber eben nur fast. Nach drei Tagen war der Kampf zur See durch einen vollkommenen amerikanischen Sieg entschieden. Die Verluste der japanischen Marine waren so hoch, dass sie im weiteren Verlauf des Krieges kaum noch eine Rolle spielte. Fast die Hälfte der großen Schiffe hatte die japanische Marine verloren, 10.000 Mann waren im Kampf getötet worden.

Die Kämpfe auf Leyte selbst zogen sich noch über Wochen hin. Nach der Landung drangen die amerikanischen Truppen tief in das Innere der Insel vor. Die japanische Gegenwehr und Unwetter erschwerten den Vormarsch. Kurzzeitig hatten die Japaner von Luzon noch knapp 50.000 Soldaten ins Gefecht schicken können. Bis zuletzt wehrten sie sich mit erschreckender

Rücksichtslosigkeit gegenüber dem eigenen Leben. Nur wenige Japaner ergaben sich. Nur wenige Hundert entkamen.

Es waren die Kämpfe von Leyte, in deren Verlauf die Japaner begannen, zu Selbstmordangriffen überzugehen. Mit Haftminen sprangen sie auf Panzer, mit Sprengstoff beladene Flugzeuge stürzten sich auf amerikanische Schiffe. Die ersten sogenannten Kamikazeeinsätze der japanischen Truppen versetzten den Feind in Angst und Schrecken. Das Blatt aber konnten sie damit nicht mehr wenden.

Die Amerikaner in der Heimat nahmen, während ihre Soldaten in Europa und Asien kämpften, regen Anteil am Kriegsgeschehen. Sie gierten nach den Berichten im Radio und in den Wochenschauen. Zeitungen und Magazine waren gefüllt mit Artikeln und oft sehr reich und plastisch illustriert.

Das Bild H. Charles McBarrons (1902 bis 1992) hält im Stil amerikanischer Illustrationskunst dieser Tage den Moment der Landung der US-Truppen unter Feuer der japanischen Truppen fest, in dem Aubrey Newman seine Leute aufforderte, ihm zu folgen. Anders als manche seiner Kollegen, die den Effekt der Wahrheit oft vorzogen, verfolgte McBarron das Ziel, historisch akkurate Bilder zu malen. So trug er für seine Arbeit im Laufe der Jahre ein riesiges Archiv zusammen und hortete nicht nur Bücher, sondern auch Waffen, Uniformen und allerlei Artefakte. McBarrons historisches Fachwissen war so umfassend und detailliert, dass ihn Wissenschaftler, Museen und die US Army als Berater heranzogen. Als Vorlagen für seine Bilder nutzte McBarron auch intensiv Filme und Fotos von den Ereignissen vor Ort. Von McBarrons umfangreichem Werk wurden vor allem seine Bücher zu historischen Uniformen bekannt.

Aubrey Newman, der Mann, dem seine Männer zum Sieg folgten, wurde gegen Ende der Kämpfe auf Leyte verwundet. Später erhielt er höchste militärische Auszeichnungen. Nach dem Krieg schrieb er lange Jahre für Zeitschriften der Armee und veröffentlichte erfolgreich Bücher, in denen es vor allem um vorbildhafte Führung ging.

OLIN DOWS

TREFFEN MIT DEN RUSSEN IN TORGAU

Meeting with the Russians at Torgau

Aquarell und Tusche auf Papier
Army Art Collection,
US Army Center of Military History,
Fort Belvoir, Virginia

Als das Jahr 1945 anbrach, war der im Herbst 1939 unter der Führung Adolf Hitlers angezettelte Zweite Weltkrieg für das Deutsche Reich schon seit Monaten verloren. Im Westen hatten im Herbst 1944 amerikanische Truppen mit Aachen die erste deutsche Großstadt erobert und die Westalliierten rückten unaufhaltsam vor. Von Osten näherte sich die Rote Armee dem deutschen Reichsgebiet. Am 16. April 1945 standen sowjetische Truppen vor der deutschen Hauptstadt. Die Schlacht um Berlin begann und ging in tagelang erbittert geführte Straßen- und Häuserkämpfe über.

Doch Adolf Hitler, der sich in seinen Bunker unter der Reichskanzlei in Berlin zurückgezogen hatte, dachte nicht ans Aufgeben. Längst hatte er einen Krieg der verbrannten Erde angeordnet. Das deutsche Volk, so sagte er wenige Wochen bevor er sich am 30. April das Leben nahm, habe sich als das schwächere erwiesen. Es sei sogar das Beste, alles zu zerstören, was zum Leben benötigt werde. Brücken, Felder, Tiere, alles, was dem Feind nutzen konnte, befahl er zu vernichten.

Die Amerikaner erreichten am 20. April die sächsische Stadt Leipzig. Danach rückten sie weiter Richtung Elbe vor. Täglich rechneten sie damit, auf sowjetische Truppen zu stoßen.

Im Hinterland nahe der Elbe schickte das US-Kommando am 25. April die beiden Leutnants Albert Kotzebue und Frank Robertson mit zwei Erkundungstrupps los. Sie sollten herausfinden, ob die Rote Armee das Ostufer des Flusses erreicht hatte. Die Fahrt Kotzebues und seiner Männer ging in einem Jeep durch menschenleer erscheinende Dörfer. Überall hingen weiße Laken aus den Fenstern.

Der Jeep hatte die gespenstische Landschaft fast bis zum Westufer der Elbe durchquert, da trafen Kotzebue und seine Männer auf einen sowjetischen Soldaten. Der erzählte ihm, seine Einheit läge am Ostufer der Elbe. Kotzebue schlug den direkten Weg dorthin ein und erreichte den Fluss gegen Mittag bei Strehla, etwa 70 Kilometer östlich von Leipzig. Dort gab Kotzebue Leuchtsignale und setzte mit drei Männern in einem Segelboot über, das sie am Ufer gefunden hatten. Als sie die andere Seite erreichten, blickten sie auf Hunderte Leichen deutscher Zivilisten. Während sie das Leichenfeld durchquerten, traf Kotzebue auf den Kommandeur einer russischen Vorhut, den Oberstleutnant Alexander Gordejew. Ein sowjetischer Kommissar in dessen Begleitung brach das Treffen ab, noch bevor es dokumentiert werden konnte, denn ein Handschlag inmitten von toten Zivilisten eignete sich nicht gut für ein historisches Foto. Tatsächlich waren die toten Deutschen nicht Opfer sowjetischer Übergriffe, sondern Flüchtlinge, die bei der Sprengung der Brücke durch deutsche Truppen den Tod gefunden hatten.

Etwa drei Stunden nachdem Kotzebue und Gordejew sich begegnet waren, traf Robertson, der Kommandeur des zweiten amerikanischen Erkundungstrupps, wenige Kilometer entfernt bei Torgau auf sowjetische Einheiten. Die sich zurückziehenden Deutschen hatten noch am Morgen auch hier die Brücken gesprengt. Nun kletterten die Waffenbrüder aus Ost und West auf den stählernen Trümmern aufeinander zu.

Hier war die Szenerie weniger verfänglich und so wurde diese Begegnung der Welt als erstes Treffen amerikanischer und sowjetischer Truppen gemeldet. Tags darauf trafen bei Torgau auch die Divisionskommandeure der Amerikaner und der Sowjets aufeinander und verabredeten den »Handschlag von Torgau«. Der fand am 27. April für das Foto statt, das als weiteres Dokument des Siegeszugs der Alliierten in alle Welt geschickt wurde: Behelmte amerikanische Soldaten zur Linken und sowjetische Soldaten mit Mützen zur Rechten strecken sich etwas ungelenk mit weit ausgestreckten Armen die Hände zum Gruß entgegen. Nach jahrelangem Kampf gegen das nationalsozialistische Deutsche Reich war die Lücke zwischen Ost- und Westfront geschlossen worden.

Olin Dows (1904 bis 1981) begleitete die 3. US-Armee als Militärmaler bei ihrem Vorstoß durch Deutschland. Er sprach fließend Deutsch und konnte beim Vorstoß der Amerikaner durch Frankreich einmal 56 deutsche Soldaten zur Aufgabe überreden. Sein Bild des Treffens bei Torgau, eine nachträglich kolorierte Zeichnung, vermittelt durch ihren skizzenhaften Charakter die

Authentizität des Blicks eines Augenzeugen, der unmittelbar vor Ort seine Eindrücke festhält. Ähnliche Anmutung wie diese haben die Arbeiten von Gerichtszeichnern. Tatsächlich war Olin Dows Zeuge der Ereignisse. In seinem Bild ist die Szenerie der historischen Umstände zu erkennen, so die zerstörte Elbbrücke im Hintergrund. Aber auch die Stimmung und Befindlichkeiten zwischen den beiden verbündeten, doch bereits rivalisierenden und sich argwöhnisch belauernden Alliierten aus West und Ost scheint man aus Olin Dows' Darstellung lesen zu können. Die auf dem Bild meist behelmten Amerikaner und die Sowjets mit Mützen auf dem Kopf marschieren zwar einträchtig nebeneinander, doch sie kommunizieren nicht, selbst nicht durch Blicke. Jeder blickt stur nach vorne und wirkt, als sei er in Gedanken bei dem Ziel der eigenen Sache und damit schon in der Zeit nach dem Krieg.

In der Tat dachten die obersten Kriegsherren der Alliierten längst an die Welt, wie sie nach Hitler entstehen sollte. Die tiefe Kluft zwischen der kommunistischen und der westlich-demokratischen Weltanschauung hatte sich schon beim ersten Treffen des sowjetischen Diktators Stalin mit dem amerikanischen Präsident Franklin Delano Roosevelt und dem britischen Premierminister Winston Churchill Ende 1943 in Teheran gezeigt. Schon damals war es um die Nachkriegsordnung gegangen. Schon in Teheran hatte Stalin weite Teile Osteuropas für sich und seine Interessensphäre beansprucht. Auch über die territoriale Aufteilung Deutschlands unter den alliierten Mächten wurde dort bereits entschieden. Dazu gehörte letzten Endes auch, dass die Amerikaner sich später wieder aus Sachsen zurückzogen und es der sowjetischen Armee überließen.

LUC TUYMANS
GASKAMMER

Gas Chamber

Öl auf Leinwand
1986
50 x 70 cm
Overholland Collection, Amsterdam

Wenn es ganz schlimm wird, fehlen die Menschen im Bild. Ein banaler Raum ohne irgendein besonderes Merkmal. Nur der Titel verrät, wozu er gedient hat.

Kein Bild kann wohl das vermutlich ungeheuerlichste Verbrechen darstellen, das Menschen je begangen haben. Kaum ein Text kann das Unfassbare erklären, warum eine Kulturnation wie die deutsche damit begann, Menschen ihrer Nation und ihres Volkes aufgrund ihrer Religion systematisch auszugrenzen, um dann mit unerbittlicher, planvoller Zielstrebigkeit zu versuchen, sie zu vernichten. Frauen, Kinder, Alte, niemand wurde verschont. Es traf den Nachbarn, den Hausarzt, den Lebensmittelhändler um die Ecke, den Schneider, den Klassenkameraden, den Kollegen, den Ehepartner.

In der Ideologie des Nationalsozialismus, einer nahezu pathologisch verschärften Variante des Faschismus, wurden die Menschen in Rassen eingeteilt. Man meinte, sogenannte höherstehende und sogenannte minderwertige Menschen unterscheiden zu können. Zum Hauptziel hasserfüllter Hetze machte man die Juden. Dass viele von ihnen herausragende Wissenschaftler, Ärzte, Unternehmer und Künstler waren, ließ man nicht gelten. Auch nicht, dass sich die meisten Juden als Deutsche, als Teil der Nation und der Gesellschaft sahen. Viele Juden waren für Deutschland freiwillig in den Ersten Weltkrieg gezogen und gefallen.

Seit Jahrtausenden hielten die Juden, die einst aus Palästina vertrieben worden waren, trotz aller Widrigkeiten an ihrer Religion fest und ließen sich nicht zum Christentum bekehren, das aus dem Judentum hervorgegangen war, aber anders als dieses missionierte.

Die Juden waren überall in der Minderheit. Bestimmte Berufe wurden ihnen verwehrt, sie mussten oft auf solche Berufe ausweichen, die die Christen nicht schicklich fanden. Auch durften sie nicht wohnen, wo sie mochten, und mussten in extra für sie vorgesehenen Vierteln leben.

Was dann den Juden in Deutschland zur Zeit des Nationalsozialismus ab 1933 zustieß, und später auch denen in den von Deutschland während des Zweiten Weltkriegs besetzten Gebieten, ist in der Weltgeschichte einmalig in seiner Unmenschlichkeit. Es begann damit, dass sie nach der Machtübernahme·der Nationalsozialisten konsequent aus der deutschen Öffentlichkeit herausgedrängt wurden. Bald durften sie kaum noch einen Beruf ausüben. Durch Rassegesetze verbot man ihnen, Kinder mit deutschen Nichtjuden zu zeugen. Juden durften schließlich keine Theater mehr besuchen, durften nicht mehr Straßenbahn fahren. Man nahm ihnen ihr Habe weg. All dies aber war nur der Auftakt des eigentlichen Grauens.

Am 1. September begann mit dem deutschen Überfall auf Polen der Zweite Weltkrieg. Die Deutschen führten den Krieg im Osten Europas von Anfang an als einen Vernichtungsfeldzug. Die Menschen im Osten, so die Anweisung, waren, da sie auch von minderwertiger Rasse seien, ohne jegliche Gnade zu behandeln, die Juden in jedem Land waren zu töten.

Polen kapitulierte am 6. Oktober 1939. Bereits um diese Zeit führten SS-Männer in einem Gefängnis in Posen an Psychiatriepatienten erste »Probevergasungen« durch. Das Massenmorden der deutschen Einsatzkommandos vor allem an Juden nahm im Laufe des Krieges, besonders nach dem Einmarsch in die Sowjetunion, nahezu unvorstellbare Ausmaße an. An manchen Tagen wurden Zehntausende Menschen erschossen. Bald sah die SS in der Tötung durch Gas eine viel effektivere Lösung. Als Orte für diese Massentötung nutzte man die extra für diesen Zweck eingerichteten Konzentrations- und Vernichtungslager, die nahezu überall entstanden, wo die deutsche Wehrmacht einmarschierte.

Im Konzentrationslager nahe des polnischen Ortes Auschwitz fungierten sieben Gebäude als Gaskammern. Im Herbst 1941 begann dort der organisierte Massenmord. Bis zum Ende des Krieges tötete man so 900.000 Menschen allein in Auschwitz-Birkenau. Fast alle von ihnen waren Juden. Die Kapazität des Lagers Auschwitz-Birkenau lag pro Vergasung bei knapp 9.000 Personen. Letztlich starben in dem gesamten Komplex von Auschwitz mit seinen Neben- und Außenlagern etwa 1,3 Millionen Menschen.

Gaskammer ist ein bedeutendes Werk des belgischen Malers Luc Tuymans (geb. 1958) aus der Mitte der 1980er Jahre. Während die Familie von Tuymans' Mutter die Nationalsozialisten ablehnte und aktiv im Widerstand war, stand die Familie seines Vaters den Nationalsozialisten nahe. Diese Zerrissenheit prägte Leben und Werk des Malers. *Gaskammer* steht am Beginn seiner Auseinandersetzung mit der Frage, wie das Grauen in der Geschichte abzubilden ist. Tuymans hinterfragt, was uns Bilder erzählen und was wir aus ihnen auch in Bezug auf die Geschichte schließen. Als Vorlage für *Gaskammer* diente ihm ein Raum im Konzentrationslager Dachau bei München, einem Lager, das ursprünglich für Gegner des nationalsozialistischen Regimes schon wenige Wochen nach der Vereidigung Hitlers zum Reichskanzler in Betrieb genommen worden war. Später kamen Häftlinge hinzu, die alle aufgrund der nationalsozialistischen Ideologie als minderwertig angesehen wurden: Sinti und Roma, Homosexuelle, Zeugen Jehovas, christliche Widerständler, vor allem aber Juden. Auch wenn Tausende von Menschen in Dachau unter fürchterlichen Umständen starben, gehörte dieses Lager nicht zu den Vernichtungslagern, und dennoch stößt man auch hier auf die Spuren des Vernichtungswahns. Anders als in den Gaskammern von Konzentrations- und Vernichtungslagern wie Mauthausen, Sobibor, Sachsenhausen, Ravensbrück wurden in der Gaskammer in Dachau vermutlich Tötungen zu Testzwecken durchgeführt. Für die Konstruktion und den Zynismus der Gaskammern aber ist sie beispielhaft.

Wer Dachau heute besucht, liest draußen über der Eingangstür des Raums »Brausebad«. Der Raum ist fensterlos. Mehr als 150 Menschen passten hinein. Duschköpfe sind nur als Attrappen an der Decke angebracht. Wasserleitungen hatte man nicht verlegt. Den Gefangenen wurde suggeriert, es ginge darum, zu duschen. Der wahre Zweck des Raums erschließt sich, wenn man weiß, in welchem Gebäude er eingerichtet worden war: im Krematorium.

Tuymans wollte bewusst im Betrachter den Vergleich mit einem Keller hervorrufen, der im eigenen Haus liegen könnte.

ANDY WARHOL

ATOMBOMBE

Atomic Bomb

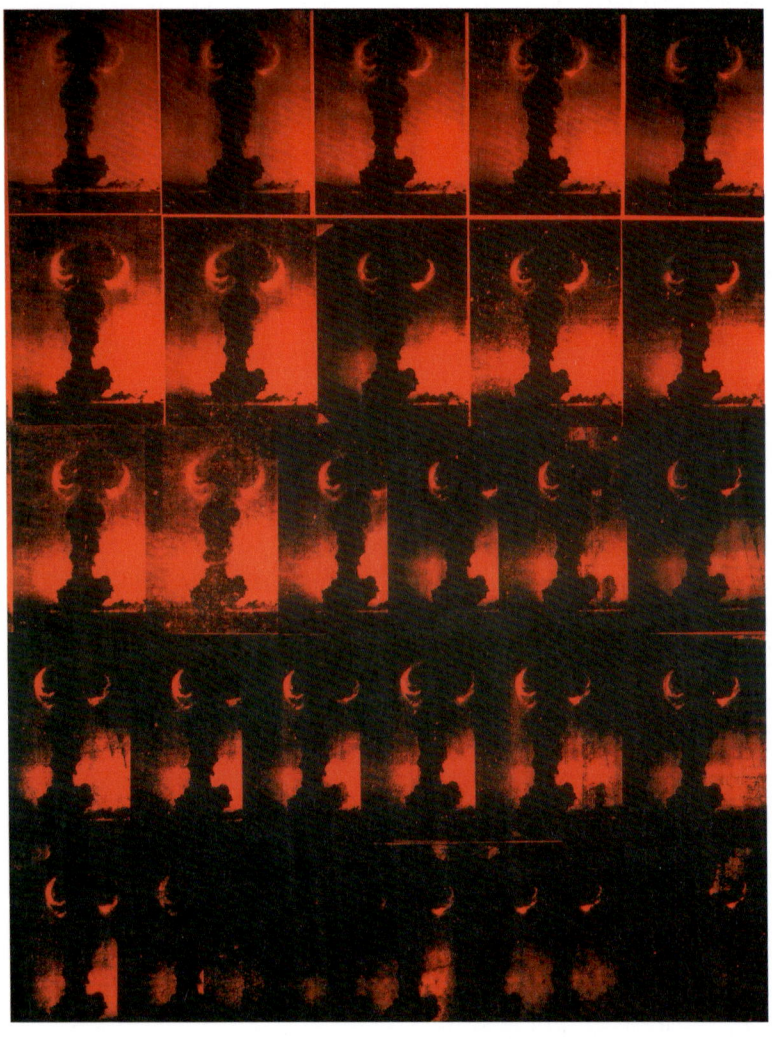

Siebdruck auf Leinwand
1965
264 x 204,5 cm
Saatchi Collection, London

Im 20. Jahrhundert gab es gleich mehrere Momente, in denen die Welt plötzlich einen völlig neuen Weg einschlug. Die 46. Sekunde um 5 Uhr 29 des 16. Juli 1945 bei der White Sands Missile Range im US-Staat New Mexico war so einer, denn in dieser Sekunde zündeten Menschen die erste Atombombe.

Man hatte den Sprengsatz in einen etwa 30 Meter hohen stählernen Turm gehängt. Als er explodierte, war die Druckwelle noch 160 Kilometer entfernt zu spüren. Die charakteristische Rauchwolke, der sogenannte Atompilz, stieg in eine Höhe von 12 Kilometern. Die Hitze der Explosion brachte den Sand zum Schmelzen. Zurück blieb grünes Glas. Die Menschheit hatte endgültig die Möglichkeit ihrer eigenen Vernichtung in die Hand genommen.

Zwischen dem Ersten und dem Zweiten Weltkrieg hatte vor allem die Physik große Fortschritte gemacht. In Berlin entdeckte Otto Hahn die Kernspaltung. Man wusste, dass dieser Prozess zum Bau von Bomben mit einem Zerstörungspotenzial genutzt werden konnte, die alles bislang Dagewesene übersteigen würden. Vor dem nationalsozialistischen Regime in die USA geflohene Wissenschaftler fürchteten, dass Adolf Hitler den Bau einer solchen Waffe in Deutschland forcierte. Sie gewannen den ebenfalls vor Hitler in die USA emigrierten Physik-Nobelpreisträger Albert Einstein dafür, den US-Präsidenten Franklin Delano Roosevelt in einem Brief zu warnen. Der nahm die Warnung ernst.

Im August 1939 machte man sich in den USA an erste Vorarbeiten für die Entwicklung einer eigenen Atombombe, die nach und nach forciert wurden, bis mitten im Zweiten Weltkrieg im September 1942 alle Anstrengungen im sogenannten Manhattan-Projekt gebündelt wurden. Zeitweise waren 100.000 Menschen an dem Projekt beteiligt. Die Investitionen entsprachen einem Betrag von heute etwa 26 Milliarden US-Dollar.

Zum wissenschaftlichen Leiter ernannte man den Kernphysiker Robert Oppenheimer. Der gab dem Projekt für den Test der ersten Bombe den Namen Trinity-Projekt (Trinity ist das englische Wort für Dreifaltigkeit). Eine Zeile aus dem 14. der heiligen Sonette des englischen Dichters John Donne, eines Zeitgenossen Shakespeares, hatte Oppenheimer zu dem Namen bewogen. Dort hieß es »Batter my heart, three person'd God« (Zerschlage mein Herz, dreifaltiger Gott). Das besondere grüne Glas, zu dem der Sand an der Stelle des Tests zerschmolz, erhielt später den Namen Trinitit.

Roosevelt, der das Programm auf den Weg gebracht hatte, war wenige Monate vor dem erfolgreichen Test gestorben. Harry S. Truman, sein Nachfolger als US-Präsident, erhielt umgehend die Nachricht, dass sein Land nun im Besitz dieser gewaltigen Massenvernichtungswaffe war. Er traf sich gerade bei der Konferenz von Potsdam mit den Führern der anderen Alliierten. Deutschland hatte bereits zwei Monate zuvor kapituliert. Doch Japan kämpfte im Pazifik weiter.

In der »Erklärung von Potsdam« forderten die Alliierten Japan nun auf, endgültig zu kapitulieren. Es drohe die vollkommene Vernichtung. Japan kapitulierte nicht. Am 6. August warfen die Amerikaner die erste Atombombe. Sie explodierte über der japanischen Großstadt Hiroshima. Zigtausende Menschen starben sofort. Japan streckte aber immer noch nicht die Waffen. Auch nicht, als zwei Tage nach dem Atombombenabwurf die Sowjetunion dem Inselreich den Krieg erklärte. So zündete die USA am 9. August eine zweite Atombombe. Sie explodierte über der Stadt Nagasaki. Noch immer wollte das japanische Militär weiterkämpfen. Der Kaiser aber beschloss, dem Sterben ein Ende zu setzen. In einer Radioansprache teilte er seinem Volk mit, den Forderungen des Feindes nachzugeben. Das Wort Kapitulation nahm er nicht in den Mund.

Später stellte sich heraus, dass das Hitler-Regime tatsächlich Nuklearforschung im sogenannten Uranprojekt betrieben, an der Entwicklung von Atomwaffen vermutlich aber nicht konkret gearbeitet hatte. Die Sowjetunion hatte begonnen, eine Atombombe zu entwickeln, und zündete die erste im August 1949.

Die Atomwaffen der USA und der Sowjetunion gehörten in den nächsten Jahrzehnten des Kalten Krieges, in dem sich die Staaten des Westens und die kommunistischen des Ostens in ständigem Konflikt gegenüberstanden, zu den wesentlichen Bausteinen des sogenannten Gleichgewichts des Schreckens. Gerade weil dem

Angreifer die eigene Vernichtung drohte, brach vermutlich ein »heißer« Krieg nicht aus.

Die Angst vor einem Atomkrieg aber war in der Welt. Während der Kubakrise im Herbst 1962 war sie konkret. Die Sowjetunion hatte Raketen, die die USA bedrohten, auf die Karibikinsel gebracht. Die USA drohten mit harten Konsequenzen, sollten sie nicht sofort wieder entfernt werden. Amerikanische und sowjetische Kriegsschiffe, darunter mit Atomwaffen bestückte U-Boote, standen sich in den Gewässern vor Kuba gegenüber. Schließlich gaben die Sowjets nach. Die Welt aber hatte kurz vor der Katastrophe gestanden.

Der Amerikaner Andy Warhol (1928 bis 1987) war der bedeutendste Vertreter der Pop-Art und vermutlich der einflussreichste Künstler der zweiten Hälfte des 20. Jahrhunderts. Die zunehmend die Gesellschaft dominierende Massenkultur fand in Warhols Werk und dem der übrigen Pop-Art Niederschlag und Antwort. Warhol zeigte Dinge, Ereignisse und Zeichen der Massenkultur auf vollkommen neue Weise. Er nahm Fotoporträts von Berühmtheiten, Bilder aus Zeitschriften oder Filmen, blähte sie auf, stellte sie vervielfältigt nebeneinander und gab ihnen durch diesen neuen Blick eine andere Bedeutung.

In der ersten Hälfte der 1960er Jahre beschäftigte Warhol sich mit Formen des gewaltsamen Todes in der modernen Gesellschaft. Er zeigte Bilder von elektrischen Stühlen, von Autounfällen und präsentierte ein und dasselbe Motiv auf großen Siebdrucken mehrfach nebeneinander. So tat er es auch mit dem Atompilz. In seiner Farbe erinnert das Werk an Film- und Fotoaufnahmen des Trinity-Tests. Die zeigten die weiß-gelbe Wolke vor flammend düsterem Rot emporsteigen. Das Grauen, die Zerstörung, von der das Bild berichtet, bekommt durch seine mehrfache Abbildung eine ästhetische Dimension, wird aber auch banalisiert. Ungewollt ist das nicht. Das Banale in der Massengesellschaft war das Thema Warhols. Masse schafft Aufmerksamkeit, sie macht eine Aussage abstrakt und sie banalisiert. So könnte die Aussage dieses Bildes auch ein Spiegel der Wahrnehmung unserer Zeit sein, selbst wenn es um massenhafte Vernichtung geht.

DONG XIWEN

DIE GRÜNDUNGSZEREMONIE DER NATION

The Founding Ceremony of the Nation

Öl auf Leinwand
1952/1953
230 x 400 cm
Kopie von Zhao Yu und Jin Shangyi 1972, mit Änderungen ca. 1980
Museum der revolutionären Geschichte Chinas
(Museum of Chinese Revolutionary History), Peking

An diesem 1. Oktober 1949 versammelten sich mehr als 300.000 Menschen auf dem Platz des Himmlischen Friedens, vor allem Soldaten. Über dem Haupteingang zu der einst von den Kaisern bewohnten Verbotenen Stadt trat der Vorsitzende der Kommunistischen Partei Mao Zedong an mehrere Mikrofone und hielt die einzige Rede seiner Regierungszeit, die eher eine Aufzählung von Ernennungen war. Was er politisch plante, darüber fiel kein Wort. Dann rief er feierlich die Gründung der Volksrepublik China aus. Das Volk rief : »Lang lebe der Vorsitzende Mao!« Mao rief: »Lang lebe das Volk!« Seitdem hängt nahezu ununterbrochen sein überdimensionales Porträt an diesem Tor.

Der Chinesische Bürgerkrieg, der seit 1927 zwischen der Chinesischen Nationalpartei (Kuomintang) und der kommunistischen Partei getobt hatte, war zu Ende. Nach Jahren des Krieges hofften die Menschen endlich auf Frieden.

Dong Xiwen (1914 bis 1973) sah sich als ein Maler im Dienste des neuen Staates. Er trat der Partei bei und galt schon bald als ein bedeutender Vertreter des Stils des sozialistischen Realismus in China. Zweifellos beeinflusst von dem des Geburtslands des Sozialistischen Realismus, der Sowjetunion. Die Motive dieser Kunstrichtung dienten dazu, Alltag und Zukunft in der kommunistischen Gesellschaft optimistisch und eng angelehnt an die herrschende Ideologie darzustellen. Außerdem galt es, die Parteiführer als weitsichtig, volksnah und immer freundlich zu zeigen und sie so in ihrer Macht zu legitimieren. Wurden Menschen aus dem Volk abgebildet, waren lächelnde, in eine wundervolle Zukunft schauende Bauern und Arbeiter ebenso beliebte Motive wie Mao unter Kindern, unter Soldaten, unter Frauen, Arbeitern und Bauern. In China kam bei der Bildgestaltung gewöhnlich eine Neigung zu intensiven und hellen Farben hinzu.

Dong Xiwen malte das Bild von der Gründungszeremonie 1953. Im Komplex von Zhongnanhai, dem Hauptquartier der kommunistischen Partei in Peking unweit des Platzes des Himmlischen Friedens, war das Bild danach in einer Ausstellung zu sehen, die Dong zusammengestellt hatte. Die Ausstellung war laut der amerikanischen Kunsthistorikerin Julia F. Andrews die einzig bekannte, die Mao nach 1949 besucht hat. Er soll Dongs Gemälde sehr gemocht haben, und ein Foto, wie er gemeinsam mit Liu, Zhou Enlai und Dong Xiwen das Gemälde betrachtet, erschien in Propagandazeitschriften.

Chinesische Zeitschriften druckten das Gemälde ab, und es zierte sogar die Titelseite des Parteiorgans ›Renmin Ribao‹. Dongs Bild gilt in China als Ikone und Vorbild in Komposition und Farbgebung. Im Westen hingegen hat es in der Kunstszene bislang vergleichsweise wenig Wertschätzung erfahren, wurde jedoch unter Mao-Anhängern populär.

Dong griff für das Motiv vermutlich auf Fotografien von dem Tag zurück, vielleicht hatte er seinerzeit auch Skizzen angefertigt. Denn Dong war bei dem Ereignis vor Ort, vermutlich aber nicht nahe bei der Führungsgruppe um Mao.

Hinter dem zentral im Bild stehenden Mao hat sich die Führung der Partei versammelt. Der zweite Mann von links im grauen Anzug ist Zhou Enlai, die Frau in der Mitte der ersten Reihe die Witwe Sun Yat-sens. Den charakteristischen Anzug mit zurückgenommenem Kragen, den Brust- und Schoßtaschen tragen fast alle auf dem Bild versammelten. Im Westen wurde er als Mao-Anzug bekannt. In China heißt er jedoch Sun-Yat-sen-Anzug. Sun Yat-sen, erster Präsident der 1912 gegründeten Chinesischen Republik, hatte lange in Japan gelebt und sich gerne westlich gekleidet. Er wollte mit der Tradition der überkommenen kaiserlichen Kultur und Mode brechen und die Moderne nach China bringen. So hatte er nach Gründung der Republik den Auftrag erteilt, einen neuen populären Anzug zu kreieren. Elemente japanischer Studenten- und deutscher Militäruniformen flossen in die Gestaltung dieser neuen Kluft ein, die 1923 zur Pflichtkleidung chinesischer Beamter wurde. Mao trug den Anzug ab 1927.

Dongs Bild durchlief in den nächsten Jahren eine Karriere wie viele Bilder in totalitären Regimen: Je nach politischer Lage veränderte man die Zusammensetzung der abgebildeten Personen.

Kommunistische Diktaturen widmeten sich dieser Art der Bildmanipulation besonders intensiv. Berühmt sind die Fotografien, in denen während der Stalin-Zeit in Ungnade gefallene ehemalige Weggefährten entfernt wurden. Vor allem Leo Trotzki, Stalins Erzrivale nach dem Tod Lenins, verschwand von zahlreichen Bildern.

Dong Xiwen musste gleich dreimal neue Versionen des Gemäldes anfertigen. Noch in den 1950er Jahren wies man ihn an, General Gao Gang aus dem Bild zu tilgen. Er stand ganz rechts in blauem Anzug mit Brille. Gao wurde durch einen Blumentopf ersetzt. 1964 musste Dong weitere Änderungen vornehmen, um kurz darauf in der Kulturrevolution wie nahezu jeder Kulturschaffende unter den Schikanen der Roten Garden zu leiden. Obwohl sehr krank, drängte man Dong 1972, eine vierte Version des Bildes zu malen. Er sollte einen weiteren missliebigen Kopf aus dem Bild entfernen und stattdessen Lin Biao, den neuen Favoriten Maos ins Bild bringen, der damals bei der Zeremonie gar nicht dabei gewesen war.

Erst nach Ende der Kulturrevolution und dem Übergang der Macht auf den in den Jahren zuvor ebenfalls immer wieder in Ungnade gefallenen Deng Xiaoping wendete sich das Schicksal des Bildes. Deng öffnete China, und er versuchte eine gewisse innere Liberalisierung. Man wollte nun Dong Xiwens nach wie vor populäres Gemälde in seinem Ursprungszustand wiederherstellen und öffentlich zeigen. Dong war aber mittlerweile verstorben und seine Familie bat, am Bild selbst keinerlei Veränderungen mehr vorzunehmen. Daher hängt nun im Museum der revolutionären Geschichte Chinas eine Kopie des Originalgemäldes, angefertigt von den Malern Zhao Yu and Jin Shangyi.

NORMAN ROCKWELL

DAS PROBLEM, MIT DEM WIR ALLE LEBEN

The Problem We All Live With

Öl auf Leinwand
1964
91 x 150 cm
Norman Rockwell Museum,
Stockbridge, Massachusetts

Eine junge Frau will nicht von ihrem Sitz aufstehen, ein kleines Mädchen möchte sich in ein Klassenzimmer setzen. Fünf Jahre liegen dazwischen. Beide Ereignisse veränderten die Vereinigten Staaten von Amerika.

Dabei ging es nur um die Selbstverständlichkeit, in einem Bus Platz nehmen zu dürfen oder die gleiche Schule besuchen zu können wie Kinder anderer Hautfarbe.

Am 1. Dezember 1955 weigerte sich Rosa Parks in Montgomery, Alabama, einem Weißen ihren Sitzplatz im Bus zu überlassen. Sie wollte nicht mehr nachgeben. Die Weißen aber meinten, weil sie schwarz sei, habe sie das zu tun. Sie wurde verhaftet. Ein junger Pfarrer organisierte nun einen Boykott. Die Schwarzen, bislang die große Mehrheit der Passagiere, bestiegen nicht mehr die Busse.

Der Boykott von Montgomery erreichte, dass ein Gericht die Rassentrennung in Bussen schließlich aufhob. Der junge Pfarrer, der sich bei der Organisation des Boykotts der Methoden des gewaltfreien Widerstands bedient hatte, hieß Martin Luther King jr. und er wurde landesweit bekannt. Die Bürgerrechtsbewegung bekam Auftrieb und damit ihr Kampf für die Gleichberechtigung der Schwarzen, die 90 Jahre nach Abschaffung der Sklaverei noch immer kaum Rechte besaßen und von den Weißen vor allem im Süden systematisch an den Rand der Gesellschaft verbannt wurden.

Fünf Jahre nach den Geschehnissen von Montgomery brauchte die sechs Jahre alte Ruby Bridges den Schutz der Polizei, um zur Schule zu gehen. Es waren nicht örtliche Polizisten, sondern Bundesmarshalls, die sie beschützten. Denn Ruby Bridges war an jenem Tag in New Orleans im US-Bundesstaat Louisiana das erste farbige Kind, das eine Schule besuchen sollte, die zu besuchen vormals nur weißen Kindern erlaubt gewesen war. Die Weißen vor Ort aber wollten keine farbigen Kinder in ihrer Schule.

Dem Tag vorangegangen waren mehrere Aufnahmetests. Auch andere farbige Kinder nahmen daran teil. Von denen, die die Tests bestanden, blieb schließlich nur Ruby übrig, um die

William Frantz Elementary School zu besuchen. Die anderen Kinder wählten andere Schulen. Rubys Vater zögerte, doch ihre Mutter hatte sich entschieden. Ruby sollte eine bessere Ausbildung bekommen, als sie Farbigen jener Zeit im Allgemeinen gewährt wurde; und Ruby sollte diesen Schritt für alle farbigen Amerikaner tun.

Als der gerichtlich angeordnete Einschulungstag kam, den die meisten Weißen bitter bekämpft hatten, rottete sich eine Menschenmenge vor der Schule zusammen. Ruby dachte zuerst, es sei der Karneval Mardi Gras. Denn zum Mardi Gras versammeln sich die Menschen, schreien, rufen und werfen Dinge. Dies taten sie auch an diesem Tag. Doch die Dinge, die sie warfen, warfen sie nach Ruby. Einer der Marschalls sagte später, Ruby sei sehr mutig gewesen. Sie habe nicht geweint, nicht mit der Wimper gezuckt, sondern sei fest und entschlossen wie ein kleiner Soldat vorwärtsgegangen.

Ruby Bridges musste erleben, dass kurz nachdem sie das Schulgebäude betreten hatte, viele Eltern ihre Kinder aus der Schule holten. Sie musste erleben, dass die Lehrer der Schule, allesamt Weiße, sich weigerten, sie als Schülerin anzunehmen. Nur Barbara Henry, eine weiße Lehrerin, die aus dem Norden der USA, aus Boston, stammte, war bereit, Ruby zu unterrichten und damit zugleich ihre eigene Sicherheit und die ihrer Familie zu gefährden. Nun stand sie Tag für Tag vor Ruby in einem ansonsten leeren Klassenzimmer und gab ihr Unterricht. Draußen an der Klassenzimmertür wachten US-Marschalls.

Jeden Morgen betraten die Lehrerin und ihre einzige Schülerin die Schule begleitet von den Beleidigungen einer wütenden Menge Weißer. Barbara Henry war beeindruckt von der Tapferkeit des Mädchens. »Wie sollte man sich in Momenten wie diesen nicht in ein Kind wie sie verlieben?«, sagte sie später. Ein Jahr unterrichtete Barbara Henry Ruby Bridges allein. Dann kamen vier weiße Schüler, um endlich eine Klasse zu bilden.

Dies war erst der Beginn des Jahrzehnts, in dem die Schwarzen der USA ihre Rechte einforderten, das den Marsch der Bürgerrechtsbewegung auf Washington sah, bei dem Martin Luther

King ausrief, er habe einen Traum, und zu diesem Traum gehöre, dass seine vier Kinder eines Tages in einer Nation leben, in der sie nicht mehr nach ihrer Hautfarbe, sondern nach ihrem Charakter beurteilt werden.

Inmitten dieses Jahrzehnts erschien am 14. Januar 1964 in dem Magazin *Look* eine Illustration von Norman Rockwell (1894 bis 1978). Rockwell war der Maler und Illustrator der amerikanischen Idylle und seine Bilder zeigten das Ideal von Amerika. Bürgerrechte, Gleichberechtigung, Demokratie und Freiheit. Doch er wusste, dafür musste gekämpft werden. Das Bild von der kleinen Ruby Bridges, auf die wir blicken, als stünden wir in der Menge, die Ruby bedroht, wurde zur Ikone. *Das Problem, mit dem wir alle leben*, nannte Rockwell das Bild.

51 Jahre nach den Ereignissen, von denen hier erzählt wurde, blickte Ruby Bridges, die mittlerweile selbst als Bürgerrechtlerin aktiv war, gemeinsam mit dem amerikanischen Präsidenten im Weißen Haus auf dieses Gemälde. Der Präsident, der das Bild mit ihr betrachtete, hieß Barack Obama.

ROBERT RAUSCHENBERG
ZITIEREN

Quote

Öl und Siebdruck auf Leinwand
1964
239 x 183 cm
Kunstsammlung Nordrhein-Westfalen, Düsseldorf

John F. Kennedy folgte 1961 als der bis dahin jüngste US-Präsident auf Dwight D. Eisenhower. Die Wahl hatte der Demokrat knapp gegen den Republikaner Richard Nixon gewonnen, und viele meinten, Kennedy habe seinen Sieg auch oder sogar gerade dem Fernsehen zu verdanken. Im ersten TV-Duell der Geschichte nahm er durch seine Ausstrahlung für sich ein. Gutaussehend und redegewandt sammelte er Pluspunkte gegen seinen erschöpft wirkenden Konkurrenten. Wieweit diese Debatte die Wahl entschied, lässt Historiker nach wie vor diskutieren. Fest steht, Kennedy stand für Jugend und Moderne, was alle Medien gerne aufgriffen. Gemeinsam mit seiner weltgewandten Frau Jacky lebte er eine neue optimistische Kultur vor. Das Paar und seine kleinen Kinder waren immer einen Bericht und ein Foto wert und sie blieben es, als sie ins Weiße Haus eingezogen waren.

Als Kennedy im Herbst 1963 in Dallas durch mehrere Schüsse ermordet wurde, ging eine Präsidentschaft zu Ende, die wie kaum eine andere zuvor von den Träumen und Hoffnungen seiner Landsleute, aber auch von denen vieler Menschen außerhalb der USA begleitet worden war.

Diese nur knapp drei Jahre waren dramatisch gewesen. Der Kalte Krieg zwischen den demokratischen Staaten des Westens und den kommunistischen Staaten des Ostens erreichte einen Höhepunkt, und so sah Kennedys Regierungszeit den Bau der Mauer in Berlin, die Kubakrise, in der die Welt kurz vor dem Ausbruch eines Atomkriegs stand, und die zunehmende Verstrickung der USA in den Vietnam-Konflikt.

Doch die Kennedy-Jahre waren auch eine Zeit des Aufbruchs und der Hoffnung. Mit seiner Idee einer New Society stand Kennedy für die Vision von Moderne, Freiheit, Fortschritt in einem Land, das nun aus den in vielerlei Hinsicht dumpfen 1950er Jahren erwachte, in denen etwa der Senator McCarthy, mit der Angst vor dem Kommunismus spielend, Hatz auf nahezu alle liberalen Kräfte des Landes gemacht hatte. Vor allem aber gewannen große, bisher benachteiligte Teile der amerikanischen Bevölkerung, die sich wie Schwarze und Frauen in der Bürgerrechtsbewegung sammelten, Zuversicht, dass dieser Präsident für ihre Rechte eintrat.

Auch diese von Kennedy beschworene New Society hatte in den Eisenhower-Jahren ihre ideellen Anfänge gehabt. Die Schriftsteller und Poeten der Beat-Generation um Allan Ginsberg und Jack Kerouac hatten die Idee eines neuen individuellen Daseins in die Welt gesetzt, das sich allen Konventionen verweigert.

Auch die technischen Voraussetzungen des gesellschaftlichen Wandels der 60er leisteten die 50er. Dank des Transistorradios konnten in den 1950er Jahren nach und nach Musik und Nachrichten nahezu überall empfangen werden. Auch die Langspielplatte revolutionierte die Wahrnehmung und Verbreitung von Musik. Die Elektrogitarre veränderte die Musik selbst. Ab den 1950er Jahren eroberte das Fernsehen allmählich die Wohnzimmer. Alle diese Neuerungen führten dazu, dass das nachfolgende Jahrzehnt, die 1960er Jahre, in kultureller Hinsicht zu einem der bisher verheißungsvollsten und aufregendsten der Menschheit wurde. Kennedy selbst trug auf politischer Ebene einiges dazu bei. Er selbst strahlte Fortschritt aus. Seine Reden begeisterten und rüttelten den Einzelnen auf. Kennedy schien wie die Verbindungsfigur zwischen einem vollkommen neu denkenden Establishment und einer neuen Generation, die Wohlstand und Wohlfahrt verbinden wollte, getragen von einer neuen Kultur, der Popkultur.

Der amerikanische Künstler Robert Rauschenberg (1925 bis 2008) war, auch wenn er in seinem facettenreichen Werk letztlich keinem Stil zuzuordnen ist, in der Kunst einer der Wegbereiter der Pop-Art und einer ihrer bedeutendsten Vertreter.

Rauschenberg war der Ansicht: »Die Aufgabe eines Künstlers ist es, Zeuge seiner Zeit in der Geschichte zu sein«, und er war sicher, »wir lesen alte Gemälde nicht so, wie sie gedacht waren.« Daher glaubte er, »ein Bild ist eher wie die wahre Welt, wenn es aus der wahren Welt heraus erschaffen worden ist«.

Sein Bild *Quote*, auf Deutsch *Zitieren*, folgt dem Collage-Prinzip und baut auf seinen schon zuvor gefertigten kombinierten Kompositionen, den sogenannten Combine-Paintings auf. Seine Vorlagen fand Rauschenberg wie sein Kollege Andy Warhol in den Bildmedien der Massenkultur, in Zeitungen und Magazinen, Bildern aus dem Fernsehen. *Zitieren* ist ein Zitieren der visuellen Massenmedien Fernsehen und Presse und ein Zitieren ihres Zitierens. Auch Rauschenbergs Einsatz eindeutiger malerischer Gesten ist ein Zitat. Es zitiert die Malerei selbst.

Das Bild hat kein formales Zentrum, weder die Größen der Motive sind einheitlich, noch scheinen sie in einer Beziehung zu stehen. Die Bilder begegnen, überlappen sich. Das Bild zu betrachten scheint wie das Blättern in einem Magazin zu sein, wie Zappen im Fernsehen, ja wie ein Zappen in dem Bild selbst. Rauschenberg hat dieses Motiv variiert, so in *Retroactive I* von 1964.

Das Fotomotiv Kennedys hatte Rauschenberg noch vor dessen Ermordung für den Siebdruck in Auftrag gegeben. Nach dem Attentat entschloss er sich, Kennedy abzubilden, dies aber verfremdet. Um die emotionale Beladenheit zu brechen, übermalte er das Konterfei, kippte es und brachte es zusammen mit den anderen, weniger bedeutenden Motiven wie Abbildungen von Verkehrsschildern und einem Foto eines Astronauten an einem Fallschirm.

Indem Rauschenberg Kennedy mit einem Astronauten auf dem Bild zeigte, vereinte er, was fünf Jahre nach Entstehen dieses Bildes und knapp sechs Jahre nach Kennedys Tod wahr wurde: Es war das von Kennedy ausgegebene, nahezu undurchführbar scheinende waghalsige Ziel, Menschen zum Mond fliegen zu lassen. Als Neil Armstrong 1969 als erster Mensch den Mond betrat, war das der Beweis dafür, welche Grenzen menschliche Fantasie und Tatkraft überschreiten konnten. Und es zeigt bis heute, wie dieser Präsident trotz aller Fehler das »Alles ist möglich«–Gefühl dieser Ära mit geprägt hatte.

DMITRI VRUBEL

MEIN GOTT, HILF MIR, DIESE TÖDLICHE LIEBE ZU ÜBERLEBEN

Acryl auf Beton
1990
East Side Gallery, Berlin

In einem alten Witz sagt ein Russe zu einem Polen: »Lass uns wie Brüder teilen.« Darauf antwortet der Pole: »Mir wäre es lieber, wenn diesmal jeder von uns beiden die Hälfte bekommt.«

Erich Honecker und Leonid Breschnew, die beiden Männer auf dem Bild des russischen Malers Dmitri Vrubel (geb. 1960), waren Brüder, wenn auch nur im Geiste. Letzterer war Russe und Chef der politischen Führung der Sowjetunion. Erich Honecker stand an der Spitze der Deutschen Demokratischen Republik (DDR). Brüder waren sie, weil es die Propaganda des Warschauer Pakts so wollte. Dieses militärische Beistandsabkommen hatte die Sowjetunion mit den osteuropäischen Staaten 1955 in ihrem Einflussgebiet geschlossen.

Für die Fotos der Propaganda im Warschauer Pakt wurde der Bruderkuss gerne zelebriert. Seine Wurzeln hatte er in einem Brauch der russisch-orthodoxen Kirche. Er war also im Grunde ein Geschenk vom großen Bruder in Moskau.

Im Bündnis der Staaten des Warschauer Pakts ging gegen diesen großen Bruder nichts. Wer von den kleinen Brüdern etwas daran ändern wollte, wie 1956 die Ungarn und 1968 die Tschechen, zu dem wurden sowjetische Panzer geschickt, die den Widerstand niederschlugen.

Stalin hatte die Bruderstaaten nach Ende des Zweiten Weltkriegs in Osteuropa wie einen Riegel zwischen die Sowjetunion und ihre Landesgrenzen gelegt und die Grenzen zu den Staaten Westeuropas immer undurchlässiger gemacht. Winston Churchills Prophezeiung vom »eisernen Vorhang«, der sich im Osten Europas herabsenkt, war bald Realität.

Für die Staaten des Warschauer Pakts war die Abschottung der Grenzen ein wichtiges Mittel, um die wachsende Abwanderung vieler Bürger Richtung Westen zu stoppen. Besonders die DDR, sozialistischer Staat auf deutschem Boden und Grenzstaat zum Westen Europas, drohte auszubluten, und so wusste deren erster Mann Walter Ulbricht sich letzten Endes nicht anders zu helfen, als das freie Westberlin mit einer Mauer zu umgeben. Honecker, damals Sicherheitssekretär, war der Mann, der den Befehl umsetzte.

Als Soldaten der DDR die Mauer um West-Berlin zogen, war die sogenannte innerdeutsche Grenze zu der Bundesrepublik im westlichen Teil des geteilten Deutschland bereits seit Jahren in einer Länge von über 1300 Kilometern abgeriegelt. Die DDR-Propaganda nannte die Grenzanlagen einen »Antifaschistischen Schutzwall«. Tatsächlich aber hinderte man die eigenen Bürger am Verlassen des Staates. Wer es dennoch versuchte, wurde von Grenzsoldaten, die Schießbefehle hatten, erschossen oder fiel Selbstschussanlagen zum Opfer.

Über 28 Jahre erfüllte die Mauer ihre Funktion. Dann kam 1985 in Moskau mit Michail Gorbatschow ein neuer sowjetischer Parteiführer an die Macht. Gorbatschow versuchte mit Freiheit und Transparenz (russisch: Perestroika und Glasnost) ein System zu retten, das nur durch autoritäre Härte aufrechtzuerhalten gewesen war. Seine Reformen scheiterten. Nun kam der Zusammenbruch.

Das Ende der Mauer und damit der DDR begann mit der Verlesung einer Notiz durch den Sprecher Günter Schabowski am Abend des 9. November 1989. Seit Monaten demonstrierten DDR-Bürger zu Hunderttausenden in den Straßen der großen Städte. Begonnen hatte es Ende September mit den Montagsdemonstrationen in Leipzig. Die Menschen skandierten »Wir sind das Volk« und bald riefen sie »Wir bleiben hier«.

Denn bald flohen Tausende von DDR-Bürgern über den sozialistischen Bruderstaat Ungarn, der im Oktober seine Grenzen nach Westen öffnete. Viele andere suchten Zuflucht in den bundesdeutschen Botschaften der damaligen Ostblockstaaten. Der Druck auf die DDR, eine Lösung zu finden, wuchs.

In der von Schabowski verlesenen Notiz hieß es, es gebe ab sofort Reisefreiheit für jeden Bürger der DDR. Noch am Abend stürmten die Menschen in Ostberlin die Grenzübergänge. Die überraschten Grenzsoldaten gaben dem Druck der Menge nach und hoben die Schlagbäume, und Stunden später standen Tausende auf der Berliner Mauer und riefen, nachdem nun ein berühmter Slogan der Forderungen der letzten Wochen erfüllt worden war, »Die Mauer ist weg!«. Viele schlugen mit Hämmern auf den Beton ein. Das wichtigste Unterdrückungsinstrument des Regimes hatte seinen Dienst eingestellt.

In den nächsten Wochen und Monaten forderten die Menschen der DDR in Massendemonstrationen und Diskussionsforen das Ende der Parteiherrschaft der Sozialistischen Einheitspartei Deutschlands (SED) und einen demokratischen Staat. Die Entwicklung mündete 1990 in der Vereinigung mit der Bundesrepublik Deutschland.

Von der Berliner Mauer war bald nicht mehr viel übrig. Einen 1,3 Kilometer langen Rest des Bauwerks, das im Westen als Malgrund von Straßenkünstlern beliebt war, machte man zur East Side Gallery, einer Freiluftgalerie, die von zahlreichen Künstlern aus aller Welt gestaltet wurde. Das Bild Dmitri Vrubels *Mein Gott, hilf mir, diese tödliche Liebe zu überleben* ist ein Teil davon und ist wohl das berühmteste Motiv. Den Titel setzte der Maler unter das Bild, weil er sich zu jener Zeit zwischen zwei Frauen entscheiden musste.

Vrubel malte das Bild im Frühjahr 1990, wenige Monate nach der Öffnung der Mauer, und wurde damit weltweit bekannt. 2009 entfernte man das Bild im Zuge einer Sanierung, doch Vrubel malte es danach wieder neu.

Als Vorlage diente ihm ein Foto aus dem Jahr 1979 von Régis Bossu, das durch das Gemälde zu einer Ikone der Wendezeit von 1989 wurde. Längst hatte die Zeit die beiden Männer, die sich einst in innigem Bruderkuss vereint zeigten, getrennt. Breschnew war 1982 gestorben. Honecker, der 1971 mit Unterstützung Breschnews den Erbauer der Mauer Walter Ulbricht an der Spitze der DDR abgelöst hatte, war nicht mehr erster Mann des Staates, als die Mauer fiel. Er hatte an der Mauer ebenso festgehalten wie an dem Selbstverständnis der Staatsführung Ulbrichts und war Wochen vor dem Mauerfall von den eigenen Leuten im Politbüro zum Rücktritt gezwungen worden. Der Staat aber war da kaum noch zu retten gewesen. Die DDR verschwand, die Mauer auch. Ausgerechnet aber auf einem Rest davon ist dank Dmitri Vrubel eine bildliche, augenzwinkernde Erinnerung an das fatale Bruderbündnis geblieben, das Millionen Menschen einst über Jahrzehnte im eigenen Land eingesperrt hatte.

GERHARD RICHTER
SEPTEMBER

Öl auf Leinwand
2005
52 x 72 cm
Museum of Modern Art, New York

Es gibt Ereignisse, von denen die Zeitgenossen immer wissen, wo sie waren, als sie von ihnen erfuhren.

An dem strahlend blauen Morgen des 11. September 2001, keine Wolke war zu sehen, wurde das Zentrum einer der bedeutendsten Städte des Erdballs zum Schauplatz eines traurigen Wendepunkts der Geschichte.

Nacheinander flogen zwei Passagierflugzeuge in zwei der höchsten Gebäude der Welt, die beiden Bürotürme des World Trade Center in New York. Radikal-muslimische Terroristen hatten die Flugzeuge entführt und dort hineingesteuert.

Mehrere Hundert Kilometer entfernt von diesen Geschehnissen raste im Tiefflug ein weiteres entführtes Passagierflugzeug in der Hauptstadt Washington in das Pentagon, den Sitz des amerikanischen Verteidigungsministeriums. Ein viertes stürzte, bevor es das vorgesehene Anschlagsziel erreichte, nach Kämpfen der Passagiere mit den Entführern über Pennsylvania ab.

Aus den beiden Gebäuden in New York schlugen Feuer und dunkler Rauch. Unzählige Filme und Fotos vor Ort, von den Menschen in den Straßen und in den Häusern festgehalten, lieferten Bilder, die sich in das kollektive Gedächtnis einprägten.

Bereits kurze Zeit nach dem Einschlag des ersten Flugzeugs blickten Milliarden Menschen in aller Welt als ratlose, hilflose Zeugen auf Fernsehgeräte. Zunächst sahen sie nur die quälenden Standbilder von dem ersten rauchenden Turm. Noch fragte man sich ungläubig, was geschehen war. Ein Flugzeug. War es ein Unglück? Vielleicht war es »nur« ein Unglück. Womöglich aber war es ein Anschlag. Dann, wie aus dem Nichts, erschien das zweite Flugzeug und krachte in den zweiten Turm. Knapp eine Stunde sah die Welt entsetzt auf die beiden rauchenden Türme. Dann stürzte einer der Türme ein und der Schock war noch größer. Eine halbe Stunde später stand auch der andere Turm nicht mehr.

Knapp 3000 Menschen kamen bei den Anschlägen dieses Tages ums Leben. Damit verbunden ist der Einsturz zweier Symbole des Wohlstands, des Lebensgefühls und des Optimismus der Vereinigten Staaten von Amerika, ja der westlichen Welt. Vor allem aber hatte sich auf schockierende Weise gezeigt, dass menschlichem

Fanatismus und der daraus entstehenden Kaltherzigkeit und Grausamkeit keine Grenzen gesetzt zu sein scheinen.

Als Drahtzieher der Anschläge wurde der saudische Gründer und Chef der islamistischen Terrororganisation Al-Qaida (Das Netz), Osama Bin Laden identifiziert. Im Jahr 2004 bekannte er sich in einer Videobotschaft dazu, die Anschläge initiiert zu haben. 2011 tötete ihn ein amerikanisches Einsatzkommando in seinem Versteck in Pakistan.

Die Bilder der Türme sind seitdem verankert im Gedächtnis der Welt. Die Türme, wie sie aussahen, sind einfach zu beschreiben: Jeder von ihnen quadratisch im Grundriss, jeweils etwas über 63 Meter in Länge und Breite standen wie silberne Quader über 400 Meter hoch gegen den New Yorker Himmel und überragten auf gewaltige Weise die Wolkenkratzer der ohnehin imposanten Silhouette der Stadt. Dann kamen die Flugzeuge, die Explosionen der Einschläge, der Rauch. Die Einstürze. Die gewaltigen Türme fielen einfach in sich zusammen.

Der deutsche Maler Gerhard Richter (geb. 1932) war am Morgen dieses 11. September 2001 selbst im Flugzeug auf dem Weg von Europa nach New York. Rund vier Jahre später malte er das Bild zu den Ereignissen dieses Tages, das wegen Zigtausender in Fotografien und Filmen festgehaltener Bilder im Grunde wie ein Bild schien, das nicht zu malen war. Zu präsent, zu nah, zu oft betrachtet schien alles zu sein, was man zeigen konnte. Und was, mochte sich mancher fragen, konnte man malen, das uns in der Auseinandersetzung mit dem Schock und dem Entsetzen eine Hilfe geben könnte?

Ein Bild zu den Anschlägen vom 11. September 2001 zu malen barg die Gefahr, sich von den erschütternden Ereignissen zu entfernen.

Richter, dessen Gemälde zu Beginn des 21. Jahrhunderts die teuersten weltweit sind, ist der Maler der zurückgeholten Bilder. In seinem Werk lotet er auf vielfältige Weise aus, wie wir als Menschen mit den Mitteln der Malerei die Welt begreifen können. Die Kunst Richters entsteht nicht aus einem Verständnis der Malerei *trotz* der Macht von Fotografie und Film, sondern aus dem Ansatz, dass Malerei gerade deshalb wichtig ist, *weil* es Fotografie und Film gibt.

»Das Foto«, so Richter »gibt die Gegenstände in anderer Weise wieder als das gemalte Bild, weil der Fotoapparat die Gegenstände nicht erkennt, sondern sieht.«

Richters Gemälde *September* gilt als das erste bedeutende malerische Werk, das das Grauen dieses Tages in New York einfängt. Bewusst wählte Richter, wie der amerikanische Kunstkritiker Robert Storr betonte, ein vergleichsweise kleines Format, eines, das sich in der Größe an den Fernsehgeräten orientiert, in denen es die Menschen in der Welt miterlebten.

Anfangs wollte Richter den Moment des Einschlags eines Flugzeugs abbilden. Doch er merkte, er konnte die Wucht nicht so eindringlich zeigen wie gewollt. Er wollte das Bild schon aufgeben, die Leinwand übermalen und für ein vollkommen anderes Motiv nutzen. Dann aber entschloss er sich, die Farbe mit einem Messer auf der Leinwand zu verteilen. So erreichte er den Effekt der Grisaille-Technik, in der die Farben zu Tönen aus Weiß, Grau und Schwarz verwischen. Richter hat diese Verwischung so unübersehbar auf dem fertigen Bild zurückgelassen, dass die spachtelartigen Messerspuren dem Betrachter sofort ins Auge fallen. Die Schmierspuren, die pastose Farbe, das Durchschimmern verschiedener Farbschichten sind nicht zu übersehen. Letzte Reste von Gelb und Orange von der Explosion im linken Turm scheinen, zu einem schmutzigen Grau verwischt, noch zart durch.

Mit *September* trat Richter mit malerischen Mitteln zwischen den Betrachter und die Erinnerung, die dieser an die Fotos und TV-Bilder von den Anschlägen am 11. September 2001 in New York hat. Als Maler erreicht er das, was Malerei im besten Fall gelingen kann: neue Wege im Verstehen der Welt und unseres Lebens aufzuzeigen, die sich vor allem durch das Betrachten, Auseinandersetzen und Empfinden des Gemalten erschließen. Auf gewisse Weise schließt sich hier auch der Kreis hin zu den Bildern in der Chauvet-Höhle: Schrecken und Angst gebannt im Bild. Damit verbunden die leise Hoffnung auf Trost, Verstehen und Heilung.

SANDOW BIRK

DIE BEFREIUNG VON BAGDAD

The Liberation of Baghdad

Öl und Acryl auf Leinwand
2006
162 x 233 cm
Catharine Clark Gallery, San Francisco

US-Präsident George W. Bush hatte nach den Anschlägen des 11. September 2001 den »Krieg gegen den Terror« erklärt. Erstes Ziel wurde noch im gleichen Jahr Afghanistan, wo sich Osama Bin Laden, der mutmaßliche Drahtzieher der Anschläge, aufhielt und den das Regime der islamisch-fundamentalistischen Taliban nicht ausliefern wollte.

Nach dem Einmarsch in Afghanistan und der Besetzung des Landes gemeinsam mit mehreren verbündeten westlichen Staaten geriet der Irak in den Fokus der Bush-Regierung. Die USA beschuldigten Saddam Hussein der Verstrickung in die Anschläge, sprach allgemein von der Gefährdung der Sicherheit des Westens durch den irakischen Diktator und bezichtigte ihn des Besitzes und der Herstellung chemischer und biologischer Massenvernichtungswaffen. Entgegen aller Beteuerungen des Irak »bewiesen« dies Informationen des amerikanischen Geheimdienstes CIA.

Bush schmiedete, vor allem unter den traditionellen Verbündeten der USA, von denen viele aber von einem Angriff auf den Irak nicht überzeugt waren, eine »Koalition der Willigen«. Bereits Ende 2002 verlegten die USA und ihr Hauptverbündeter Großbritannien große Truppenverbände in die Golfregion.

Am 20. März 2003 begann der Irakkrieg. Der irakische Diktator Saddam Hussein empfing den Feind in einer Radioansprache zur »Mutter aller Schlachten«. Doch die irakische Armee war chancenlos. Am 5. April erreichten erste amerikanische Bodentruppen die Hauptstadt Bagdad, die sie zuvor mit einem permanenten und starken Bombardement belegt hatten.

Am Nachmittag des 9. April 2003 standen amerikanische Kampfpanzer auf dem Firdosplatz (Paradiesplatz), wo am Abend ein US-Soldat die Saddam-Statue zuerst mit der US-Flagge und später mit einer irakischen Flagge abdeckte. Danach wurde die Statue mit Hilfe eines Bergepanzers umgestürzt und lieferte so das Symbol für das Ende des Irakkrieges. Saddam Husseins Regime brach zusammen. Der Diktator selbst, der sein Volk jahrzehntelang geknechtet, mehrere Kriege vom Zaun gebrochen hatte, verschwand im wahrsten Sinne des Wortes im Untergrund. Wenn die Berichte der Wahrheit entsprechen, zerrte man ihn schließlich eines Tages aus einem Erdloch, in dem er sich versteckt hatte. Die neue, von den Amerikanern installierte Regierung stellte ihn vor Gericht und verurteilte ihn zum Tode. Saddam Hussein starb am Strang.

Auch im Irak missachtete die amerikanische Besatzungsmacht, wie schon zuvor in Afghanistan, zahlreiche Grundsätze der Rechtsstaatlichkeit und des Völkerrechts. Auf dem amerikanischen Militärstützpunkt Guantanamo auf Kuba wurden Gefangene ohne Anklage und ohne einen rechtlichen Beistand auf puren Verdacht unter unmenschlichen Bedingungen inhaftiert. Das Gleiche geschah in mehreren Gefängnissen in Afghanistan und im Irak. Folter wurde überall von US-Regierungsseite geduldet. Traurige Berühmtheit erlangten die Folterfotografien aus dem von US-Truppen geführten Gefängnis Abu Ghraib.

Was Freiheit ist, darüber kann man streiten, und vermutlich wird man sich nie einig. Die Menschen im Irak waren aber unter der Herrschaft Saddam Husseins zweifellos nicht frei. Ob sie sich aber als Befreiung das gewünscht hatten, das ihnen nun widerfuhr, ist zu bezweifeln. Das Land versank im Chaos. Die soziale und staatliche Ordnung brach zusammen, es kam zu Plünderungen, Terror und bürgerkriegsähnlichen Auseinandersetzungen zwischen den verschiedenen religiösen und ethnischen Gruppen.

Der amerikanische Maler Sandow Birk (geb. 1962) setzt sich in seinem Werk seit Jahren mit der Darstellung von Geschichte in Bildern auseinander. Um vernachlässigte Hintergründe in der Medienwelt unserer Tage hervorzuheben, variierte er klassische Werke wie Leutzes *Washington überquert den Delaware* für die heutige Zeit oder fertigte eine neue großformatige, moderne Version der Bilderserie *Die Gräuel und Übel des Krieges* von Jacques Callot.

Schon der Titel von Birks Gemälde *Befreiung von Bagdad* ist reine Ironie. Birk sagte dazu, er habe nur abgebildet, was man versprochen habe: glückliche, befreite Iraker. Die Ironie erschließt sich beim ersten Blick auf das Bild vielleicht noch nicht jedem. Zu sehr erinnert es in der Komposition an propagandistisch motivierte Jubelbilder. In der Tat hat Sandow Birk sich auch für dieses Gemälde einer Vorlage bedient. Er schuf die für eine neue Aussage modifizierte Kopie eines anderen Bildes, wobei die Wahl der Vorlage auch schon eine Ironie an sich ist. Es ist ein sowjetisches Propagandabild von Valentin Wolkow (1881 bis 1964) namens *Die Befreiung von Minsk*. Während das Gemälde Wolkows das Abstreifen einer Fremdherrschaft zeigte, und zwar der deutschen im Zweiten Weltkrieg, zeigt das Gemälde Birks zwar das Abstreifen einer Diktatur, aber auch den Beginn einer Fremdherrschaft. Einer, die das irakische Volk nicht gewollt haben konnte.

Der Bildaufbau Birks richtet sich streng nach dem des Gemäldes von Wolkow. Nur die Elemente werden passend variiert. So steht bei Birk im Bildhintergrund statt einer orthodoxen Kirche eine Moschee. Der Panzer ist ein amerikanischer und kein sowjetischer. Anders als Wolkow bedient sich Birk in der Ausführung nicht der Stilistik der sowjetischen Propaganda, sondern lehnt sich an die Gestaltungsformen von Comics oder Cartoons an, also der traditionell amerikanischen populären Kunst.

Birks Bild steckt voller Hinweise auf seine Sicht der Ereignisse, ihrer Hintergründe und Folgen: Die Soldaten sind aus ihren Panzern geklettert. Die Einwohner der Stadt kommen auf sie zu und scheinen, obwohl ihre Häuser durch amerikanische Angriffe in Schutt und Asche gebombt wurden, die fremden Soldaten freudig zu begrüßen. Doch statt getöteter feindlicher Soldaten liegen tote Zivilisten links und rechts im Vordergrund und verweisen auf das unverhältnismäßige Leid, mit dem die Menschen im Irak ihre Befreiung bezahlen mussten. Die beiden ineinander verbissenen Hunde im Vordergrund symbolisieren den bald schon beginnenden Bürgerkrieg.

So zeigt das Bild das, wofür die USA unter der Regierung Bush nicht mehr standen: für Befreiung.

QUELLEN

UNBEKANNTE KÜNSTLER
MALEREIEN DER CHAUVET-HÖHLE

Chauvet, Jean-Marie; Brunel Deschamps, Eliette; Hillaire, Christian: *Grotte Chauvet bei Vallon-Pont-d'Arc. Altsteinzeitliche Höhlenkunst im Tal der Ardèche*, Jan Thorbecke, Stuttgart 1995;
Clottes, Jean: *Return To Chauvet Cave, Excavating the Birthplace of Art: The First Full Report*. Thames & Hudson, London 2003;
Herzog, Werner: *Die Höhle der vergessenen Träume*, Ascot Elite Home Entertainment, DVD, Deutschland 2011.

UNBEKANNTE MALER
SENNEDJEM UND SEINE FRAU PFLÜGEN UND SÄEN

Porter, Bertha; Moss, Rosalind: *The Theban Necropolis, Part 1, Private Tombs*, Clarendon Press, Oxford 1960;
Schott, Siegfried (Übersetzer): *Liebeslieder der Pharaonenzeit*, Artemis, Zürich, Stuttgart 1963;
Shedid, Abdel Ghaffar; Shedid, Anneliese: *Das Grab des Sennedjem*, Zabern, Darmstadt 1995;
Hodel-Hoenes, Sigrid: *Leben und Tod im Alten Ägypten. Thebanische Privatgräber des Neuen Reiches*, Wissenschaftliche Buchgesellschaft, Darmstadt 1991;
Zibelius-Chen, Karola: »Im Land der Pharaonen – Ägypten«, in: *Brockhaus. Die Bibliothek. Die Weltgeschichte*, 6 Bände, Band 1, Leipzig, Mannheim 1997-1999, Seite 130-245.

EDWIN LONGSDEN LONG
DER BABYLONISCHE HEIRATSMARKT

Edzard, Dietz-Otto: *Geschichte Mesopotamiens. Von den Sumerern bis zu Alexander dem Großen*, München 2004;

Hart, Imogen: »The Politics of Possession: Edwin Long's Babylonian Marriage Market«, in: *Art History*, Volume 35, Issue 1, Februar 2012, S. 86–105;
Herodot: *Historien*, Kröner, Stuttgart 1971;
Hrouda, Barthel: *Mesopotamien*, Beck, München 2000;
Jursa, Michael: *Die Babylonier*, Beck, München 2008.

LOVIS CORINTH
DAS TROJANISCHE PFERD

Homer: *Ilias – Odyssee*, Deutscher Taschenbuch Verlag, München 2002;
Berend-Corinth, Charlotte: *Lovis Corinth: Die Gemälde*, Bruckmann Verlag, München 1992;
Ceram, C. W.: *Götter, Gräber und Gelehrte*, Rowohlt, Reinbek 2000;
Hertel, Dieter: *Troia. Archäologie, Geschichte, Mythos.* Beck, München 2001;
Zimmermann, Michael: *Lovis Corinth*, Beck, München 2008.

FJODOR BRONNIKOW
DIE PYTHAGORÄER FEIERN DEN SONNENAUFGANG

Diogenes Laertios: *Leben und Meinungen berühmter Philosophen*, Meiner, Hamburg 1998;
Dostojewski, Fjodor: *Tagebuch eines Schriftstellers*, Piper, München 1992;
Störig, Hans Joachim: *Kleine Weltgeschichte der Philosophie*, Fischer, Frankfurt 1987;
Russel, Bertrand: *Philosophie des Abendlandes*, Europa, Zürich 2009.

EDGAR DEGAS
JUNGE SPARTANERINNEN FORDERN KNABEN
ZUM WETTKAMPF HERAUS

Adriani, Götz: *Edgar Degas – Pastelle, Ölskizzen, Zeichnungen*,

DuMont, Köln 1984;

Baltrusch, Ernst: *Sparta. Geschichte, Gesellschaft, Kultur*, Beck, München 2003;

Dreher, Martin: *Athen und Sparta*. Beck, München 2001;

Hofmann, Werner: *Degas und sein Jahrhundert*, Beck, München 2007;

Lucy, Martha: »Reading the Animal in Degas's ‚Young Spartans« in: *The Darwin Effect: Evolution and Nineteenth-Century visual culture* (http://www.19thc-artworldwide.org/index.php/component/content/article/76-spring03article/222-reading-the-animal-in-degass-young-spartans), abgerufen 1. Juni 2012;

Kennedy, Maev: »How Degas reworked a classic image«, in: The Guardian, Monday 25 October 2004, http://www.guardian.co.uk/uk/2004/oct/25/arts.artsnews, abgerufen 1. Juni 2012.

LAWRENCE ALMA-TADEMA
PHIDIAS ZEIGT SEINEN FREUNDEN DEN FRIES IM PARTHENON

Brodersen, Kai: *Die sieben Weltwunder. Legendäre Kunst- und Bauwerke der Antike*, Beck, München 2001;

Conolly, Peter; Dodge, Hazel: *Die antike Stadt*, Könemann, Köln 1998;

Gruben, Gottfried: *Die Tempel der Griechen*, Hirmer, München 2001;

Höcker, Christoph; Schneider, Lambert: *Phidias*, Rowohlt, Reinbek 1993.

GIUSEPPE DIOTTI
DER TOD DES SOKRATES

Platon: *Die Meisterdialoge*, Albatros, Düsseldorf 2005;

Diogenes Laertios: *Leben und Meinungen berühmter Philosophen*, Meiner, Hamburg 1998;

Störig, Hans Joachim: *Kleine Weltgeschichte der Philosophie*, Fischer, Frankfurt 1987;

Taylor, C. C. W.: *Sokrates*, Herder, Freiburg im Breisgau 2000;

Vernant, Jean-Pierre (Hrsg.): *Der Mensch der griechischen Antike*, Fischer, Frankfurt 1996.

KÜNSTLER UNBEKANNT
ALEXANDERMOSAIK

Demandt, Alexander: *Sternstunden der Menschheit*, Beck, München 2004;
Fox, Robin Lane: *Alexander der Große. Eroberer der Welt*, Rowohlt, Reinbek 2010;
Gehrke, Hans-Joachim: *Alexander der Große*, München 2008;
Lauffer, Siegfried: *Alexander der Große*, München 2004;
Hafner, German: *Bildlexikon antiker Personen*, Albatros, Düsseldorf 2001.

HENRI-PAUL MOTTE
HANNIBALS ELEFANTEN IN DER SCHLACHT VON ZAMA

Barceló, Pedro: *Hannibal*, Beck, München 2003;
Christ, Karl: *Hannibal*, Wissenschaftliche Buchgesellschaft, Darmstadt 2003;
Kistler, John M.: *War Elephants*, University of Nebraska Press, Lincoln 2007.

CESARE MACCARI
CICERO KLAGT CATILINA AN

Fuhrmann, Manfred: *Cicero und die römische Republik. Eine Biographie*. Artemis und Winkler, München, Zürich 1997;
Giebel, Marion: *Marcus Tullius Cicero*, Rowohlt, Reinbek 1991;
Grimal, Pierre: *Cicero: Philosoph, Politiker, Rhetor*, List, München 1988;
Habicht, Christian: *Cicero der Politiker*, Beck, München 1990.

JEAN-LÉON GÉRÔME
DER TOD CAESARS

Ackerman, Gerald: *The Life and Work of Jean-Léon Gérôme. Catalogue raisonné.* Sotheby's Publications, London 1986;
Ackerman, Gerald: *Jean-Léon Gérôme. Monographie révisée, catalogue raisonné mis a jour,* ACR, Courbevoie 2000;
Maier, Christian: *Cäsar,* dtv, München 2002;
Plutarch: *Alexander. Caesar,* Reclam, Ditzingen 2001;
Sueton: *Cäsar,* Reclam, Ditzingen 1999.

JOHN WILLIAM WATERHOUSE
KLEOPATRA

Andreae, Bernard u.a. (Hrsg.): *Kleopatra und die Caesaren,* Hirmer, München 2006;
Baumann, Uwe: *Kleopatra,* Rowohlt, Reinbek 2003;
Clauss, Manfred: *Kleopatra,* Beck, München 2000;
Hafner, German: *Bildlexikon antiker Personen,* Albatros, Düsseldorf 2001;
Hobson, Anthony: *J.W. Waterhouse,* Phaidon Press, New York 1994;
Trippi, Peter: *J. W. Waterhouse,*: Phaidon Press, New York 2002.

ANTONIO CISERI
ECCE HOMO!

Dahm, Christof: »Pilatus, Pontius«, in: *Biographisch-Bibliographisches Kirchenlexikon,* Band VII, Spalten 613-616, Verlag Traugott Bautz, Nordhausen 1994;
Demandt, Alexander: *Hände in Unschuld – Pontius Pilatus in der Geschichte.* Böhlau, Köln 1999;
Josephus, Flavius: *Jüdische Altertümer,* Editio minor, Wiesbaden 2004;
Jaroš, Karl: *In Sachen Pontius Pilatus,* Philipp von Zabern, Mainz 2002;
Luther, Martin: *Das Neue Testament,* Fischer, Frankfurt 2005;

Tacitus, Publius Cornelius: *Annalen*. Lateinisch-Deutsch. Düsseldorf, Zürich 1997.

CARL THEODOR VON PILOTY
UNTER DER ARENA

Baumstark, Reinhold; Büttner, Frank (Hrsg.): *Großer Auftritt. Piloty und die Historienmalerei*. DuMont, Köln 2003;
Eichberger, Dagmar: »›Unter der Arena‹ – Ein wiederentdecktes Hauptwerk Karl Pilotys in Australien«, in: *Pantheon, LIII*, 1995, S. 196–202; URL: http://archiv.ub.uni-heidelberg.de/artdok/volltexte/2009/885/, abgerufen am 1. Juni 2012;
Klauser, Theodor: *Der Ursprung der bischöflichen Insignien und Ehrenrechte*, Scherpe Verlag, Krefeld 1953;
Müller, Bernd: *Geschichte des Christentums in Grundzügen*, UTB, Stuttgart 2011.

HANS HOFMANN
POMPEJI

Conolly, Peter; Dodge, Hazel: *Die antike Stadt*, Könemann Köln 1998;
Dickmann, Jens-Arne: *Pompeji: Geschichte und Archäologie*, Beck, München 2010;
Hess, Barbara: *Abstrakter Expressionismus*, Taschen, Köln 2009, S. 88f;
Webseite zu Hans Hofmann: http://www.hanshofmann.org/, zuletzt abgerufen am 25. Mai 2012.

WILLIAM BELL SCOTT
DIE RÖMER VERANLASSEN DEN BAU EINES WALLS, UM DEN SÜDEN ZU SCHÜTZEN

Batchelor, John: *Lady Trevelyan and the Pre-Raphaelite Brotherhood*,: Chatto & Windus, London 2006;

Breeze, David J.: *Hadrian's Wall*, English Heritage, London 2003;
Prestel, Peter: »Der Hadrianswall in Britannien«, in: Graichen, Gisela: *Limes, Roms Grenzwall gegen die Barbaren*, Scherz, Frankfurt/Main 2009.

316 | **JEAN-PAUL LAURENS**
KAISER HONORIUS

Gibbon, Edward: *Verfall und Untergang des Römischen Reiches*, Eichborn, Frankfurt/Main 2004;
Margerie, Anne de (Hrsg.): *Jean-Paul Laurens (1838-1921). Peintre d'histoire*, Réunion des Musées Nationaux, Paris 1997.

TOM LOVELL
DIE SCHLACHT VON HASTINGS

David M. Wilson: *Der Teppich von Bayeux*. Parkland, Köln 2003;
Hedgpeth, Don; Reed, Walt: *The Art of Tom Lovell*, William Morris and Company, New York 1993;
Krieger, Karl-Friedrich: *Geschichte Englands 1. Von den Anfängen bis zum 15. Jahrhundert*, Beck, München 2009;
Morillo, Stephen: *The Battle of Hastings. Sources and Interpretation*, The Boydell Press, Woodbridge 1996.

GUSTAVE DORÉ
DER ZWEITE ANGRIFF DER KREUZFAHRER AUF JERUSALEM ZU-
RÜCKGEWIESEN

Gustave Doré. Das graphische Werk, 2 Bände, Rogner & Bernhard, München 1975;
Phillips, Jonathan: *Heiliger Krieg: Eine neue Geschichte der Kreuzzüge*, Deutsche Verlagsanstalt, München 2011;
Thorau, Peter: *Die Kreuzzüge*, Beck, München 2008.

EDUARD SCHWOISER
KÖNIG HEINRICH IV. IN CANOSSA

Hartmann, Gerhard, Schnith, Karl: *Die Kaiser. 1200 Jahre europäische Geschichte*, Marix Verlag, Wiesbaden 2006;
Zimmermann, Harald: *Heinrich IV. (1056–1106)*, in: Beumann, Helmut (Hrsg.): *Kaisergestalten des Mittelalters*. Beck, München 1984;
»Eduard Schwoiser«, in: Thieme, Ulrich; Becker, Felix u. a.: *Allgemeines Lexikon der Bildenden Künstler von der Antike bis zur Gegenwart*. Band 30, E. A. Seemann, Leipzig 1936, S. 392.

JEAN-JACQUES SCHERRER
EINZUG VON JEANNE D'ARC IN ORLÉANS

Eis, Egon: »Jeanne d'Arc«, in: Fassmann, Kurt (Hrsg.): *Die Großen der Weltgeschichte*, 12 Bde, Bd. IV, Zürich 1971, S. 282-299;
Krumeich, Gerd: *Jeanne d'Arc: Die Geschichte der Jungfrau von Orleans*, Beck, München 2006;
Nette, Herbert: *Jeanne d'Arc. Mit Selbstzeugnissen und Bilddokumenten*, Rowohlt, Reinbek 1977.

FAUSTO ZONARO
MEHMED II. LÄSST DIE SCHIFFE TRANSPORTIEREN

Runciman, Steven: *Die Eroberung von Konstantinopel 1453*, Beck, München 1990;
Shaw, Wendy M. K.: *Ottoman Painting: Reflections of Western Art from the Ottoman Empire to the Turkish Republic*, I.B. Tauris, London 2011;
Lachmann, Renate: »Memoiren eines Janitscharen oder Türkische Chronik«, in: Stökl, Günther (Hrsg.): *Slavische Geschichtsschreiber*, Band VIII, Styria Verlag, Graz/Wien/Köln 1975.

GEORGE DE FOREST BRUSH
EIN AZTEKISCHER BILDHAUER

Aguilar-Moreno, Manuel: *Handbook to Life in the Aztec World*, Oxford University Press, Oxford 2007;

Anderson, Nancy K.; Boyles, James C.; Dillon, Diane: *George de Forest Brush: The Indian Paintings*, Lund Humphries, Farnham 2008; *George de Forest Brush 1855-1941: Master of the American Renaissance*, Berry-Hill Gallery, New York, 1985; Bowditch, Nancy Douglas: *George de Forest Brush: Recollections of a Joyous Painter*, Noone House, Peterborough, New Hampshire 1970;

Hutchinson, Elizabeth: *The Indian Craze: Primitivism, Modernism, and Transculturation in American Art 1890-1950*, Duke University Press, Durham, North Carolina 2009.

JOHN MALER COLLIER
EIN GLAS WEIN MIT CESARE BORGIA

Brambach, Joachim: *Die Borgia. Faszination einer machtbesessenen Renaissance-Familie*, Callwey, München 1988;

Reinhardt, Volker: *Die Borgia. Geschichte einer unheimlichen Familie*, Beck, München 2011;

Schüller-Piroli, Susanne: *Die Borgia-Dynastie. Legende und Geschichte*, Verlag für Geschichte und Politik, Wien 1982.

FRANCISCO PRADILLA Y ORTIZ
DIE ÜBERGABE VON GRANADA

Bernecker, Walther L.: *Spanische Geschichte. Vom 15. Jahrhundert bis zur Gegenwart*, Beck, München 2010;

Lomax, Derek William: *Die Reconquista. Die Wiedereroberung Spaniens durch das Christentum*, Heyne, München 1980.

LORENZO DELLEANI
CHRISTOPH KOLUMBUS IN KETTEN

Brinkbäumer, Klaus; Höges, Clemens: *Die letzte Reise. Der Fall Christoph Kolumbus'.* Deutsche Verlagsanstalt, München 2004;
Kohler, Alfred: *Columbus und seine Zeit*, Beck, München 2006;
Venzke, Andreas: *Der Entdecker Amerikas – Aufstieg und Fall des Christoph Kolumbus*, Aufbau, Berlin 2006.

PAUL THUMANN
LUTHER AUF DEM REICHSTAG IN WORMS

Beutel, Albrecht: »Luther, Martin«, in: Bernd Lutz (Hrsg.): *Metzler Philosophenlexikon*, Metzler, Stuttgart 1989, Seite 479-483;
Demandt, Alexander: *Sternstunden der Menschheit*, Beck, München 2004;
Herrmann, Horst: *Martin Luther*, Aufbau, Berlin 2003;
Maurer, Ernstpeter: *Luther*, Herder, Freiburg im Breisgau 2000;
Schwarz, Ulrich: »Ich kann nicht anders«, in: *Der Spiegel*, Nr. 51, 2003, Seite 76-89.

ALBERT ANKER
DIE KAPPELER MILCHSUPPE

Gäbler, Ulrich: *Huldrych Zwingli. Eine Einführung in sein Leben und sein Werk*, Beck, München 1983;
Kuthy, Sandor u. a.: *Albert Anker*, Orell Füssli Verlag, Zürich 1980;
Meister, Robert (Hrsg): *Albert Anker und seine Welt*, Zytglogge-Verlag, Bern 1981;
Reinhardt, Volker: *Geschichte der Schweiz*, Beck, München 2006.

LOUIS GALLAIT
DIE ABDANKUNG KAISER KARLS V. ZUGUNSTEN SEINES SOHNES PHILIPP II. ZU BRÜSSEL AM 25. OKTOBER 1555

Baumgärtel, Bettina (Hrsg.): *Die Düsseldorfer Malerschule 1819–1918*, Ausstellungskatalog. 2 Bände. Michael Imhof Verlag, Petersberg 2011;

Geißler, Gerhard: *Europäische Dokumente aus fünf Jahrhunderten.* Esche, Leipzig 1939;
Kohler, Alfred: *Karl V.* 1500–1558, Beck, München 1999;
Reifenscheid, Richard: »Kaiser Karl V.«, in: Gerhard Hartmann, Karl Schnith (Hrsg.): *Die Kaiser – 1200 Jahre europäische Geschichte,* Marix, Wiesbaden 2006.

JAN MATEJKO

ASTRONOM KOPERNIKUS, GESPRÄCH MIT GOTT

Carrier, Martin: *Nikolaus Kopernikus,* Beck, München 2001;
Hamel, Jürgen: *Nicolaus Copernicus. Leben, Werk und Wirkung,* Spektrum Akademischer Verlag, Heidelberg/Berlin/Oxford 1994.

JOHN EVERETT MILLAIS

RALEIGHS KINDHEIT

Bryan, William Jennings, ed.: *The World's Famous Orations.* New York: Funk and Wagnalls, 1906; New York: Bartleby.com, 2003, www. bartleby.com/268/., abgerufen 11. Juni 2012;
Prettejohn, Elizabeth: *The Art of the Pre-Raphaelites.* Princeton University Press, Princeton, New Jersey 2000;
Salentiny, Fernand: *Das Lexikon der Seefahrer und Entdecker*, Erdmann, Tübingen, Basel 1974;
Trevelyan, Raleigh: *Sir Walter Raleigh*, Henry Holt & Co., New York 2002.

EDOUARD DEBAT-PONSAN

EIN MORGEN VOR DEM TOR DES LOUVRE

Diefendorf, Barbara B.: *The Saint Bartholomew's Day Massacre. A Brief History with Documents (The Bedford Series in History and Culture)*, Boston/New York 2009;
Mahoney, Irene: *Katharina von Medici: Königin von Frankreich*, Diederichs, München 2004.

LASLETT JOHN POTT

MARIA STUART AUF DEM WEG ZU IHRER HINRICHTUNG

Michel Duchein: *Maria Stuart – eine Biographie.* Albatros, Düsseldorf 2003;
Maria Stuart: Ich flehe, ich fordere, ich bekenne. Der Königin Briefe,
Heidelberg, Berlin, Leipzig 1941;
Zweig, Stefan: *Maria Stuart,* Fischer Verlag, Frankfurt 2000.

VÁCLAV BROŽÍK

DER FENSTERSTURZ ZU PRAG AM 23. MAI 1618

Arndt, Johannes: *Der Dreißigjährige Krieg 1618–1648,* Reclam, Stuttgart 2009;
Burkhardt, Johannes: *Der Dreißigjährige Krieg,* Suhrkamp, Frankfurt/Main 1992;
Schmidt, Georg: *Der Dreißigjährige Krieg,* Beck, München 2003.

JACQUES CALLOT

DIE SCHRECKEN DES KRIEGES, 11. DER GALGEN

Averill, Esther: *Eyes on the World: The Story of Jacques Callot.* Funk
& Wagnalls, New York 1969;
»Callot, Jacques«, in: *Das große Lexikon der Graphik,* Westermann,
Braunschweig 1984, Seite 161-164;
Richard, Marie: »Jacques Callot (1592-1635). ›Les Misères et les Malheurs de la guerre‹ (1633). Ein Werk und sein Kontext«, in: Klaus
Bußmann/Heinz Schilling (Hrsg.): *1648. Krieg und Frieden in Europa,* Münster 1998/99, 2 Bände, Band 2, S. 517-524;
Sutherland Harris, Ann: *Seventeenth-Century Art & Architecture,*
Laurence King Publishing, London 2005;
Fatal Consequences: Callot, Goya, and the Horrors of War, Hood
Museum of Art, Dartmouth, 1990.

PIERRE-LOUIS DUMESNIL
GELEHRTENVERSAMMLUNG AM HOF DER
KÖNIGIN CHRISTINA VON SCHWEDEN

Cassirer, Ernst: *Descartes. Lehre – Persönlichkeit – Wirkung*, Felix Meiner Verlag, Hamburg 2000;

Meier-Oeser, Stephan; Sloterdijk, Peter: *Philosophie jetzt! Descartes*, Diederichs, München 1997;

Sorell, Tom: *Descartes*, Herder, Freiburg im Breisgau 2000;

Specht, Rainer: *René Descartes*, Rowohlt, Reinbek 1980.

JOB ADRIAENSZOON BERCKHEYDE
DIE ALTE BÖRSE VON AMSTERDAM

Bauer, Hermann: *Niederländische Malerei des 17. Jahrhunderts*. GeroNova Bruckmann, München 1982;

Huizinga, Johan: *Holländische Kultur im 17. Jahrhundert*, Beck, München 2007;

North, Michael: *Das Goldene Zeitalter – Kunst und Kommerz in der niederländischen Malerei des 17. Jahrhunderts*, Böhlau, Köln 2001.

ERNEST CROFTS
DIE EICHE VON BOSCOBEL

Fraser, Antonia: *King Charles II.*, Phoenix Books, London 2004;

Royle, Trevor: *Civil War – The Wars of the Three Kingdoms 1638– 1660*, Abacus, London 2004;

Nautz, Jürgen: *Die großen Revolutionen der Welt*, Marix Verlag, Wiesbaden 2008;

Schröder, Hans-Christoph: *Die Revolutionen Englands im 17. Jahrhundert*. 3. Aufl., Suhrkamp Verlag, Frankfurt/M. 1994.

UTAGAWA KUNIYOSHI
CHUSHINGURA, AKT 11 – DER NÄCHTLICHE ANGRIFF

Luyken, Gunda; Wismer, Beat (Hrsg.): *Samurai, Bühnenstars und*

322

schöne Frauen – Japanische Farbholzschnitte von Kunisada und Ku-niyoshi, Hatje Cantz, Ostfildern, 2011;
Hiroaki Sato: *Legends of the Samurai*. Overlook Press, Woodstock NY 1995;
Robinson, B. W.: *Kuniyoshi. The Warrior Prints*, Cornell University, Ithaca 1982.

ADOLPH MENZEL
FRIEDRICHS DES GROSSEN TAFELRUNDE IN SANSSOUCI 1750

Busch, Werner: *Adolph Menzel. Leben und Werk*, Beck, München 2004;
Hauser, Oswald (Hrsg.): *Friedrich der Große in seiner Zeit*. Böhlau, Köln 1987;
Hermand, Jost: *Adolph Menzel mit Selbstzeugnissen und Bilddokumenten*, Reinbek: Rowohlt 1986;
Jensen, Jens Christian: *Adolph Menzel*, DuMont Verlag, Köln 2003;
Kunisch, Johannes: *Friedrich der Große*, Beck, München 2004;
Kugler, Franz; Menzel Adolph von: *Geschichte Friedrich des Großen*, Löwit, Wiesbaden 1981.

JEAN LEON GEROME FERRIS
DIE ABFASSUNG DER UNABHÄNGIGKEITSERKLÄRUNG

Adams, Angela; Adams, Willi Paul (Hrsg.): *Die Amerikanische Revolution und die Verfassung 1754–1791*. dtv, München 1987;
Ellis, Joseph J.: *Sie schufen Amerika. Die Gründergeneration von John Adams bis George Washington*, Beck, München 2002;
Nicolaisen, Peter: *Thomas Jefferson*, Rowohlt, Reinbek 1995;
Schäfer, Peter: *Die Präsidenten der USA*, Komet, Köln 2005.

EMANUEL LEUTZE
WASHINGTON ÜBERQUERT DEN DELAWARE

Baumgärtel, Bettina (Hrsg.): *Die Düsseldorfer Malerschule 1819–1918*, Ausstellungskatalog. 2 Bände, Michael Imhof Verlag, Petersberg 2011;

Göller, Josef-Thomas: *George Washington. Vom Waldläufer zum Staatsmann – der erste Präsident*, Edition q, Berlin 1998;
Hutton, Anne Hawkes: *Portrait of Patriotism: Washington Crossing the Delaware*, Chilton Book Company, Radnor, Pennsylvania 1975;
Wierich, Jochen: *Grand Themes: Emanuel Leutze, »Washington Crossing the Delaware« and American History Painting*, Penn State University Press, University Park 2012.

JACQUES-LOUIS DAVID
DER BALLHAUSSCHWUR

Bordes, Philippe: *Jacques-Louis David: From Empire to Exile*, Yale University Press New Haven, Connecticut 2005;
Diez, Marion (Hrsg.): *Jacques-Louis David, 1748–1825*, Chandus, Paris 2005;
Kuhn, Axel: *Die französische Revolution*, Reclam, Stuttgart 2003.

PAUL-JACQUES AIMÉ BAUDRY
DIE ERMORDUNG MARATS DURCH CHARLOTTE CORDAY

Beise, Arnd: *Charlotte Corday. Karriere einer Attentäterin*, Marburg, Hitzeroth 1992;
Kuhn, Axel: *Die französische Revolution*, Reclam, Stuttgart 2003;
Schnapper, Antoine: *J.-L. David und seine Zeit*, Edition Popp, Würzburg 1985;
Traeger, Jörg: *Der Tod des Marat. Revolution des Menschenbildes*, Prestel, München 1986.

ARTURO MICHELENA
MIRANDA IM GEFÄNGNIS LA CARACCA

Galería De Arte Nacional: *Genio y obra de Arturo Michelena*, Fundación Galería de Arte Nacional. Caracas 1998;
Maher, John (Hrsg.): *Francisco de Miranda: Exile and Enlightenment*, Institute for the Study of the Americas, London 2006;

Zeuske, Michael: *Francisco de Miranda und die Entdeckung Europas: Eine Biographie*, Lit-Verlag, Hamburg, Münster 1995.

PHILIPP JAKOB LOUTHERBOURG DER JÜNGERE
COALBROOKDALE BEI NACHT

Buchheim, Christoph: *Industrielle Revolutionen*, dtv, München 1994;
Thomas, Emyr: *Coalbrookdale and the Darby family: the story of the world's first industrial dynasty*, Sessions/Ironbridge Gorge Museum Trust, York 1999;
Raistrick, Arthur: *Dynasty of iron founders: the Darbys and Coalbrookdale*, Sessions/Ironbridge Gorge Museum Trust, York 1989;
Treue, Wilhelm: *Wirtschaftsgeschichte der Neuzeit*, Kröner, Stuttgart 1966.

FRANÇOIS BOUCHOT
GENERAL BONAPARTE VOR DEM RAT DER FÜNFHUNDERT IN SAINT CLOUD AM 10. NOVEMBER 1799

Herre, Franz: *Napoleon Bonaparte. Eine Biographie*, Hugendubel, München 2006;
Kuhn, Axel: *Die französische Revolution*, Reclam, Stuttgart 2003;
Ullrich, Volker: *Napoleon*, Reinbek 2006;
Wilms, Johannes: *Napoleon*, Beck, München 2005.

KATSUSHIKA HOKUSAI
JAPANER BETRACHTEN NIEDERLÄNDER IN EINEM GASTHAUS IN EDO

Calza, Gian Carlo: *Hokusai*, Phaidon, London 2006;
Demandt, Alexander: *Sternstunden der Menschheit*, Beck, München 2004;
Dettmer, Hans A.: *Grundzüge der Geschichte Japans*, Wissenschaftliche Buchgesellschaft, Darmstadt 1992;
Forrer, Matthi: *Hokusai*, Prestel Verlag, München 2010;
Pohl, Manfred: *Geschichte Japans*, Beck, München 2002.

ADOLPH NORTHEN
NAPOLEONS RÜCKZUG AUS RUSSLAND

Hamilton, Jill: *Marengo. The Myth of Napoleon's Horse*, Fourth Estate, London 2001;
Ullrich, Volker: *Napoleon*, Reinbek 2006;
Wilms, Johannes: *Napoleon*, Beck, München 2005;
Zamoyski, Adam: *1812. Napoleons Feldzug in Russland*, Beck, München 2012.

WILLIAM TURNER
REGEN, DAMPF, GESCHWINDIGKEIT

Buchheim, Christoph: *Industrielle Revolutionen*, dtv, München 1994;
Wilton, Andrew: *Turner und seine Zeit*, Hirmer, München 1987;
Joll, Evelyn; Butlin, Martin; Herrmann, Luke (Hrsg.): *The Oxford Companion to J. M. W.* Turner, Oxford University Press, Oxford 2001.

ELIZABETH THOMPSON
ÜBERRESTE EINER ARMEE

Bowen, Claire: »Lady Butler: The Reinvention of Military History«, in: *Revue LISA / LISA e-journal* (Online), Vol. I – No 1, Zugriff am 5. Mai 2012. URL : http://lisa.revues.org/3128 ; DOI : 0.4000/lisa.3128;
David, Saul: *Die größten Fehlschläge der Militärgeschichte*, Heyne 2006;
Harrington, Peter: *British Artists and War: The Face of Battle in Paintings and Prints, 1700-1914*, Greenhill, London 1993.

JOSIAH WOOD WHYMPER
SKLAVENZUG, GESEHEN BEI MBAMES DORF AUF SEINEM WEG NACH TETE

»Josiah Wood Whymper«, in: *Wikipedia, The Free Encyclopedia*, Stand: 4. Februar 2012, http://en.wikipedia.org/w/index.php?title=Josiah_

Wood_Whymper&oldid=474978142, abgerufen, 22. Mai 2012, 13:18 Uhr;
Livingstone, David: *Die Erschließung des dunklen Erdteils. Reisetagebücher 1866–1873 bis zu seinem Tod*, SDS, Hamburg/Norderstedt 2006;
Livingstone, David: *Journeys in South Africa, or Travels and Researches in South Africa*, The Amalgamated Press, London 1857.

ROBERT KOEHLER
DER STREIK

Abendroth, Wolfgang: *Einführung in die Geschichte der Arbeiterbewegung. Von den Anfängen bis 1933*, Distel, Heilbronn 1997;
Dennis, James M.: *Robert Koehler's The Strike: The Improbable Story of an Iconic 1886 Painting of Labour Protest*, The University of Wisconsin Press, Madison 2011;
Kuhn, Axel: *Die deutsche Arbeiterbewegung*, Reclam, Stuttgart 2004.

HORACE VERNET
DIE EINNAHME VON FORT MALAKOW

Reid, Brian Holden: *Der Amerikanische Bürgerkrieg und die europäischen Einigungskriege*, Brandenburgisches Verlagshaus, Berlin 2000;
Daniel, Ute: *Der Krimkrieg 1853–1856 und die Entstehungskontexte medialer Kriegsberichterstattung*. In: Dies. (Hrsg.): *Augenzeugen. Kriegsberichterstattung vom 18. zum 21. Jahrhundert*. Vandenhoeck & Ruprecht, Göttingen 2006;
Foges, Orlando: *Krimkrieg. Der letzte Kreuzzug*, Berlin Verlag, Berlin 2012.

EASTMAN JOHNSON
RITT IN DIE FREIHEIT

Längin, Bernd G.: *Der Amerikanische Bürgerkrieg. Eine Chronik in Bildern Tag für Tag*, Bechtermünz Verlag, Augsburg 1998;

McPherson, James M.: *Für die Freiheit sterben*, List Verlag, München 1996;

Carbone, Teresa; Hills, Patricia u. a.: *Eastman Johnson Painting America*; Rizzoli, New York 1999.

328

EDWARD HOPPER
LEICHTE GESCHÜTZE IN GETTYSBURG

Levin, Gail: *Edward Hopper: 1882-1967, Gemälde und Zeichnungen*, Schirmer-Mosel, München 1981;

Levin, Gail: *Edward Hopper. Ein intimes Porträt*, List Verlag, München 1998;

McPherson, James M.: *Für die Freiheit sterben*, List Verlag, München 1996;

Reid, Brian Holden: *Der Amerikanische Bürgerkrieg und die europäischen Einigungskriege*, Brandenburgisches Verlagshaus, Berlin 2000;

Pohanka, Reinhard: *Der Amerikanische Bürgerkrieg*, Marix Verlag, Wiesbaden 2007.

ALPHONSE DE NEUVILLE
DIE LETZTEN PATRONEN

»Alphonse de Neuville«, in: *Wikipedia, Die freie Enzyklopädie*, Stand: 6. Mai 2012, http://de.wikipedia.org/w/index.php?title=Alphonse_de_Neuville&oldid=102909154, abgerufen: 22. Mai 2012, 10:23 Uhr;

Reid, Brian Holden: *Der Amerikanische Bürgerkrieg und die europäischen Einigungskriege*, Brandenburgisches Verlagshaus, Berlin 2000;

Stoneman, Mark R.: *Die deutschen Greueltaten im Krieg 1870/71 am Beispiel der Bayern*, in: Neitzel, Sönke; Hohrath, Daniel (Hrsg.): *Kriegsgreuel: Die Entgrenzung der Gewalt in kriegerischen Konflikten vom Mittelalter bis ins 20. Jahrhundert*, Schöningh, Paderborn 2008;

Ganschow, Jan; Haselhorst, Olaf; Ohnezeit, Maik (Hrsg.): *Der Deutsch-Französische Krieg 1870/71. Vorgeschichte – Verlauf – Folgen*, Ares-Verlag, Graz 2009.

CARL SALTZMANN
ERSTE ELEKTRISCHE STRASSENBELEUCHTUNG IN BERLIN

Ottma, Martin J.; Mahnkopf, Christina (Hrsg.): *Carl Saltzmann (1847-1923). Potsdamer Landschafts- und Marinemaler.* Thiede und Thiede, Berlin 2000;
Liman, Herbert: *Mehr Licht. Geschichte der Berliner Straßenbeleuchtung,* Haude und Spener, Berlin 2000;
Schivelbusch, Wolfgang: *Lichtblicke. Zur Geschichte der künstlichen Helligkeit im 19. Jahrhundert,* Fischer, Frankfurt/Main 2004;
Pabsch, Matthias: *Zweimal Weltstadt – Architektur und Städtebau am Potsdamer Platz,* Reimer, Berlin 1998.

ILYA REPIN
DEMONSTRATION AM 17. OKTOBER 1905

Figes, Orlando: *Die Tragödie eines Volkes. Die Epoche der Russischen Revolution 1891 bis 1924,* Berlin Verlag, Berlin 2008;
Nautz, Jürgen: *Die großen Revolutionen der Welt,* Marix Verlag, Wiesbaden 2008;
Wesenberg, Angelika; Hartje, Nicole; Werner, Anne-Marie (Hrsg.): *Auf der Suche nach Russland. Der Maler Ilja Repin,* Nicolai, Berlin 2003.

JOHN NORTHCOTE NASH
ÜBER DEN GRABENRAND

Haycock, David Boyd: *A Crisis of Brilliance. Five Young British Artists and the Great War,* Old Street Publishing, London 2009;
Keegan, John: *Der Erste Weltkrieg. Eine europäische Tragödie,* Reinbek 2001;
Packer, William: »John Nash and Over the Top«, in: The Jackdaw, December/January 2006;
Gregory, Barry: *A History of the Artists Rifles* 1859-1947, Pen & Sword. 2006.

GEORGE GROSZ
DIE STÜTZEN DER GESELLSCHAFT

Fischer, Lothar: *George Grosz*, Rowohlt, Reinbek 1976;
Kranzfelder, Ivo: *George Grosz 1893-1959*, Taschen, Köln 1999;
Presler, Gerd: *Glanz und Elend der Zwanziger Jahre. Die Malerei der Neuen Sachlichkeit*, DuMont, Köln 1992.

330

XU BEIHONG
LEG DEINE PEITSCHE NIEDER

Budde, Antje: *Theater und Experiment in der VR China*, Vdm Verlag Dr. Müller, Saarbrücken 2008;
Eberstein, Bernd: »Put down your whip«, in: Ders. (Hrsg.): *A Selective Guide to Chinese Literature, 1900-1949*: Band 4, The Drama Brill Academic Pub., Leiden 1997, S. 91 -94;
Sullivan, Michael: *Art and Artists of Twentieth-Century China*, University of California Press, Berkeley 1996.

DAVID LOW
RENDEZVOUS

Low, David: *Low's Autobiography*, Michael Joseph Ltd., London 1956;
Schneider, Franz: *Die politische Karikatur*, Beck, München 1988;
Sell, Bronwyn: *Kiwi Heroes: 50 Courageous New Zealanders*, Allen and Unwin Crows Nest 2010;
Zentner, Christian (Hrsg.): *Der Zweite Weltkrieg. Ein Lexikon*, Heyne, München 1995.

H. CHARLES MCBARRON
FOLGT MIR!

Churchill, Winston S.: *Der Zweite Weltkrieg*, Fischer , Frankfurt/Main 2004;
Newman, Aubrey S.: *Follow Me, The Human Element in Leadership*, Presidio Press, Novato/California 1981;

Cutler, Thomas: *The Battle of Leyte Gulf, 23–26 October 1944*. Naval Institute Press, Annapolis 2001;
Zentner, Christian (Hrsg.): *Der Zweite Weltkrieg. Ein Lexikon*, Heyne, München 1995.

OLIN DOWS
TREFFEN MIT DEN RUSSEN IN TORGAU

Olin Dows – US Army Center of Military History, www.history.army.mil/art/dows/Dows-Biog.htm, abgerufen am 22. Mai 2012;
Niedersen, Uwe (Hrsg.): *Soldaten an der Elbe. US-Armee, Wehrmacht, Rote Armee und Zivilisten am Ende des Zweiten Weltkrieges*, Sächsische Landeszentrale für politische Bildung. Dresden/Torgau 2008;
»WWII: The Meeting at Torgau«: http://www.usmlm.org/home/russians/wwii-torgau.htm, abgerufen am 25. Mai 2012.

LUC TUYMANS
GASKAMMER

Bönisch, Georg: »Ort des Unfassbaren«, in: Burgdorff, Stephan; Wiegrefe, Klaus (Hrsg.): *Der 2. Weltkrieg – Wendepunkt der deutschen Geschichte*, München 2007, S. 148-159;
Spears, Dorothy: »Putting the Wrongs of History in Paint«, in: New York Times, 3. Februar 2010;
Kogon, Eugen: *Der SS-Staat*, München 1974;
Look, Ulrich: *Luc Tuymans*, Phaidon Press, London 2003;
Rees, Laurence: *Auschwitz – Geschichte eines Verbrechens*, Berlin 2007.

ANDY WARHOL
ATOMBOMBE

Bockris, Victor: *Andy Warhol*, Heyne, München 1991;
Czempiel, Ernst-Otto: »Untergang oder Koexistenz? – Atomares Gleichgewicht im Zeichen wechselseitiger Bedrohung«, in: *Brockhaus Weltgeschichte, Die Bibliothek*, a.a.O., Bd. 6, S. 240-249;

Honnef , Klaus: *Andy Warhol 1928-1987. Kunst als Kommerz*. Taschen, Köln 2008;

Lüthy, Michael: »Warhols Disaster-Diptychen: Das Dementi als Bildform«, in: Hennig, Anke; Witte, Georg: *Der dementierte Gegenstand*, Wiener Slawistischer Almanach, Sonderband Nr. 71, Wien/München 2008, S. 475-507;

Wagner, Wieland: »Atombomben gegen Kamikaze«, in: Burgdorff, Stephan; Wiegrefe, Klaus (Hrsg.): *Der 2. Weltkrieg – Wendepunkt der deutschen Geschichte*, München 2007, S. 192-204.

DONG XIWEN

DIE GRÜNDUNGSZEREMONIE DER NATION

Andrews, Julia F.: *Painters and Politics in the People's Republic of China, 1949–1979*, University of California Press, Berkeley, etc. 1994;

Chang-tai, Hung: »Oil Paintings and Politics: Weaving a Heroic Tale of the Chinese Communist Revolution«, in: *Comparative Studies in Society and History*, vol. 49, no. 4 (2007), S. 783-814;

Sullivan, Michael, *Modern Chinese Artists – A Biographical Dictionary*: University of California Press, Berkeley, etc. 2006;

Wu Hung, *Remaking Beijing – Tiananmen Square and the Creation of a Political Space*, The University of Chicago Press, Chicago 2005.

NORMAN ROCKWELL

DAS PROBLEM, MIT DEM WIR ALLE LEBEN

Buechner, Thomas S.: *Norman Rockwell: Artist and Illustrator*, Harry N. Abrams, New York 1970;

Finch, Christopher: *Norman Rockwell*. Abbeville Press, New York 1980;

Marling, Karal Ann: *Rockwell*, Taschen, Köln 2010;

Marling, Karal Ann: *Norman Rockwell 1894 – 1978: Amerikas populärster Maler*, Taschen, Köln 2005;

Moffat, Lurie Norton: *Norman Rockwell: A Definite Catalogue*,

2 Bände, The Norman Rockwell Museum at Stockbridge, MA, Stockbridge, Massachusetts, 1986.

ROBERT RAUSCHENBERG
ZITIEREN

Dallek, Robert: *John F. Kennedy. Ein unvollendetes Leben*, Fischer, Frankfurt/Main 2005;
Einblicke – Das 20. Jahrhundert in der Kunstsammlung Nordrhein-Westfalen, Düsseldorf, Düsseldorf 2000;
Schäfer, Peter: *Die Präsidenten der USA*, Komet, Köln 2005;
Wissmann, Jürgen: *Rauschenberg Black Market*, Reclam, Stuttgart 1970;
Zweite, Armin (Hrsg.): *Robert Rauschenberg*. DuMont, Köln 2004.

DMITRI VRUBEL
MEIN GOTT, HILF MIR, DIESE TÖDLICHE LIEBE ZU ÜBERLEBEN

Bandi, Mario: »East Side Gallery Nr. 187 – Geschichte eines Bruderkusses«, in: Deutschlandradio, 4.11.2009, http://www.dradio.de/dkultur/sendungen/zeitreisen/1064012/, abgerufen 3.6.2012;
Demandt, Alexander: *Sternstunden der Menschheit*, Beck, München 2004;
Flemming, Thomas; Koch, Hagen: *Die Berliner Mauer. Geschichte eines politischen Bauwerks*, be.bra, Berlin 2001;
Göbel, Malte: »East Side Gallery Berlin – Schluss mit Bruderkuss«, in: *Spiegel-Online*, www.spiegel.de/kultur/gesellschaft/, abgerufen am 22. Mai 2012;
Hertle, Hans-Hermann u. a. (Hrsg.): *Mauerbau und Mauerfall. Links*, Berlin 2002;
Pirich, Carolin: »Ein Bild von einem Bild«, in: Frankfurter Allgemeine, http://www.faz.net/aktuell/gesellschaft/bruderkuss-ein-bild-von-einem-bild-1842584.html, abgerufen am 3. Juni 2012.

GERHARD RICHTER
SEPTEMBER

Greiner, Bernd: *9/11. Der Tag, die Angst, die Folgen*, Beck, München 2011;

Obrist, Hans-Ulrich: *Gerhard Richter, Text, Schriften und Interviews*, Insel Verlag, Frankfurt/Main 1996;

Storr, Robert: *September. Ein Historienbild von Gerhard Richter*, Köln 2010;

Wright, Lawrence: *Der Tod wird euch finden: Al-Qaida und der Weg zum 11. September*, Goldmann, München 2008.

SANDOW BIRK
DIE BEFREIUNG VON BAGDAD

Aust, Stefan; Schnibben, Cordt (Hrg.): *Irak – Geschichte eines modernen Krieges*, dtv, München 2003;

Birk, Sandow: *The Depravities of War*, HuiPress, Makawao, Hawaii 2007;

Münkler, Herfried: *Der Neue Golfkrieg*, Rowohlt, Reinbek 2003;

Woodward, Bob: *Der Angriff. Plan of Attack*, DVA, München 2004.

BILDNACHWEIS

DANK

Für ihre Hilfe bei der Arbeit an diesem Buch danke ich Dr. Andrea Wörle, Helga Jesberger, Stefan Krickl, Thomas L.H. Schmidt, Sotheby's Deutschland, Ralf Piolot und vor allem Josi Kemmann.